颜鸣皋院士

1937年秋高中二年级

1942年4月7日在重庆国立中央大学

武昌博文中学主楼

1963—1965年任北京航空材料研究所总工程师、技术上校

1988年与孙士颜茜、外孙女谢瑾在环山村

2007年5月19日在宁波慈溪老家与儿女及孙女合影

1987年3月香港团聚合影
（右一为颜鸣皋）

1991年接待四弟颜鸣岐夫妇
来京探亲（右五为颜鸣皋）

1993年与来自国内外的亲属
团聚北京（左五为颜鸣皋）

在首届中国材料研讨会上
作学术报告

1993年在重庆第一届材料研究
学会（MRS-1）上作工作报告

1996年在建所40周年学术
科研报告会上作报告

20 世纪 80 年代在科研一线

在授学位仪式上宣读获得博士硕士学位名单

2006 年北京航空材料研究院研究生毕业典礼

1958年随中国冶金考察团到苏联考察时参观青少年夏令营（右三为魏祖冶，右二为颜鸣皋）

20世纪80年代接待美国空军实验室代表团访问（左二为颜鸣皋）

与联邦德国宇航院双边技术交流会议（右一为颜鸣皋）

1991年在日本京都主持ICM-6年会理事会（左二为颜鸣皋）

1991年在日本京都ICM-6年会理事会宴会上（右三为颜鸣皋）

1998年6月接待联邦德国宇航院代表团（右二为颜鸣皋）

1994年访问台湾中央大学校友会

1999年在加拿大ICM-8会议上与当选的大会名誉主席、两位副主席合影（右二为颜鸣皋）

1999年国际疲劳大会（IFC）授予颜鸣皋（右一）荣誉会员称号

1995年原国立中央大学机械系30级部分老同学于香山团聚（右一为颜鸣皋）

2000年全国材料科学与工程学研讨套为原材料学会理事长师昌绪（右三），颜鸣皋（右五），肖纪美（右一）三位院士庆祝80华诞

2006年北京航空材料研究院50周年院庆钛合金研究室老同志合影（前排右六为颜鸣皋）

中国金属学会常委在吉林小丰满水库参观（前排右二为颜鸣皋）

2005年香山植物园参加资深院士联谊会合影（左起为颜鸣皋，黄培云，邵象华，师昌绪，郭慕孙）

2003年在三亚航空百年材料分会活动中与师昌绪院士（右一）合影

1991年航空航天工业部首批"航空金奖"获得者合影（右五为颜鸣皋）

2006年中航一集团归侨侨眷联谊会合影（前排左五为颜鸣皋）

2006年10月26日参加北京航空材料研究院赴新加坡疗养团（前排右四为颜鸣皋）

1996年北京航空材料研究院院庆40周年合影（第三排左六为颜鸣皋）

在2006年北京航空材料研究院50周年院庆宴会上祝酒（左一为颜鸣皋）

2006年10月受中央军委曾刚川副主席接见

2006年10月中央军委曹刚川副主席莅临北京航空材料研究院视察合影

1999年参加宁波院士林植树活动

宁波江北区政府来京探访江北籍院士（前排左二为颜鸣皋，左四为孙宏儒院士）

2006年与宁波江北区领导商讨慈城颜氏祖居筹建事宜（右二为颜鸣皋）

2009年7月14日被国务院侨务办、中华全国归国华侨联合会授予"侨界十杰"荣誉称号

2009年6月12日 颜鸣皋90寿辰庆祝会

2011年1月中航工业副总经理徐占斌到武警总医院慰问颜鸣皋

特殊材料铸人生

——记中国科学院院士颜鸣皋

沙志亮 著

航空工业出版社

北京

内 容 提 要

本书作者以深沉的情感、翔实的史料、流畅的文笔、精彩的描写、动人的情节、传奇的故事，较为全面地反映了颜鸣皋院士在曲折和苦难中漫漫求索，在风霜及忧患中拼搏奋斗，在使命与责任中攻关创新，在光荣与自豪中无私奉献的精彩人生！

阅读该书，不仅可以了解一位中国科学家真实而又辉煌的一生，还可以从一个侧面了解新中国航空工业忠诚践行"航空报国，强军富民"宗旨，曲折前进、发展壮大的光辉历程。本书不仅适合航空从业者及社会公众阅读，尤其还对广大青少年读者具有教育启迪作用。

图书在版编目（CIP）数据

特殊材料铸人生：记中国科学院院士颜鸣皋/沙志亮著. --北京：航空工业出版社，2011.4（2019.1重印）
（中国航空工业院士丛书）
ISBN 978-7-80243-720-3

Ⅰ.①特… Ⅱ.①沙… Ⅲ.①颜鸣皋—传记 Ⅳ.①K826.16

中国版本图书馆CIP数据核字（2011）第043208号

特殊材料铸人生
——记中国科学院院士颜鸣皋
Teshu Cailiao Zhu Rensheng
——Ji Zhongguo Kexueyuan Yuanshi Yangminggao

航空工业出版社出版发行
（北京市朝阳区北苑2号院　100012）
发行部电话：010-84936597　010-84936343
三河市金轩印务有限公司印刷　　全国各地新华书店经营
2011年4月第1版　　　　　　　　2019年1月第2次印刷
开本：710×1000　印张：19.25　插页：16　字数：306千字
印数：4001—4500　　　　　　　　定价：78.00元

·中国航空院士丛书·

丛 书 序

中国科学院院士和中国工程院院士,是国家设立的科学技术和工程科学技术方面的最高学术称号,为终身荣誉。中航工业的院士群体是航空技术领域的学术权威和资深专家,他们为中国航空工业的振兴和发展建立了卓越功勋,做出了巨大贡献,是中国航空工业的宝贵财富。

探寻院士们的成长足迹,给人以启迪和震撼。他们有的少年立志,投身航空,报效祖国;有的家境贫寒,顽强拼搏,奋斗一生;有的屡遭挫折,百折不挠,矢志不渝……他们身上闪耀着坚持真理、不懈追求的科学精神,凝聚着自强不息、孜孜不倦的奋斗精神,展现了淡泊名利、爱党报国的民族精神,他们以实际行动践行了"航空报国,强军富民"和"敬业诚信,创新超越"的集团宗旨和理念,十分值得我们学习。

在中航工业加快改革步伐、全面实施"两融、三新、五化、万亿"发展战略的关键时刻,我们推出《中国航空院士丛书》,就是要从院士们身上汲取智慧与力量,弘扬精神,放飞思想,激情进取,创新图强,为把中航工业早日建设成为具有国际影响力的世界级大企业集团、把我国建设成为航空工业强国而努力奋斗!

中国航空工业集团公司党组书记、总经理

2010 年 1 月

序

伴随着中国共产党成立90周年的自豪与喜悦，承载着中航工业实现跨越发展的责任与使命，讲述颜鸣皋院士的传记《特殊材料铸人生》正式出版了，这是中航工业北京航空材料研究院在建院55周年之际，献给中国航空工业创建60周年的一份厚礼。

院士是一本书，一本让人读了受益良多的书；院士是一笔财富，是能够孵化精英的财富。在中航工业北京航空材料研究院，德高望重的颜鸣皋院士是我们的骄傲，他不仅在航空金属材料应用基础理论、疲劳断裂与寿命预测等研究领域做出了卓越贡献，取得了令人瞩目的研究成果，还培养出了一大批中青年科技人才。透过这本书，我们能更清晰地了解颜鸣皋院士对事业的挚爱，对生活的向往，对真理的执著和对人生价值的诠释。我们也能更深入地了解中国航空材料不平凡的发展轨迹，感受老一辈科学家矢志不渝的爱国情怀，启发我们对人生价值和幸福真谛的思索。

中航工业北京航空材料研究院作为我国唯一面向航空领域的综合性材料研究机构，在栉风沐雨中已走过了半个世纪的征程，取得了2400余项科研成果，同时也培育了一大批科研领军人才，颜鸣皋院士就是其中杰出的代表，是青年人学习的榜样。

愿《特殊材料铸人生》能带给您更多的启迪，更多的思索，更多的感悟，更多的教益，也衷心祝愿颜鸣皋院士身体健康，家庭幸福，万事如意！

中航工业北京航空材料研究院

戴圣龙　王亚军

2011年1月

目 录

开篇　他就是块特殊合金 ·· 1

第一章　童年，沿着铁路线的成长 ··· 6
  祖籍是名城但不是名门 ·· 6
  家乡在南方出生在北方 ·· 9
  文弱瘦小却有个诨名"倔老三" ·· 11
  孔庙里的启蒙 ·· 14
  女子私立学校的唯一男生 ·· 19
  博文中学的活跃分子 ·· 21

第二章　求学，在战火纷飞的神州穿行 ··· 25
  北平，"宁波会馆"的寄宿生 ·· 25
  通州，放不下一个安静的书桌 ··· 28
  武汉，为民族的危亡发出怒吼 ··· 31
  公德里，房东家的姑娘 ·· 33
  宜昌，赶上最后一班客轮 ·· 36
  重庆，国立中央大学的优秀学子 ·· 41

第三章　走向社会，踏上材料应用研究之路 ··································· 50
  万能试验机的设计与制造 ·· 50
  楠竹的品质 ··· 52
  有情人终成眷属 ·· 56
  考上留美实习生 ·· 61
  艰难的远行 ··· 64

第四章 国外深造，织构理论研究的先驱者 … 69
耶鲁大学，从实习生到研究生 … 69
建立金属织构理论 … 75
形成"显微弯曲假说" … 76
第一位研究钛合金的中国学者 … 80
注重织构理论与实际应用相结合 … 84
异国他乡心系祖国 … 87
威逼利诱，撼不动归国心 … 91

第五章 归来哟，与祖国共奋进 … 97
春风入怀催征人 … 97
春风化雨育桃李 … 102
终生的激励 … 105
筹建中国航空钛合金实验室 … 108
一切从零起步 … 115
实现宿愿光荣入党 … 117
在苏联考察的日子 … 121
科学攻关不畏难 … 126
中国航空钛合金研究应用的奠基者 … 136
佩戴上校军衔的总工 … 139
开拓高温合金应用基础研究新领域 … 145

第六章 黑白颠倒，精神错乱的年代 … 150
难以求解的问题 … 150
有一个声音在指挥着他 … 154
从死亡线上爬回来 … 157
用钻研医治创伤 … 159
为战鹰疗治损伤 … 162

第七章　新长征，生命华章绽放异彩 ········· 171
疲劳与断裂研究的先行者 ········· 171
为学术创造一个自由天地 ········· 175
翱翔在材料科学的天空 ········· 178
推进国际学术交流和科技合作 ········· 183
回国的选择没有错 ········· 188
时刻找准自己的位置 ········· 191
党的十二大科技界代表 ········· 193
愿做人梯学春蚕 ········· 196

第八章　雄心在，生命不息奋斗不止 ········· 202
悲喜交集的1991 ········· 202
架起世界合作交流的桥梁 ········· 207
枝繁叶茂励后生 ········· 210
隐去某些色彩的彩虹 ········· 218
真情无疆闪耀细微处 ········· 222
人若无求情自高 ········· 226
侨界骄子壮志凌云 ········· 230

第九章　人们眼中的颜鸣皋 ········· 235
我心目中的颜鸣皋恩师 ········· 235
广角镜下的颜总 ········· 238
在颜总的熏陶下成长 ········· 247
我眼中的颜总 ········· 250
我的导师颜鸣皋院士 ········· 253
我心中的颜院士 ········· 258
我的爷爷 ········· 260

第十章　颜鸣皋主要学术思想选萃 ·············· 263
镍基合金的强化 ·············· 263
疲劳裂纹扩展的微观机制 ·············· 269
应用研究的三个"三结合"指导思想 ·············· 274
航空材料应用研究的地位和作用 ·············· 282

尾声　阅读颜鸣皋 ·············· 286

附录　颜鸣皋主要经历 ·············· 290

参考文献 ·············· 294

开篇　他就是块特殊合金

颜鸣皋，中国科学院院士、著名材料科学家。2006年，当我领受撰写《颜鸣皋传》的任务时，组织者向我介绍这位老科学家时这样评价他：他是中国航空钛合金材料研究的开拓者，中国航空高温合金应用基础研究的奠基者，中国航空材料疲劳与断裂理论研究的实践者，为我国航空工业做出了卓越贡献，在航空材料研究领域和在国内国际材料界均享有很高声誉。于是，在我未见到颜鸣皋之前，就已经开始在心中描画老人的形象，他鹤发童颜；他伟岸挺拔；他声若洪钟；他举止斯文；他严肃古板……

然而，当我来到中国航空工业集团公司北京航空材料研究院，与颜老一见面，却发现这位老人和我想象中的科学家大不一样：老人是那样的瘦弱，仅有一米六几的个头，不足100斤的体重；老人是那样的和蔼可亲，平易近人，像长辈又像朋友似地对待我们这些后生，习惯性地关心着我们的生活和工作，甚至连茶杯里是否有水都要亲自关注到；老人是那样地谦逊，在接受我们采访时，慢声细语并且非常平淡地回顾着80余年的人生之旅，非常平和又十分宽厚地叙说着所经历的人和事；老人的思维又是那样的敏捷，时间、地点、人物、数据信手拈来，准确而又连贯；老人又是那样的坚强，笑谈磨难，指点人生……

笔者是位现役军人，也曾经干过航空专业，是一位海军航空兵的机务战士，与歼击机打过多年的交道，风里雨里、滚爬摔打，产生了一种说不清道不明的情结，和曾经穿过军装并一生致力于祖国航空事业的颜老有一种天生的缘。因此，一见面就感到十分熟稔和亲切，话题也十分多，交谈也十分自然，似乎我们已经相识了很久很久，似乎我们之间的渊源很远很远……

这种感觉使我在整理采访记录时，常常产生这样一种遐想：当年我维护的那一架架战鹰身上，肯定有颜老亲自研究的合金和航空构件；再往前推之，在20世纪五六十年代，我的那支英雄团队，叱咤海天，所向无敌，在保卫祖国领海领空的战斗中，击落击伤数十架入侵的敌机，肯定也有颜老的功劳；在现如今，我的战友驾驶的现代化战机上，肯定也倾注了颜老不少的心血……

我越想越兴奋，越想越激动。这兴奋和激动并不是没有缘由，在我采访和写作过程中发生的一些事接连浮现在我的脑海中，这些事表面看来似乎和颜老没有多大关系，但串起来却大有深意。

2006年12月29日下午，新华社发表了一篇名为《中国自行研制的歼10战机正式列装我军航空兵》的新闻稿。这标明我国自行研发的第三代歼击机——歼10首次正式公开亮相，让世人为之瞩目，让国人扬眉吐气。消息一出，当即在世界引起巨大震动。外电认为，歼10对于中国十分重要，它是中国空军和海军航空兵21世纪的主要装备，也是中国航空工业上台阶的里程碑。

笔者作为海军航空兵的一员，当年曾经亲历中美南海撞机、搜救英雄飞行员王伟的全过程，此时又在伏案写作《颜鸣皋传》，对这条消息自然更多了一分关注，多了一分体味，同时也对颜老的功绩和精神世界多了一分认识。

颜鸣皋为我国航空材料研究与发展做出了杰出的贡献，是我国航空材料应用研究的主要创始人和开拓者之一。是他，组建了我国航空钛合金实验室，该室共研制出10余种钛合金，建立了中国航空用钛合金系列，使飞行器用钛合金立足于国内，并在国产各型歼击机和涡喷发动机上运用；是他，领导和致力于航空材料的应用基础研究和新型材料的探索工作，在微观结构分析、合金强化机理、金属超塑性理论等方面取得一系列创造性成果，在所指导的"863"重点项目Ti_3Al合金、$Al-Li$合金和Ni_3Al合金中均取得突破性进展；是他，主持和领导我国航空材料的疲劳与断裂研究和寿命估算工作，在新的裂纹扩展物理模型、疲劳裂纹扩展机制、疲劳门槛值预测、三维裂纹应力分析、材料的超载效应，以及变幅载荷下的估算等方面取得系统性、独创性的成果……

他现在是北京航空材料研究院的研究员、高级技术顾问、博士生导师，曾担任过北京航空材料研究院的研究室主任、总工程师、技术副所长、科技委主任等，还先后担任过中国金属学会副秘书长、常务理事，材料学会理事长，中国航空学会常务理事、学术委员会主任委员，材料工程学会主任委员，中国材料科学学会顾问，《金属学报》、《航空学报》和《国际航空》编委，《航空材料学报》主编等职。

他还是北京航空航天大学（简称北航）、北京理工大学、南京理工大学、福州大学、洛阳工学院等数家高等学府的顾问教授或兼职教授，中国科学院疲劳与断裂国防先进复合材料等数个国家重点实验室学术委员会的主席，第五届国际材料力学行为大会理事会主席、名誉主席、国际疲劳大会"终身荣誉会员"等；他还是部委级科技进步一等奖及二等奖的获得者，曾荣获"全国有突出贡献失效分析专家"荣誉称号、航空航天工业部最高奖励"航空金奖"，国务院侨务办、中华全国归国华侨联合会授予的"侨界十杰"，以及何梁何利基金科学与技术进步奖等奖励和荣誉称号……

他还是党的十二大代表。

随着对颜老了解得越多越深入，我也愈加激动和惊奇，惊奇他那如常人一样的头颅里所蕴涵的天才智慧，惊奇他那瘦小身躯里所奔腾的不竭创造力，惊奇他那步入耄耋高龄浑身依然洋溢着的骨气、豪气和朝气……

2008年5月，笔者曾随颜老来到了他的故乡浙江宁波慈城。当我们走进他那已经自愿捐献并被辟为"慈城院士陈列馆"的祖居时，就被简单而又朴实的"慈城颜氏祖训"所吸引，"明明白白做人，老老实实做事"！通过这浅显而又深沉的12个大字，我似乎对颜老性格的形成和人生的追求有了更深层次的理解：做人明明白白，做事老老实实，这分明是他这一生最真实最贴切的写照。

在故乡期间，这位游子是那样的兴奋和愉悦，灿烂的笑容总是挂在脸上。他与街坊四邻握手相谈，亲切而又自然。故乡的人们看着他、围着他，有些插不上话的，也分明在用心与他交谈。乡亲们的话语和眼神中都自然而然地流露出自豪和荣光，流露出由衷的信服和敬佩。在他们的眼里和心里，颜鸣皋是属于故乡慈城的，属于这里每一位乡亲，颜鸣皋是他们的骄傲、他们的荣耀……

尤其是当颜老走进母校慈城小学时，他被一群天真烂漫的孩子们簇拥着，他的心里和脸上都乐开了花。他一会儿摸摸这个孩子的头，一会儿牵牵那个孩子的手，嘴里叮嘱他们的几乎是相同的话："好好学习，报效国家！"

我从他的眼神和言谈中，清清楚楚地读出了他爱亲人，他爱故乡，他爱我们这个民族，他爱我们这个国家！

转眼两年多过去了。2010年8月，再次与颜老相见时，他却因病住进了武警部队总医院。在去看望他的路上，我无法想象他这么大年纪又被病魔缠身躺在病床上该是什么样子，心仿佛被一只大手紧紧攥住了。可当我走进病房时，一下子就释然了。他坐了起来，还是那样亲切的笑容，还是那样娓娓善谈，还是那样思路敏捷，还是那样无微不至……

我们在一起谈工作、谈生活、谈家庭、谈朋友，一晃两个多小时过去了，告别时他竟下了病床，拄着拐杖非要把我送出病房不可，怎么劝都不行。北京航空材料研究院陪同我前去探望颜老的郎小兵同志告诉我："你不要谦让了，送客到门口，这是颜老的传统。"

啊！传统！点点滴滴显传统。

回首凝望还伫立在门口目送我们的颜老，我心中万千感慨：我们的民族、我们的祖国和我们的文化，能够世代相沿，生生不息，全赖一代又一代优秀人物奋力拼搏、艰苦奋斗、发扬光大。他们不愧为民族的脊梁，不愧为民族精神的传承者，不愧为民族复兴的开拓者，不愧为先进文化的创造者。于是，我暗下决心，要把已经脱稿的《颜鸣皋传》再重新加以修订，使之更能全面而又准确地反映颜老作为一代航空材料领军人的光彩人生……

在修改该书期间，我曾再次来到北京航空材料研究院征求意见，与该院党委书记王亚军等领导有过一次深谈。

王亚军书记自豪地对我说：

"我们材料研究院有一大批航空材料的领军人，他们用毕生的忠诚实践着'航空报国，强军富民'的信念，他们人人都是一本大书，他们的精神，他们的事迹，是我们院宝贵的财富，正激励着年轻的一代为祖国的航空材料事业不懈地奋斗。颜院士是他们其中的突出代表。"

"随着我国航空事业突飞猛进的发展，随着我国国力的不断增强，对航空新材料的需求愈来愈迫切，航空新材料的研究也愈来愈重要。我们深感责任重大，使命光荣。"

人们常说，"一代材料，一代装备"！

国产航空材料！

国产新一代战机！

这一切都和我国航空材料研究部门有着必然的关系，这一切都和颜鸣皋有着内在的千丝万缕的紧密联系。

我在心里发出赞叹：作为著名航空材料专家，颜鸣皋是为研制航空材料而生；是为新中国的战鹰翱翔而生！他把一切都献给了"航空报国，强军富民"这个光荣而又伟大的使命。

我也在心里叹服：颜鸣皋是在用心血研制合金，是在用魂魄熔炼特殊航材！颜鸣皋就是一块合金，是一块会飞翔的合金！颜鸣皋就是一块特殊材料，是一块闪耀着光辉的特殊材料！

于是，我又重新坐下来，用心再一次感悟他那富有传奇的人生经历，再一次沐浴这块合金的熠熠光辉，再一次伴他重走用特殊材料铸就的精彩人生……

第一章　童年，沿着铁路线的成长

祖籍是名城但不是名门

中国人喜欢追根溯源。

那么，颜鸣皋的根在哪里？源自何方呢？

在他的档案中，籍贯一栏中填的是：浙江宁波慈溪（现为宁波市江北区慈城镇）。

宁波属浙江省，是全国历史文化名城，历史十分悠久。早在七千年前，人类先民就在此繁衍生息，创造出了灿烂的河姆渡文化。

宁波辖下的慈溪，位于东海之滨，春秋时属越，秦代设县，古称句章，至唐开元二十六年（公元738年）始称慈溪，县治在今之慈城镇。由句章改名为慈溪，缘于东汉董黯"母慈子孝"的传说。据《延四明志》载："汉句章董黯，母尝婴疾，喜大隐溪水，不以时得。于是筑室溪旁，以便日汲。溪在今县南一舍。故以慈名溪，又以溪名县"。

后来，慈溪还一度改名为慈谿，这里还有一段十分曲折的故事：那是在明永乐十六年（1418年），慈溪发生了一件令衙门内外都震惊的大事，县府大印一夜之间不见了踪影，怎么寻觅都未能找到。那时候，大印就是乌纱帽，大印就是皇权，大印丢失，这还了得？县太爷思前想后，恐怕被歹徒所得，招惹麻烦，急忙逐级上报。这事果然惊动了朝廷，皇帝特意下诏更铸，御笔钦定把县名也给改了，以防后患，改溪从谷，遂改慈溪为慈谿，仍属宁波府，隶浙江承宣布政使司。

第一章 童年，沿着铁路线的成长

昔日慈谿县衙大门

岁月变迁，到了1949年5月24日，慈谿县治孝中镇（今宁波慈城镇）获得解放后，才又恢复了历史的名字——慈溪。

慈溪作为历史文化名城，拥有三大传统的区域特色文化：青瓷文化、围垦文化和移民文化。在晋唐时期，慈溪上林湖青瓷就远销海外，架起了通往世界的"海上丝绸之路"。慈溪又有"唐涂宋地"之称，悠久的海涂围垦历史，塑造了慈溪人开拓进取的性格。慈溪的移民文化更是源远流长，早在秦代，名士徐福在慈溪达蓬山启航，东渡日本，拉开了对外交流的序幕。

慈城镇历史悠久，人文荟萃，从唐开元慈溪设县一直到新中国成立后的1954年至今，一直是县治所在地，更是作为历史名镇而蜚声海内外。

颜鸣皋的祖父颜开文，是慈城镇一位纱厂搬运工小头目，在壮年时期就因病去世，给颜鸣皋的祖母茹氏仅留下几亩薄田和两个年幼的孩子。

据颜鸣皋回忆，祖母茹氏有着高高的个子，很能干，是个坚强的女性。为了支撑起这个家，她把十四五岁的大儿子送到外面当学徒，学做生意，自己则带着小儿子颜馀卿，到一位余姓大户人家当"梳头娘"。

当"梳头娘"的家庭，肯定不会富裕。

特殊材料铸人生——记中国科学院院士颜鸣皋

昔日慈谿县衙

《风土中国》杂志 2006 年第 4 期刊载了一篇题为《慈城的女人》的文章，作者是宁波的王静女士，文中对"梳头娘"有着专门的介绍，现摘录如下：

旧时妇女，婚前留辫发，婚后梳发髻。辫发有三股辫、五股辫，而发髻有横爱司髻、直爱司髻、鲍鱼髻、蝴蝶髻、元宝髻，可谓形式多样，再插上碧玉簪、珠花、金钗、银钗。发式不仅显示女性的美，而且象征着家庭的荣耀，所以慈城大户人家的女眷和小户人家的娇太太都要请梳头娘姨的，而手脚不大灵活的老太也要请梳头娘姨。这样家境相对贫困的慈城女人也就有了能养家糊口的职业。

梳头娘姨是一种特殊的行业，按照雇主的需要，分专职或包头两种。专职的一般是大户人家所雇，专为家里的重要人物梳头，一般梳一人的头需要一个上午，一次又一次用篦子梳，这有按摩作用，是很利于健康的。而包头娘姨似钟点工，每天走家串户，到原先约定的雇主家去梳头。一个上午要走好几户人家，梳头娘姨一般都聪明能干，她们为太太们梳出各式不同而又让她们称心如意的发髻……

慈城的女人是好样的，贤德是她们的写照。民国时期，有一位叫阿杏的母亲，她的男人出门到南浔做生意，十多年杳无音讯。为了家，为了一对儿女，她以梳头娘姨的身份到槐花树门头冯家帮佣。由于人品好、性情和善，冯家的女主人将她推荐给半浦村的男主人，任上海四明银行行长的孙家，专做女主人的梳头娘。

茹氏做的也是专职梳头娘，肯定有着和阿杏一模一样的品性，她到余家帮佣，很得主人家赏识，太太将她的小儿子颜馀卿认作养子，吃住在余家。后来颜馀卿改名为颜余庆，字裕卿，名字中间有个余字，大概和他是余家的养子有关。

颜余庆生于1892年，当时才十一二岁，虽然只断断续续地念过两年私塾，但他老实、聪明、能干，也深得余家人喜欢。

这位叫颜余庆的年轻后生，就是颜鸣皋的父亲。

家乡在南方出生在北方

颜鸣皋的出生地不是宁波慈城镇，而是千里之遥的河北省定兴。

这原由还得从祖母茹氏帮佣的余家说起。

余家的大儿子余本堂，在京汉铁路工作。1907年前后，他回了家乡一次，见到颜余庆，见他聪明能干，也是十分喜欢，心中一动，便顺口问道：

"余庆，你想不想跟我到外面闯一闯？"

十余岁的颜余庆抬头看了看母亲，然后低头轻轻回答：

"想啊。"

茹氏此时也正为儿子的出路发愁，她有点拿不定主意，是让他留在家中种田，还是让他出门当学徒？一听说有这等的好事，也急忙说：

"好啊，就让他跟着你去学本事吧。"

母子二人这样痛快地回答，反而让余本堂有点意外。他沉吟了一会儿，说道：

"那就让他跟我出去先上学吧。"他觉得，到外面闯世界，没有文化，没有专门技能是不行的。

就这样，颜余庆扛着简单的行囊，跟着余本堂离开了家乡。

余本堂送他上的是一家法文学校，是铁路部门兴办的，除了教法文之外，主要教授铁路方面的有关知识。这对于文化底子非常薄弱的颜余庆来说，听起课来如同听天书，求学的艰难可谓刻骨铭心，这也成了他以后对子女们学习上严格要求的一个结。

两年后，颜余庆毕业了，被分配到长辛店，在京汉铁路干报务员工作。

颜余庆有了安稳的工作，也到了谈婚论嫁的年龄。这期间，在外学徒的大哥已经结了婚。茹氏开始托人说媒，为小儿子颜余庆张罗成家。

媒人说的姑娘是宁波西门外吴家村的，名字叫吴莲卿，小颜余庆6岁。虽然也是贫寒人家出身，但她聪明俊俏，性情和善，贤惠孝顺，身体健硕，勤劳持家，口碑极好。茹氏和儿子都非常满意。

吴莲卿婚后先是随婆婆住在慈城，后来就随丈夫颜余庆去了外地。

表面看来颜余庆的工作是安稳的，可工作地点却是流动的，一般两三年换个地方。因此，他们的子女出生地也不是在一个地方，是沿着铁路线的，石家庄、正定、许昌、新乡、驻马店、武汉……

颜余庆的职务也不断地变动着，先是干报务员，然后当列车长、火车站副站长、站长、车务副段长、调度室主任等。

1920年6月12日，在河北省定兴县北河店火车站，站长颜余庆家又新添了一个小男孩。

这小男孩虽然瘦小，但脑袋却非常大，眼睛非常亮，生下来哭喊的声音也非常大。

父亲颜余庆给他起了个响亮的名字叫颜鸣皋,"皋"的本意是水边的高地,大概是取自"鹤鸣于九皋,声闻于天"那句古语。可老人家怎么都不会想到,儿子在将来会飞得这么高。颜鸣皋不负厚望,声闻于天,名声远播。

北河店火车站很小,是一个四等站,到现在恐怕连快速列车都不停,那里的乡亲们也很少有人知道,在这个偏僻的小车站,在这块贫瘠的土地上,会诞生一个著名科学家,一名中国科学院院士。

颜鸣皋在十二个兄弟姐妹的大排行中排老五,兄弟小排行为老三。

颜家兄弟姐妹是六男六女,出生顺序是两女、三男、两女、三男、两女。在颜鸣皋的前面有两个姐姐和两个哥哥。大姐叫颜月仙、二姐叫颜凤仙、大哥叫颜鸣远、二哥叫颜鸣谦。在他的后面是三妹颜琴仙、四妹颜杏仙、四弟颜鸣岐、五弟颜鸣奎、六弟颜鸣鹤、五妹颜梅仙、六妹颜蓉仙。兄弟的名字中间都有个"鸣"字,姐妹的名字最后都是个"仙"字。

文弱瘦小却有个诨名"倔老三"

颜鸣皋一出生就非常瘦小,文文弱弱。在外人看来,他肯定是个老实听话的孩子。其实不然,他生性好动和调皮,并且执著又倔强。从小他对未知的事物都有一种好奇心,有一种不满足的探寻欲望。

因为家住火车站,每当列车轰轰隆隆驶过时,他总是转着大眼睛揣摸,这铁家伙怎么跑得这么快?

时过八十多年,颜鸣皋还能记起第一次挨母亲巴掌的情景:

那时他刚三四岁,茹家表叔领着他到车站站台上玩耍。这时,一列火车开了过来,他甩脱表叔的大手,竟跟着火车跑了起来。表叔心中一惊,一个箭步赶上去,把他抱了起来。这一下他可不愿意了,又哭又闹。表叔无奈,只好把他抱回家。回到家他并不算完，还是哭闹着要去追火车。气得母亲朝他屁股上狠狠揍了两巴掌。

茹家表叔在一旁哄着他，可是越哄越哭，越哄越闹，没法子，只好无奈地摇着头说：

"真是个倔老三！"

从此以后，颜鸣皋落下个"倔老三"的诨名。"倔老三"！每逢他和兄弟姐妹发生冲突时，兄弟姐妹都这样叫他。有时也会从父母亲嘴里脱口而出。

为什么要去追火车呢？颜鸣皋现在已经记不清了，可对第一次挨巴掌还朦朦胧胧记得。

"倔老三"确实倔，没少让母亲着急上火。

"老三、老三，你野到哪里去啦？"一听母亲着急地喊自己，颜鸣皋反而更加放慢了脚步。

颜鸣皋似乎比别的孩子有着更多的好奇和倔强。

四五岁时，他对父亲车站值班室里的手摇电话产生了兴趣，他想弄清楚里面说话的人藏在哪里？是大还是小？经常趁父亲不注意爬到桌子上鼓捣几下，甚至拿起话筒左拧右拧，有几次气得父亲要揍他。可过了不大一会儿，他又会钻进来继续他的探索。

在颜鸣皋的记忆中，还有许多类似的倔事。

有一天下午，外面正下着小雨，如丝如缕，将屋外的天地网成一片白色的纱罩。

颜鸣皋对母亲说：

"妈，我到外面玩一会儿。"

母亲正忙着做晚饭，头也未抬就拒绝道：

"又想野去，没看见外面在下雨吗？"

父亲颜余庆下班回家了，母亲端上了饭菜，兄弟姐妹都围坐在饭桌旁。

"老三呢，老三呢？"母亲在点人头时发现不见了颜鸣皋，着急地问几个孩子。

几个孩子都摇了摇头。

父亲颜余庆倒不担心，说：

"跑不远，饿了就回来了。"

父亲对家务和孩子生活上的事操心不多，全都一股脑儿交给了母亲。他操心的是孩子们的学习，孩子们稍一懂事，就把他们送到附近私塾里去学《百家姓》、《千字文》。到了该读书的年龄，不论是男孩女孩都必须上学堂。他在家中给孩子们确定的目标，也是他心中描画的理想，男孩子要读完高中，女孩子要读到初中，以弥补他小时候没上过学的缺憾。

母亲放心不下，操起一把雨伞就冲进雨幕里。

原来，颜鸣皋给母亲打过招呼之后，见母亲不答应，就悄无声息地溜出了家门。雨也下得很调皮，也悄无声息地在天地间飘洒着。

颜鸣皋出了家门，仰起脸庞任雨水滋润，小脑袋里也不知都想些啥，信马由缰地沿着铁道线走出去很远，不知不觉地来到了一个小河边。他蹲下身子，专心致志地看雨点打着水面上溅起的水花，荡漾的涟漪，一看就是好长时间。

母亲好不容易找到他，将他从河边拎了起来，他才如梦初醒。母亲望着浑身淋得湿透的儿子，又气恼又心疼，本想好好教训教训他，可扬扬巴掌又放了下来，只是抹了抹他头上的雨滴。

回家的路上，颜鸣皋兴奋地告诉母亲，"雨点儿落到河里时还跳两下呢，像小鱼儿摇了摇尾巴，钻进河里就找不见了……"

母亲也被儿子的情绪感染了，责备的话到了嘴边又咽下，反而对他讲起，在南方的老家有无边的大海，有更多的河水，有更秀美的山，更绿的树……

听着母亲的诉说，颜鸣皋有了更多的幻想，有了更多的期盼……

颜鸣皋在与作者交谈时曾经这样说：

"好奇好动，坚韧执著，**性格倔强，宁折不弯**，是好事也是坏事，是优点也是缺点。好事是执著倔强的性格成就了我的事业，完善了我的人生；坏事是这种性格使我经历了不少磨难，受到了不少挫折。但我是改不了了，也不想改。人没点性格做不了大事，回首往事我依然无怨无悔。"

特殊材料铸人生——记中国科学院院士颜鸣皋

2006年5月慈城颜氏家族返乡祭祖活动合影

孔庙里的启蒙

孩子一个个降生,地方一次次变动。

父母亲有点照料不过来了。

1926年,北方正值直奉战争,兵荒马乱。

这期间,父母亲商量决定,把几个孩子送回老家慈城去。这除了时局乱、孩子多不好带等原因外,父亲颜余庆还有一个想让孩子有个安稳的地方上学的心思。

这时的慈城，只有祖母和伯母两人。

伯母也是个苦命的女人，结婚不久，伯父就因病去世了，一直陪婆婆寡居在家。

颜余庆非常孝顺，虽然因孩子多收入又有限，生活也不宽余，但还是想方设法凑出1000块大洋，为母亲和嫂子在慈城买了一座宅院。这宅院叫"向御史房"，正房是一座两层小楼，院子很大。由于人少，就显得空空落落的，非常冷清。孩子们回去，给这座院子带来了生气和热闹。

宁波慈溪老家

1926年夏，刚刚6岁的颜鸣皋回到了故乡慈城。

颜鸣皋记得：回故乡时是从天津坐轮船到宁波，在海上漂了好几天。在他的印象中，大海无边无际，许多人只是第一天还有新鲜感，到后来就躺在船舱铺位上睡大觉了，唯有他始终保持着对未知世界探寻的新奇感。海上旅途中，他似乎很少有在船舱安稳睡觉的时候，总是待在前后甲板上。海上日出日落的辉煌，海浪海涌的壮阔，海鸟海鱼的翻飞……无一不成为奇美的胶片在他的脑海中不停地放映。有时夜深了，母亲派哥哥喊他回去睡觉，他总是一拖再拖。他被海面上的点点粼光迷住了，里面有着他许许多多难以破解的谜……

特殊材料铸人生 ——记中国科学院院士颜鸣皋

故乡对颜鸣皋来说,也有着许多难以破解的谜,那满眼的青山绿水,那坐落在颜家桥头旁大大的院落,那高高的桂花树,还有祖母、伯母嘴里说的他又有点听不太懂的宁波话……

父母亲在老家没住几天就走了,留下了他们仨兄弟和两个妹妹。

父亲临走前办妥了一件事,就是送他们上学。

1999年参观母校中城小学展厅

颜鸣皋上小学的地方是慈城孔庙里的一个偏房,最初叫治孝中镇小学,是半私塾性质。

该小学成立于1904年,迄今已过了百年诞辰,是由慈城乡贤热心创办的,借孔庙西侧办学,1906年更名为中城小学堂。1913年,由应氏家族的应星耀先生任校长,实行新学制,改革教学内容,增设音乐、体育、手工等课程,并开始招收女生入学。新中国成立后更名为慈城第二小学。1988年，原校长应星耀先生的哲嗣、中国台湾著名实业家应吕期先生，决定投资140余万美元，在孔庙对面重建校舍。校舍规模宏伟，为当时国内一流水平。2007年5月，颜鸣皋应邀参加了该校召开的百年校庆纪念大会，到会国内外校友逾千人，盛况空前。

慈城是座历史文化名镇，这孔庙始建于宋庆历八年（公元1048年），堪称浙江第一。别看慈城不大，但书院众多，城东汤山山麓有石坡书院、北山山麓有西溪书院、石刺峰麓有石峰书院；还有兵部尚书姚镆所创的阆峰书院、冯柯讲过学的宝阴书院和崧生书院、都御史秦宗道讲学处的屿湖书院以及城北的慈湖精舍等，众多书院中最有影响的当数德润书院、慈湖书院和宝城书院。可谓是满城书香，家家重视教育。

宁波人重视教育是有传统的。

这又与一位年轻的改革家王安石的名字紧密连在一起。正是他指给了宁波人又一条出路。

1047年，也就是北宋庆历七年的秋天，27岁的年轻知县王安石从今江西临安风尘仆仆地踏上了宁波的土地。

王安石是一位胸怀远大的人，十分执著且务实。他认为：兴邦富民，抓教育为第一要务。他把离衙门不远的一处破旧的庙宇改建为县学，并不辞辛劳，亲自从深山荒野间寻访到五位知书识字的老先生出山执教。这五位人物，便是日后在浙东学术史上著名的"庆历五先生"。

宁波文化的种子播种发芽了。

从此，宁波也有了作为学子科举考试的专门场所——考试院。

转眼过了十余年，当王安石以参知政事的身份为宋王朝部署改革的时候，宁波的第一代进士也产生了。那些农人商民的孩子经过十年寒窗开始成才，不久，即产生了宁波历史上的第一位状元。

由此，宁波出了2432名进士、12名状元，出了数万名举人和数十万名秀才童生。更为重要的是，王安石开创的那种"田家有子皆习书，士儒无人不织麻"

的社会氛围，那种尚文尚礼、崇信崇义的地方文化精神，成为了一代代宁波人人格理想的精神支柱。

这以后，从宁波走向全国的基本上就是两种人——商人和学人。

慈城孔庙

应该说，颜鸣皋所受真正的启蒙教育就是在慈城的孔庙里进行的，是在那座半私塾性质的叫治孝中镇小学的学堂里。这里不但有老师"之乎者也"的现身说法，还有一块块无声的儒学碑对他精神和心灵的无形濡染。

这些安放在孔庙里的历代的儒学碑，无不颂扬着王知县当初的开蒙之功。王安石兴学的意义并不在于使少数的民间子弟通过读书做官而从闭塞的小城走向全国，他的更为重要的影响恰恰在于他从此倡导了一种价值取向，形成了一种耕读传家、商儒并生的传统。

颜鸣皋说：

"我虽然在故乡上学时间很短，只有一年多，但对我影响很大。在这里我对文化有了初步的认识。父亲对我们这样讲，不能求官，只能求学。有了学问以后人才精明，才可以经商，才能干大事。毛泽东主席讲，没有文化的军队是愚蠢的军队。我那老师也是这么讲的，有了文化我们就能走遍天下。这种灌输在我心中扎了根,烙下了印。"

女子私立学校的唯一男生

1928年,父亲颜余庆调到湖北武汉列车段。赴任之前,他又托茹家表叔回到了故乡慈城,把颜鸣皋兄弟三人和妹妹们一块接出。

到了汉口,他们把家安在了法租界附近。

哥哥们到了汉口就开始上中学,唯独颜鸣皋的上学成了难题。

颜鸣皋此时应该上小学三年级了,但他们家附近却只有一所私立女子小学,再没有其他小学了。如果到其他混合小学上学,路途远,无人接送,父母放心不下。

怎么办?父亲颜余庆决定把他和三妹琴仙、四妹杏仙一块儿送到那所名为"心儒"的私立女子小学去上学。为此,还特意托人找校长疏通了一下。校方研究了一番,方答应破例收下。

颜鸣皋初到武汉时,情绪十分高昂。因为这里毕竟是一个大城市,比老家慈城镇繁华了许多。奔腾不息的长江,纵横交错的道路,成排成片的楼房,鳞次栉比的商场……使他开阔了眼界,增加了见识。

但是,当他一听说父亲让他和妹妹一起去一个女子小学读书时,他坚决不干了,情绪一下子降到了冰点,倔劲儿上来了,又哭又闹,甚至用绝食相要挟,宁愿不吃饭也不去学校报到。

父亲颜余庆却不急不躁,对此事进行了冷处理。好吧,不吃饭也不劝,不去上学也不硬拉,把颜鸣皋晾在了一边。

两天过去了,颜鸣皋有点撑不住劲了。他心里火烧火燎的,觉得在家实在也没意思。母亲叫他吃饭也上了桌,看到哥哥妹妹们去上学,他眼巴巴地直往门外瞅。

特殊材料铸人生 ——记中国科学院院士颜鸣皋

父亲颜余庆觉得到了火候,就问他:

"去不去上学啊?"

颜鸣皋小声回答:

"那就去吧。"

"去上学可以,但不能调皮。要好好听老师的话,好好学习。"

颜鸣皋点了点头。

无奈,颜鸣皋成了"心儒"私立女子小学的唯一男生。

好憋气哟,对于一个生性好动的男孩子,整天和一群女娃娃们在一起,从精神和行动上无疑都是痛苦的。因为是唯一的男生,又常常成为同学们关注和取笑的对象。

颜鸣皋是有气无处撒,有话无人说。只能有时伺机找两个妹妹的事儿,用调皮发泄一下被压抑的情绪。

一天,在放学回家的路上,他对四妹杏仙说:

"把你的书掏出来,和我换一下书包。"

他们上学时父母同时给他们买的一样子的书包,但女孩子心细,懂得爱惜,显得比颜鸣皋的书包要新许多。一听哥哥要和自己换书包,四妹当然坚决不干。

此时,颜鸣皋有些不讲理了,他一把夺过妹妹的书包,把里面的书本文具往地上一倒,硬是换了过来。

四妹杏仙哭着回家告了状。

为此,颜鸣皋还挨了母亲一顿揍。

倔强的颜鸣皋挨打就是不流泪,不求饶。在他幼小的心灵里固执地认为,母亲、老师和同学都不喜欢他。

颜鸣皋现在说起童年调皮的事儿,也忍不住哈哈笑了起来,他说:

"虽然这只是童真的偏执,但却从另一方面激励了我。我暗暗下决心,我一定要学出个样儿来,在学习上拿第一,看他们还怎么说。因为全校都是女生,也给我创造了一个埋头学习的环境。下课了,女生们玩踢毽子、扔沙包、跳方格等游戏，我呢？只能继续趴在课桌上练习题、写大字。久而久之，我的学习成绩就上去了。"

期末考试中，颜鸣皋果然考了个全班第一。校长还为他颁发了奖品——一个精致的文具盒。这让妹妹和同学们都羡慕不已。这个男生，在老师的眼中是个好学生；在同学们心目中，是一位学习的好榜样。很少表扬孩子的父亲，那天也对他夸赞了一番。

可是，颜鸣皋并没有高兴起来。他总觉得整天混在女同学中间十分别扭，盼着能早一天离开这个女子学校。随着年龄的增长，他甚至在放学回家的时候，都不愿和妹妹们走在一起。

转眼两年过去了。1931年冬季的一天，颜鸣皋听两个哥哥在议论，他们上的那所中学实验班冬季要招生。

颜鸣皋一听，心中一动，急忙凑过去追问：

"哥，是真的吗？"

"那还有假，是实验班。你问这干吗？"大哥颜鸣远回答。

二哥颜鸣谦也看看他说：

"鸣皋，你也想报名？这实验班要求很严，都是学习尖子，你能行吗？"

颜鸣皋心中拿定了主意，对哥哥点了点头。他虽然小学五年级还没读完，但毫不犹豫地报了名。

博文中学的活跃分子

颜鸣皋报考的这所中学叫博文中学。这是一所教会学校，英国基督教循道公会于1885年创建的。1954年，此校改名为武汉市第十五中学。

但是，谁也没想到，颜鸣皋这个小学五年级还没读完的小学生，报考这个学校的实验班却被录取了。他提前跨入了中学，和大哥颜鸣远、二哥颜鸣谦成了校友。这不仅让父母亲喜出望外,也令两个哥哥对他刮目相看。

接到学校的录取通知书,颜鸣皋长长地舒了一口气。他浑身上下也似乎随着这口气舒展了许多,心情也似乎舒畅了许多。他终于可以不整天混在女孩儿堆里了,讲话也可以无所顾忌,大声大气了。

但是,在教会学校读书,颜鸣皋也有许多不适应。学校管得很严,要求一律住校,按时熄灯就寝,简直就像一座军营。这对他的顽皮天性多少有一定的禁锢,使他无法在课余时间自由地发挥。然而,这一切似乎很快就过去了,随着和同学的熟悉,对学校环境的熟悉,使他渐入佳境。

因为是教会学校,初中一年级就有了英语。由英国来的牧师担任任课教师。聪慧的天性和倔强好学的性格,使颜鸣皋很快入了门,并逐渐在同学中出类拔萃。这为他此后出国留学深造奠定了良好的基础。

1932年初中二年级

第二年,颜鸣皋还被选进了"唱诗班",音乐老师是位盲人。他沉浸在音乐的海洋里,沉醉在天籁之声中……

在上初中期间,颜鸣皋依然是那样文弱瘦小,貌不惊人,但他的爱好兴趣却十分广泛。在学校组织的各类活动中,他都是个活跃分子。

那时他喜欢踢小皮球,虽个子不高,身体不壮,球技也不精,却十分有号召力。课余时间,只要他一招呼,就呼拉拉围过来一大帮同学,在校园一隅奔跑呼喊起来。

他喜好摄影,在闲暇时候,同学们常见他拿着一台照相机,东拍拍,西照照,学校的大门、教室、操场等都是他拍照的对象,至今他还保留着一张那时拍摄的学校操场旁一棵大树的照片。

他还喜欢音乐,尤其是古典音乐。这个爱好一直伴随着他。在"文化大革命"前,他曾购买收集了成百上千张老唱片,只可惜都在那场"破四旧、立四新"的运动中销毁了。

颜鸣皋回忆这段学习生活时说：

"在博文中学里，当时有两个'三兄弟'，一个是我们'颜氏三兄弟'，一个是'苏家三兄弟'。苏家比较富，父亲是一家纱厂的董事长，老大叫苏先勤、老二叫苏先劼、老三叫苏先励。我和苏家老三苏先励是同班同学，又是好朋友，有时到他们家去玩。两家'三兄弟'学习都不错，后来在各自的专业领域都有所造诣。只是时间一久，渐渐失去了联系。"

初中快毕业时，父亲颜余庆对颜鸣皋的期望是：考国立高中，并且必须是名校。

颜鸣皋此时才十三四岁，但敢想敢为，志向远大。他深深理解父亲的苦心，对自己今后的求学方向也有了独特的想法。

有一天，一家人又说起他的升学问题。颜鸣皋胸有成竹地对父母亲说：

"我高中要到北平去上。"

此言一出，全家人都感到非常突然，愣住了。

父亲颜余庆听后没有说话，只是望了望他，目光很复杂，有些许不相信，又有些许鼓励和赞赏。

沉默了良久，母亲才说话，但语气里却透着担忧。她问：

"你自己去，能行？"

颜鸣皋回答得很坚定：

"行，怕什么？我到北平是去上学，学校里食宿都方便。再说，我自己也能照顾好自己。"

父亲颜余庆打量着突然间长大的儿子，追问道：

"你真是这样想的？"

颜鸣皋郑重地点了点头，回答：

"是的。"

"可不许反悔。"

"不会。"颜鸣皋回答得很有信心。

母亲依然担忧，嘴里老是念叨着：

"这么小,行吗?行吗?"

颜鸣皋安慰着母亲:

"妈,您放心。我一定行。"

几十年过去了,颜鸣皋对自己当年做出的那个北上求学的大胆决定也感到非常吃惊,真是初生牛犊不怕虎啊!

第二章　求学，在战火纷飞的神州穿行

北平，"宁波会馆"的寄宿生

1934年春季。

小小少年独自远行。

"咣当"一声，列车停下了。

这天下午，颜鸣皋来到北平。

颜鸣皋下了车，没有按照父亲的盼咐先找住处，而是直接去了他要投考的北京汇文中学。

北京汇文中学始建于1871年（清同治十年），初为美国基督教美以美会设立教堂时附设的"蒙学馆"，后更名为"怀里书院"。1888年又增设大学部，名为"汇文书院"。从1902年起，校址设在崇文门内船板胡同。1904年改名为"汇文大学堂"。1918年，汇文大学部与华北协和大学合并为燕京大学，迁到海淀区今日北京大学的校址，原校址转给汇文小学和汇文中学。1919年，在伟大的"五四"运动中，汇文中学学生走在呼唤民族觉醒斗争的前列。1926年，蔡元培先生给汇文学校题词：好学近乎智，力行近乎仁，知耻近乎勇。以后汇文中学将其概括为"智仁勇"并作为校训。

那天，颜鸣皋报了名之后，走出学校，天已经黑了下来，这才想起晚上还没有落脚的地方，急匆匆地往王府井旁小甜水井胡同的宁波会馆赶。

会馆的老乡看是一个小孩来投宿，很是惊讶，关切地问："你家大人呢？"

颜鸣皋回答：

"我家大人没有来。"

"你家大人没来,你怎么来的?"

"我自己来的。"

"你一个人从宁波来的?"

"是我一个人来的,但不是从宁波,是从武汉来的。"

那位老乡瞪大了眼睛,怎么也不相信这个半大孩子千里迢迢独自一人能够来到北平,可眼前的事实又不得不让他相信,嘴里嘟哝着:

"这兵荒马乱的年月,你家大人也放心?"

"没事的。"颜鸣皋满不在乎地说。

"没事就好啊。你来这里干什么?"老乡又问。

"来上学,北平毕竟是大都市。"颜鸣皋回答得有板有眼。

那位老乡看着听着,不由得对这位不起眼的小同乡刮目相看,热情地为颜鸣皋安排了房间。

这里,我要多介绍几句宁波会馆。

前面说过,从宁波走出来的都是商人和学人。起初,走出来的是学人多。为了应试,他们来到京城。在明代,宁波的试馆就建在王府井旁的小甜水井胡同,因为那里离建国门内的贡院较近,举子赶考方便。后来,走出来的是商人多。在明末清初,宁波商人向北京及沿江、沿海的城镇发展。在北京的宁波商人,经营的主要行业是药材和成衣。明崇祯年间,宁波的药材商在北京建立起"鄞县会馆"。清初,宁波商人又在北京建立"浙慈会馆"。在全盛时期,宁波会馆的数量在北京多达13处,并且全部集中到王府井旁边的小甜水井胡同,形成宁波会馆一条街。

宁波各会馆为何集中到小甜水井胡同?其主要原因是会馆的成分已由清代的士子为主演变成宁波商帮为主。因为到了光绪三十一年(1905年)清廷宣布废除科举制度,士人不用再到北京赶考。由此,试馆的作用也就宣告结束,演变成民间联络乡情和同乡互助的同乡会馆。再加上王府井在民国初期已形成北京最繁华的商业街,宁波商人纷纷在王府井开店营业,因此宁波人居住的会馆选择在王府井旁边的小甜水井胡同也就不足为怪了。

在颜鸣皋来北平时，宁波帮和宁波会馆已没有了往日的繁荣，不但在京宁波人大大减少，而且宁波会馆的数量也锐减为几处。这是由于清末民初内忧外患、社会动荡、经济凋敝，北京的工商业也举步维艰、苦不堪言，只能勉强维持局面。在民国初期，由于北洋政府定都北京，北京表面上还维持着一定程度的繁荣。但从1928年南京国民政府正式成立，北京的地位就一落千丈，由首都降为北平特别市。达官贵人纷纷南迁，一时深宅大院人去楼空，市面更加萧条。达官贵人一少，成衣业就不景气。由慈帮垄断的浙慈会馆慢慢地变成了北京成衣会馆、北京成衣业公会，从此不再成为慈帮裁缝的一统天下。另外随着西医西药业的兴起，中医中药业也蒙受巨大打击。1924年，曾经辉煌数百年的由宁波中医中药业垄断的"鄞县会馆"改名"四明会馆"，并成为宁波各县的公产，也即成为"宁波会馆"的附产，专供在京宁波籍人士逝世后停柩及埋葬客死北京而无力举榇回乡的义地。

颜鸣皋住进会馆之后，首先映入眼帘的就是几具黑漆棺材。他不免心生恐惧，毛发耸然，眼里透出胆怯的目光。

看守会馆的老乡看出来了，安慰道：

"孩子，不要怕，不要怕，都是咱们老乡。他们也是在咱宁波会馆歇歇脚，也不知啥时候能回去。"

颜鸣皋嘴里说"我不怕"，但心中依然"扑通、扑通"地敲着小鼓。

那位老乡帮颜鸣皋放置好行李，又说道：

"那么远的路途，你一定累了，就早点睡吧，明天起早好上学。有啥事，你叫我。"

颜鸣皋急忙说：

"我不累，我不累。"

颜鸣皋内心里是想让这位老乡多待会儿，可老乡并没领会他的意思，朝他摆摆手，就轻轻给他带上门走了。

老乡离开之后，颜鸣皋虽然在心里对自己说"不要怕！不要怕！"可在他那个年纪能不怕吗？

一连几夜，颜鸣皋一躺在床上，就紧闭眼睛不敢往四处看，大夏天里也不怕热，还用被子蒙上头，捂得周身上下如水洗过一般。由于紧张再加上天气热，他怎么也睡不着。睡不着，他就强迫自己看书，直看得眼睛困得睁不开了，才敢睡觉。可是在夜深人静时，哪怕有一丁点儿响动，他都会被吓醒，并惊出一身冷汗，紧闭着眼睛数数儿熬到天明。

颜鸣皋在这会馆里住的时间不长。他入学后，就在学校附近租了一间民宅居住。

颜鸣皋在汇文中学也只读了一个学年。不是学校不好，是因为另有原因——手头拮据。

虽然父亲在颜鸣皋来北平时给他带了一些钱，并定期给他汇生活费。但他怎么省着花，一个学期学费加生活费也要100多元。

颜鸣皋知道父亲挣钱不容易，家中兄弟姐妹又多，他应该为父母分忧。

颜鸣皋决定另择一个便宜点儿的学校。

通过多方打听，颜鸣皋选中了通州潞河中学。

通州，放不下一个安静的书桌

1935年春，颜鸣皋来到了通州。

通州潞河中学也是一所教会学校。它是美国基督教公理会于1867年创立的第一所教会学校，始称八境神学院，后改称潞河书院，第一任校长是美国人谢卫楼先生。潞河书院1901年更名为协和书院，设有大学和中学二部，1912年改名为华北协和大学。

说起来潞河中学和汇文中学有着非常深的渊源。1917年华北协和大学部迁到北京城内与汇文大学合并。1919年组成燕京大学。其中学部仍留在通州原址，为私立潞河中学。

随着年龄的增长和学识与阅历的丰富，颜鸣皋已不再是一位"两耳不闻窗外事，一心只读圣贤书"的穷酸学生，而是一名关注世事的热血少年了。

在颜鸣皋来北平之前，当时政府对日本人步步退让、卖国求和的《塘沽协定》、《何梅协定》、《秦土协定》就已先后签订了。

国耻也是教科书！

颜鸣皋在汇文中学、潞河中学受到的教育，不仅仅在文化知识方面，还有思想品德诸方面。

当时的通州，尚属河北省，由于三个卖国协定的签订，中国军队已全部撤出。中华民族的败类、日寇的走狗殷汝耕，正在那里掀起一阵阵浊浪。在主子的授意下，成立了所谓的"冀东防共自治委员会"，被封为委员长。

颜鸣皋进了潞河中学之后，对此情况有了进一步的了解。他感受到一种压抑，压得他喘不过气来。他甚至对自己为了省学费选择到通州来上学的决定是否正确有了怀疑。

同学们表面上都平静地坐在课桌旁读书，可平静的课桌时时刻刻都在沸腾！私下里，他们回顾着日寇攻打长城时师生们如何救护抗日将士；痛骂着汉奸卖国贼的罪孽；袒露着誓死不当亡国奴的心迹……

颜鸣皋在一旁静听，很少说话，更加沉默。如同火山在即将爆发的那一刻，异乎寻常地沉默。听着同学们的诉说，他的眼在流泪，他的心在泣血……

1935年11月，日寇又在不遗余力地推动"华北自治"。

清华大学等10所学校的学生发出了怒吼，联名发表《为抗日救国争自由宣言》，义愤填膺地揭露日本帝国主义的暴行以及卖国求荣者的嘴脸，向国民党政府提出要抗日救国的自由。

10所学校的宣言立即得到北平其他大中学校的支持和响应。

11月18日，北平各校成立了学生联合会。

12月初，北平学生联合会决定：12月9日举行一次大规模的请愿示威游行。

特殊材料铸人生 ——记中国科学院院士颜鸣皋

12月9日清晨,北平市上万名学生在民众的大力支持下,冒着严寒,走向街头,举行游行示威。

"打倒日本帝国主义!"

"反对华北防共自治!"

"武装保卫华北!"

……

学生们要求向南京政府驻北平长官何应钦面交请愿书。可何应钦根本不在他住的中南海怀仁堂,而是躲进了西山的别墅,拒绝会见学生代表。

更令人发指的是:国民政府的军警对学生的爱国正义行动采取了残酷的镇压手段。他们封闭了西直门,阻止学生入城参加游行;他们用高压水龙驱散游行队伍;他们用大刀、木棍袭击游行学生,逮捕30余人,打伤100多人……

这就是震惊中外的"一二·九"运动!

颜鸣皋虽说未能亲身汇入到游行的队伍里,但他的心参加了。近在通州的他,关注着这场运动的每一个细节和新闻。他恨不能插上翅膀飞进北平,与反日爱国的同学一起并肩战斗。然而,到最后传来的却是学生运动被镇压的消息。

颜鸣皋的心情由兴奋转为悲愤,悲愤之余他陷入了深深的思索。他更加沉默寡言了。白天,他常常端着饭碗在发愣;夜晚,他辗转反侧难以入眠,人也消瘦了许多。这世上有许许多多的事情让他弄不懂,有许许多多的悲痛让他这年少的生命难以承受。他努力地想去探究,想去排解,可是,探究来探究去,排解来排解去,得到的结果是一个失望接着一个失望。

是的,他非常地失望,对来北平这一年多的生活和看到的事情非常失望。

可是,他自己并没有意识到,这种失望正代表着他的成长。如果说他来北平时,还是一个遇事不知所措、只知埋头读书不谙世事的少年,现在则是一个敢于面对困难、独立生活能力很强、关心国家兴亡的有志青年了。

"华北已放不下一张平静的书桌!"

中华大地在哭泣。

炎黄子孙在怒吼。

经过一个个痛苦思索的日夜，颜鸣皋决定离开华北、离开北平、离开通州，回到父母的身旁，回到还未沦陷的武汉。

应该说，颜鸣皋在决定离开潞河中学时，心情是十分矛盾的。一年来，他和这里的老师、同学结下了深厚的友谊。可是，整个华北的大形势和那刺目的"太阳旗"又让他无法待下去，他难以忍受当亡国奴的日子。

"再见，通州；再见，潞河中学，也许我还会回来的。"颜鸣皋在向老师和同学们挥手告别时，心中这样想。

武汉，为民族的危亡发出怒吼

1936年的春天，和往年的春天似乎没有两样，草木依然抽叶发芽，花朵依然竞相开放，鸟儿依然尽情欢唱，辽阔的华北大地上，开了冻的河流依然顺畅地流淌。只是，颜鸣皋对这一切似乎视而不见，带着愤、带着怒、带着遗憾踏上了归途。

回到武汉，颜鸣皋重新进了母校博文中学。他是插班生，读高中二年级。

当时的中学，也和现在差不多，高一暑假时是要军训的。颜鸣皋因为是插班，暑假前没有参加。他找到负责此事的老师，要求补上这一课。

老师惊讶地看着他。

颜鸣皋没等老师发问，就连珠炮似的说：

"老师，我要参加军训，咱们国家正面临难以预测的危难，作为青年学生，要用军人的素质和要求把自己锤炼出来，随时准备奔赴疆场，为国尽忠，所以我要补上这一课。我刚从北平回来，受过小日本的欺负。日本人得寸进尺，早早晚晚，咱们要和他们干上一仗。"

老师嘴角挂满笑意，连声说"好"。并将颜鸣皋的名字填进军训学生的花名

特殊材料铸人生 ——记中国科学院院士颜鸣皋

册。还说：

"军训开始时，你给同学们讲讲北平的情况。"

颜鸣皋点头答应了。

他们军训操练的地点在武昌军营。在暑假两个月的时间里，学生们在这里过着军事化的生活，出操列队、学政治、学军事等。

烈日下，颜鸣皋挺立着；

汗水流，颜鸣皋坚持着……

在军训期间，表现好的可以加入"三青团"、"复兴社"。不知为什么，颜鸣皋没有被选上，大概是因为身体瘦弱，他又是唯一的一个高二学生。这倒歪打正着，为他的历史留下了一页清白。许多人都是这样稀里糊涂加入这组织那党派的，到后来有口难辩，怎么也说不清。

对于年轻学子来说，高中时期是学业最繁重、最紧张的阶段，也正值血气方刚、感觉异常敏锐的年龄段。生逢当时的中国，面对风云变幻的形势，颜鸣皋不可能置身事外，更何况他还有在北平生活和上学的一段经历，必然促使他积极投身到学生运动中去。

"国家兴亡，匹夫有责！"

"反对日本增兵华北！"

"打倒卖国贼！"

唱流亡歌曲，宣传群众，抵制日货，一浪高过一浪的反帝爱国运动，颜鸣皋总是亲历其中。

颜鸣皋至今还记得，当时他们博文中学学生剧社自编自演了一个活报剧，大意是日本鬼子侵略东北，到处烧杀抢掠，逼得老百姓四处流浪，卖儿卖女，后来大家组织起来，在中国军队的支持下，打回老家去，赶走了日本兵。

颜鸣皋回忆道：

"我在这个剧中只是个跑龙套的。有一天，我们到黄石岗演出，由于感情投入，大家演着演着都哭了，戏没法演下去了，我就站在台上领着喊抗日口号，把嗓子都喊哑了。台下的群众流着泪也跟着喊，真是群情激愤啊。回家的路上，我抢着扛道具，汗水把衣服都湿透了，那时候也不知哪来的劲儿，好像不知道累似的。"

这就是中华民族不愿做亡国奴的力量，并由此迸发出不可遏制的政治热情。

然而，侵略者是骄狂的，兽性的野心愈来愈大。它们无视中国人民拼死抗争的决心，无视中国军民团结一致、共御外敌的力量。

一夜豪雨。

1937年7月7日那天，北平西面的宛平城，在阴雨中迎来了黎明，卢沟桥上的石狮见证了历史的沉重。

枪声，穿透雨幕的枪声！

震惊世界的"卢沟桥事变"发生了。

开始了。

中国人民伟大的抗日战争开始了。

我不知道，在"七七事变"那天，武汉有没有下雨。

我知道，消息传来，颜鸣皋流泪了，流着泪他仰天怒吼。

全中国都在流泪！

黄河和长江一起在怒吼！

那些天里，各个学校都无心上课了。

颜鸣皋心情沉重地来到东湖边，久久地望着湖水发愣。

湖水悠悠，载不动一腔的仇！湖水茫茫，盛不完满腹的恨……

公德里，房东家的姑娘

颜鸣皋的高中学习阶段，正是全民族觉醒、要求抗日的时期。说实在话，

特殊材料铸人生 ——记中国科学院院士颜鸣皋

他不是职业革命者,也不是学运领导人,他和全中国的青年学子一样,置身在潮流中,积极地参加各种活动,但大部分时间他的主要精力还是啃书本。他始终认为:学好知识,增强本领,才能救中国。

前面说过,他们家当时住在汉口的法租界附近。这是父亲颜余庆为了方便,在离他的工作单位大智门车站不远的地方租住的,地点在公德里。

在武汉的老里份中,建成最早、里份间联系最为紧密而又特点鲜明的当属三得里、公德里、宏伟里了,用现在的话来说,这是一个"里份板块"。三得里、公德里、宏伟里板块地处汉口中山大道与车站路交叉路口的拐角处。三得里巷道出去就是公德里,公德里由五条巷道组成,东口通三得里,西口出车站路。主巷长60米,宽3.5米,门牌1～12号。1902年公德里地界成为法租界扩展区,清末民初时,此地曾建有法文学校,当时还是一片荒地,20年代公德里建里成巷,以法国领事勒公德的名字命名为公德里。公德里的房屋结构明显好于三得里,已是"石库门"型制。

公德里这座房子的主人叫倪赓才,经营着一家颜料店。

颜余庆来租房时,倪赓才很痛快地答应了,他说:

"咱们这是有缘,你们家姓颜,我做的是颜料买卖。"

倪赓才说的没错,这两家确实有缘。他们家是一座四层楼房,他把顶上一层的三间房子全部腾给了颜家。

倪家有个姑娘叫倪莹,乳名兰英,小颜鸣皋四岁。

颜鸣皋从北平回来的那天,倪、颜两家都很高兴,坐着一起边喝茶边唠家常。

父亲颜余庆说:

"回来好,回来好,兵荒马乱,在外面也不放心。"

倪赓才也笑呵呵地讲:

"鸣皋这次出去是见了大世面啦,从皇城根下出来的人必定有大出息。"

颜鸣皋和家人讲着北平和沿途的见闻。

"鸣皋哥,你去过皇宫里的金銮殿吗?"这时,一个女孩细声细气地问。

第二章 求学，在战火纷飞的神州穿行

颜鸣皋这才看到倪家的大女儿倪莹，抬眼望去，才一年多时间没见，她竟出脱成一个亭亭玉立的大姑娘，粉里透红的脸庞上一双乌黑的大眼睛滴溜溜地转，像是会说话。他站起身来想和从前那样与她拉拉手，可不知为什么却没伸出来，只是说：

"倪莹，你变得让我认不出来了。"

倪莹不好意思地用手指绕着辫梢，看了看他说：

"你也变了，个子长高了，走到街上我也认不出来了。"

颜鸣皋当时的身高有一米七五，只是后来他历经磨难，在 70 多岁高龄时又碎了髋骨臼，再加上他一直瘦弱，才显得矮小一些。

当时颜鸣皋感到不自在，他的不自在有两个方面，一是被夸赞，二是倪莹坐在身边。他觉得自己的心跳莫名其妙地加快，血液直往脸上冲，眼睛也忍不住往倪莹身上瞟。他发现倪莹也在看他。两个人的目光一对视，又马上都躲开。

这天晚上睡觉时，颜鸣皋觉得有一双黑黑的大眼睛在看着他。这种感觉可从来没有过。

感觉在变，一切都在变。

在以后的日子里，颜鸣皋放学回到家，虽说依然是捧着书本苦读，但是只要没看见倪莹的身影或听到她的声音，心里总是空落落的，精神有点不集中。

一天，两家人又坐到了一起，倪赓才为颜余庆斟满茶，笑说：

"余庆，我高攀了，咱们是否能成为儿女亲家。"

颜余庆听后非常高兴，说道：

"好啊。赓才，你不能这样说，鸣皋能娶上倪莹这样的媳妇，是他的福气。"

"那咱们就一言为定。"

"一言为定。"

两个人同时端起茶杯碰了一下，同时又扭头看了看颜鸣皋和倪莹他们俩，舒心地放声大笑。

颜鸣皋只顾和倪莹讲话，对两位老人的笑声有点茫然。

倪莹却很敏感，在两位老人的笑声中跑进了房间，这天晚上再也没有出来。

颜鸣皋心中有点明白了。

从那以后，两个人见面没从前多了，见了面也不自然了，但只需悄悄的一个眼神就似乎什么都明白了。

两颗年轻的心已经紧紧连在一起……

宜昌，赶上最后一班客轮

岁月在不紧不慢地往前踱着步，可时局却一天比一天急剧地恶化。

1938年还是准时准点地来到了。

从年初开始，武汉就不平静了，一些大工厂开始往外迁移。

颜鸣皋还是每天准时去上学，认真准备着高考。他和大多数武汉市民一样，坚信武汉是不会丢的，不会让日本鬼子来染指的。

这年6月12日的中午，雷雨暴烈，天昏地暗，日寇侵占了古城安庆。

也就是从这一天起，"武汉大会战"，这场中国近代史上投入兵力最多、战场地域最广、作战时间最长的一场规模空前的大决战拉开了序幕。中、日双方在皖、赣、豫、鄂四省，摆开千里战场，百余万兵力，凡大小战斗数百次，死伤数十万。

"誓死保卫大武汉！"

大街小巷响彻着这激动人心的口号。

前线不断传来胜利的消息，人们隔三差五地召开盛大集会，为浴血奋战的将士庆功。

颜鸣皋天天晚饭后，都要捧着报纸给颜、倪两家人读报上登载的重要新闻。

听过之后，两家的男主人总要发一番议论。

颜余庆说：

"这回小日本是输定了。它才多大,它才多少人?我就不信咱打不赢它。它一个小小的岛国和咱中国打,那不是自找挨揍吗?"

"是啊,是啊,光咱湖北、河南两省的地就比它小日本大,人口加起来也比它多。咱全中国人一人吐口唾沫也能把他们淹死了。"倪赓才兴奋地双手比画着,大声大气地说。

颜鸣皋听着大人的谈论,心中也十分坚信,日本鬼子想攻进武汉,比登天还要难。

是啊,那时候全武汉的市民都知道,"武汉会战"取得了"空前大胜利",谁也没想到,谁也不会想到,危险正一步步逼近。

然而,到了七八月份,日本鬼子的飞机就经常光临武汉三镇了,轰炸城中的重要设施和来往长江上的船只。人们在躲避轰炸的时候,才模模糊糊地意识到该往内地疏散、向大后方转移了。

在这非常时期,学校已经提前放假。

颜鸣皋回到家中为高考认真地准备功课。他报的第一志愿是国立中央大学(简称中大)机械系,另外他又报考了成都私立华西大学。

国立中央大学在当时的首都南京,是民国时期中国的最高学府。她的前身可以追溯到建立于1902年的三江师范学堂,校名先后多次变更,历经南京高等师范及国立东南大学,1928年,改名为国立中央大学。1932年8月,曾任清华大学首任校长的罗家伦被任命为国立中央大学校长。他就任后,即提出了中大"安定、充实、发展"的重建方略,稳定教学秩序,广聘教师,调整院系,改革课程,扩充设备,使中大稳步发展。他所提出的"诚、朴、雄、伟"的学风,逐渐成为中大人的共识而蔚然成风。1934年中大设理科研究所算学部和农科研究所农艺部。1935年重建医学院(学制6年),同时创办附属国立牙医专科学校。经过调整扩充,中大成为拥有文、理、法、教育、农、工、医等7个学院,下设34个系的多科性综合大学。经济学家马寅初、美术家徐悲鸿、农学家金善宝、天文学家张钰哲、化学家袁翰青、医学家蔡翘等先后受聘于中大,并成为系、院中坚。因原有校舍基地无发展余地,罗家伦提议在南京市郊选址建设新

特殊材料铸人生 ——记中国科学院院士颜鸣皋

校区。1935年11月,由内政部出面在南京市郊石子岗征得8000亩土地,国民政府拨款250万元,于1936年11月破土动工。新校区南眺紫金山,北望牛首山,东南邻近方山,秦淮河支流穿中而过,浩荡长江登高可见,三山环抱两水相间,实在是一个十分理想的万人大学新址。然而,"七七"事变,抗日战争爆发,南京面临沦陷厄运,中大重建计划中途夭折。1937年11月,举校西迁到重庆。

颜鸣皋考大学盯的就是这所高等学府。可是,8月中旬,他接到的却是成都私立华西大学农业化学系的录取通知书。

去还是不去?他有点儿犹豫。

父亲颜余庆坚定地对儿子说:

"要去,现在考上一所大学不容易,不管它是国立和私立的,能上大学就去。"

"孩子,走吧。这个时候能走就走,你到外面上大学比在武汉我们还放心。"准岳父倪赓才在一旁也劝道。

两位老人似乎都已经明白,武汉已是凶多吉少,只是不说出口罢了。

他们虽然不了解内情,但作为江汉调度室主任的颜余庆,已经多次目睹撤退疏散难民列车的惨状。

有一天,一列火车进站之后,因为前面的路被炸断,被滞留在车站开不出去,但人们却在车厢里背对背、脸对脸的整整站了两天两夜,他们怕下了车再也挤不上来,别说吃饭喝水,就连上厕所都不可能。真的憋急了,不管男女老少,只能晃着身子脸色煞白地往下蹲。正是夏末初秋季节,武汉依然热浪滚滚,无法想象挤在车厢里的乡亲们是怎样忍受的。终于盼来了前方路通的消息,火车终于"咣当咣当、咣当咣当……"地开出去了。

颜余庆目送着往前艰难爬行的黑色怪兽,心中像打翻了五味瓶,什么滋味都有。旅客列车已经不能称其为旅客列车了,它的周身仿佛长满了疙疙瘩瘩的"彩色蘑菇",因为太挤,人们把行李箱子、筐子、包袱吊在了外面,有的人家还把年幼的孩子装在箩筐里,挂在车窗外,晃晃荡荡、非常危险地逃离了武汉。

虽然颜余庆就在列车段调度室工作，但他却不能为儿子搞到一张车票。

列车太少了。

走陆路太远，也太危险了。

"唉……"颜余庆无奈而又忧心忡忡地长叹。

在两家人为颜鸣皋准备行囊的时候，倪赓才心事重重地找到颜余庆，问道：

"余庆，鸣皋怎么走？"

颜余庆回答：

"让他走水路。"

"走水路好，走水路入川近便。"倪赓才点点头。

"民生公司的客轮在汉口已很难买到票了，让他先到宜昌，在那里上船。"颜余庆又说。

"行。可是……"倪赓才话说半截又咽下，似乎还有什么话没有说出来。

颜余庆看了看倪赓才，心里一下子明白了，又说道：

"鸣皋走之前，咱们两家在一起吃顿饭，把两个孩子的事也定了。"

倪赓才点头说：

"好啊，好啊，我和倪莹她妈也想这样。在这个时期，咱们就简单点。"

颜鸣皋离开武汉前的那天晚上，两家人在一个西餐馆里聚会，既是为他送行，也是为他和倪莹订婚。

这顿饭吃得似乎有点沉默，两家老人和兄弟姐妹都没有过多地说话。

颜鸣皋看出倪莹眼睛里泪珠闪闪，他的心仿佛被人狠狠地揪了一下……

在就要离开武汉之际，颜鸣皋的心中突然升起一种难舍难分的怅惘之情。

颜鸣皋多么想让两家人和他一起离开武汉啊。

可是，颜鸣皋知道这是不可能的。父亲是端公家饭碗的，特别是在这非常时期，作为调度室主任，他不能离开工作岗位，有多少人员、物资，需要经过他调配往大后方撤退。另外，父亲还抱着一丝幻想，总觉得武汉还能保得住。母亲是要和父亲在一起的。好在大哥、二哥从学校毕业后，分配工作到了外地；大姐、二姐也已出嫁。岳父倪赓才家也无法走，他的铺面和房产都在武汉，舍

特殊材料铸人生 ——记中国科学院院士颜鸣皋

不得丢掉,并且倪赓才和父亲颜余庆存有同样的期盼,盼着政府军能顶住,不让日本鬼子进武汉。

颜鸣皋提着行李来到宜昌后,并没有能够马上乘船走。

因为随着战事愈来愈紧张,船是越来越少,旅客却越来越多,能够挤上船去非常非常困难。

三天过去了,颜鸣皋还是未能搭上船。他非常地焦虑,但又没有办法。只能每天早早地来到码头去等,直到晚上得到今天客轮已满还是上不去的确切消息,才垂头丧气地回到旅馆。

这天,颜鸣皋正和一位同伴在码头旁徘徊。看到一群人正围着看一张布告,他们挤进去一看,原来是国立中央大学发的榜。他抬眼一看,上面似乎有他的名字。他又往前面挤了挤,真真切切地看到,他被国立中央大学工学院机械系录取了,是当时他所在中学唯一的一个。

颜鸣皋异常兴奋,扯着那位同伴就挤出了人堆,高兴地说:

"我考上国立中央大学了。"

同伴问他:

"你是到成都,还是去重庆啊?"

"当然是去重庆了。"

"你家里还不知道你考上中大,你还不托人往回捎个信。"

一句话提醒了颜鸣皋,他匆忙写了个便条,在宜昌逢人便问"回不回武汉"。

信,终于捎回去了。

颜鸣皋也终于登上了入川的客轮。

人太多了,挤得船舱满满当当的,连下脚的地方都没有。客轮沉重地喘着粗气,溯长江而上,入夔门,过万县,前往重庆。

据说,这艘客轮起航之后,从宜昌前往四川的航运就停止了售票,日本鬼子的飞机几乎天天沿江狂轰滥炸。

颜鸣皋上船之后,心情略微放松了些,但望着两岸缓缓后退的山岭和树木,望着沉重如磐的江水,他的心情又马上沉重起来。他为胜负未卜的战事担忧,为大武汉担忧,为留在江城的亲人们担忧……

前方山重重,路迢迢,颜鸣皋对未来的命运还无法完全掌握和预知……

弱国受人欺,颜鸣皋求学报国的信念愈来愈坚定和执著……

重庆,国立中央大学的优秀学子

浩浩长江,奔腾不息。

中华民族,生生不息。

在民族危亡的紧急关头,无论是前线和后方,依然有一大批中华民族的优秀子孙,不屈不挠地打造着祖国的未来。

颜鸣皋历经磨难来到了重庆,来到了他心目中向往的国立中央大学。

重庆位于长江与嘉陵江汇合点,呈西面高东面低的半岛形,是我国有名的"山城"。

那时的四川,那时的重庆,可以说是世界上最密集的高等院校区。在抗日战争期间,由外地先后迁入四川省的高等院校共计 48 所,占战前国民党统治区全部 108 所高等学校的 44%。

国立中央大学是内迁最迅速和最完整的学校。

沙坪坝松林坡,是重庆大学东北面的一个小山丘,属该校土地,占地不足 200 亩。因山坡上长着稀稀疏疏的松树而得名,嘉陵江从山坡下绕过,山清水秀,虽然山丘湫隘逼窄,却也能"自成小小格局",是一个读书的好地方。

颜鸣皋这届新生到学校报到时,国立中央大学已经在重庆开学一个学期了。

颜鸣皋虽然知道学校刚刚搬迁到这里不久,条件非常艰苦,但当他走进新生宿舍时,还是大吃一惊。宿舍并不是真正的房屋,而是临时搭建的竹棚,四周的墙壁是用楠竹编排的,屋顶搭的是竹叶,再糊上泥巴,就成了几十个学生的安身之地。对此,他并没有感到不适,而是很快从这个大竹棚里认识了许多志同道合的同学,像水新元、刘裕瑄、沈潜、曾德超、万嘉璜,以及电机系的王兆烈等。

1942年国立中央大学机械系30级同学合影(第四排右一为颜鸣皋)

然而,令颜鸣皋不安的是,他到了重庆之后,就完全和家里断了联系,家中的丁点儿信息他都无法知道。唯有夜间,他躺在双层铺上,透过竹棚的缝隙遥望星空,默默地为亲人们祈祷平安,像放电影似的在脑海里闪现一个个亲人的面庞。

这年10月底的一天下午,颜鸣皋正在教室里推演一道数学题,水新元急匆匆地跑进来,把一张报纸递给了他。他摊开一看,如同霹雳在头顶炸响,顿时惊呆了,泪水顺着脸颊不断线地往下滚落。

"武汉沦陷!"

"武汉沦陷!"

"武汉沦陷!"

黑色大标题的每一个字,像一把把尖刀,直刺他的心脏。

不知过了多长时间,颜鸣皋才从悲愤中挣扎过来,开始仔细阅读报纸上的文章,上面登载着武汉失守的消息,还刊载了蒋介石的《告全国国民书》。颜鸣皋对文告所阐述的大道理虽然不能完全透彻地理解，但从字里行间看得出，全中国为大武汉和那里的人民所付出的牺牲骄傲。

颜鸣皋擦干眼泪，把那张报纸叠好，装进贴胸的口袋里，也把国仇家恨装进了胸间……

从这一天起，颜鸣皋似乎觉得肩负的责任更重了。他常常这样激励自己：

"今日努力读书，他日报效祖国，发展科学，建设工业，为民族雪耻，使祖国强盛！"

也是从这一天起，颜鸣皋似乎突然间有了一种孤儿的感觉，他不知道远在武汉的亲人是死是活，他不知道何时才能和家人重相聚，更没有半点经济来源了。

好在当时的大学生活全部是公费，吃住不花钱，还发被褥和服装。当时学生们各发一套草绿色夏季军服，一套棉军服。穿夏季军装的人不是很多，因为棉军服上衣可当外套，无论男女学生都各穿一件，成为国立中央大学学生的一大特色。

说起大学时期的生活艰苦，颜鸣皋讲：

"那时候住的条件差些，同学们都不怕，就怕吃不饱。都是十八九岁的年龄，正是长身体的时候，饭菜里没油水，就总感觉到饿。一到吃饭的时候，捧起碗来就往嘴里塞，也不辨啥滋味了，只要能填饱肚子就行。"

当时的中央大学，吃饭是最热闹的时候，因为吃饭，曾发生过一件轰动全校的事，颜鸣皋至今还记忆犹新：

下了课，同学们回到宿舍第一件事就是抄起饭碗往饭堂跑，因为有时候你去晚了，就可能吃不上或吃不饱。

当时学校吃的是大锅饭，盛饭的饭桶有大半人高。

有一天中午，颜鸣皋赶到时，饭桶旁已经围满了人。他心中暗想，今天看样子是抢不到满碗饭了。既然来晚了，也就不急着往前挤了。可是，他身后还有同学，半是起哄地推着他往饭桶跟前挤。

这时，忽然听到惊叫声：

特殊材料铸人生——记中国科学院院士颜鸣皋

"啊！不好了，有人被挤到饭桶里了。别挤了，别挤了。"

原来，一位小个子女生踮起脚尖弯腰盛饭时，被人挤得一头栽到了饭桶里。

颜鸣皋望着满头饭粒的女同学，是又好笑又心酸。

他们当时吃饭是有桌子无椅子，十几个人围在一桌站着吃。吃的饭是杂质稗子都有的"八宝饭"，炒菜的品种也不丰富，虽然是有荤有素，但分量不足，几筷子就没有了，全靠自己花钱去补充营养。

虽然同在一所大学就读，可也有贫富之分。那时在中央大学的学生中间，曾经把这个区别形象地分为"三光阶层"与"三草阶层"，即富裕的学生头上油光、嘴上油光、脚上油光（穿皮鞋），贫穷的学生头上如草、嘴上如草（胡子长）、脚上如草（穿草鞋）。

那些家境富裕的，诸如官宦和商家子弟，家中时不时的给予补贴，吃得好穿得也好。

贫穷生多是来自前方或是公教子弟，生活就十分清苦。

颜鸣皋是属于贫穷学生中的贫穷生，可以说是赤贫。他已经完全断了经济来源，只能将来报到时父母给带来的几个钱算着花、省着花，可几个月后，就一文也没有了。平时就靠学校每月发的6元钱，扣除4元伙食后，剩下的2元钱来维持了。

在宿舍里，颜鸣皋每当看到富裕的同学吃零食时，就会拿起一本书悄悄地走出去，坐在嘉陵江岸边埋头攻读自己的功课。

随着中央政府迁都重庆，中央大学的学生也日渐增多，教室和宿舍也愈加紧张。学校决定，颜鸣皋他们这批一年级新生搬迁到柏溪分校。

柏溪在沙坪坝北面，大约有25里远近，地处嘉陵江东岸，原是一个只有20来户人家的无名小山村。中央大学在那里征得约150亩土地，创办了分校，可以容纳1000多名学生。那里丘陵起伏，环山临江，有茂密的柏树林，潺潺的流泉，自然环境很不错，是一个教学读书的好地方。

据说，罗家伦校长看这里柏林森森，溪水潺潺，亲自将这里命名为柏溪。

从嘉陵江畔码头往上沿山腰有一条石板路，穿过无名小山村，弯弯曲曲，直通分校大门口，两旁有茅舍和小瓦房，随着学校迁到这里，也有了小商店、小饭馆。

分校的整个校舍分布在一座山谷里比较宽敞的地方，高高低低，一层一层，学生教职员宿舍、教室、实验室、图书馆、大操场等，都安排在绿树掩映着的山谷平台间。

颜鸣皋特别喜欢那股由清泉形成的溪流，从深谷流涌出来，沿山坡直入嘉陵江中。冬天水少，春夏间，尤其是暴雨时，那溪水便哗啦啦地奔流着了。他在课余时间，常常约上三两要好同学，挟着书，沿着小溪往上走，登高远眺，可以欣赏江上风帆，隔岸山色。

颜鸣皋和同学们还有另外一个好的去处，从宿舍楼东头走出去，是一条幽径，那里有丛丛竹子，等到3月里油菜花开时，一片金黄色，香气四溢，真是美得很。如果不是强寇入侵，常闻防空警报拉响，漫步其间，真像到了世外桃源一般。

1939年，颜鸣皋读大学二年级时，他们这届学生又从柏溪分校搬回到了松林坡校本部。

由于学校初创，又逢抗战艰苦的时期，各种设施和生活条件都非常简陋，处于生活困顿中的颜鸣皋，感到最难熬的是冬天。阴冷的山涧，透风的宿舍，单薄的被褥，常常冻得他睡不着觉。

睡不着觉就读书。

为了不影响其他同学休息，颜鸣皋借睡在上铺的便利条件接上个灯泡拉到被窝里边，既能照明，又可取暖，他暗暗为自己这个两全其美的方法而得意。

有一天深夜，颜鸣皋正沉浸在书海里，突然闻到一股焦糊味，浓烟顿时弥漫了整个被窝。

幸而火灭得及时，没有酿成大祸，但他的被子中间却被烧出了一个碗口大的洞。

真是"屋漏偏遭连阴雨"。

颜鸣皋披着破被，呆坐在铺上。后来，他想了一个办法，用一件旧衬衣，团巴团巴，塞堵在被子被烧的大洞上，勉强熬过冬夜。

各个学院的授课各有特色，工学院的实习特别多，几乎都是上午书本教育，下午则是做试验或到工厂实习。

颜鸣皋回忆这段生活时说：

"在中大学习紧张，生活困苦，但我们也十分幸运。当时大后方各大学由于战事紧迫，仓促搬家，设备多感不足。而中央大学因校长罗家伦先生高瞻远瞩，可以说所有图书器材，甚至连农学院的牛等都顺利运到四川。因此，我们做试验是两人一组，据说其他大学因为器材有限，是由助教做大家看。我们中大的教学力量也十分强，有许多名教授。1941年和1943年，教育部先后两次在全国各个高校共选出了45名资深教授为'部聘教授'，中央大学即有胡焕康、艾伟、孙本文、梁希、蔡翘、楼光来、胡小石、柳诒徵、常导直、高济宇、戴修骏、徐悲鸿等12名入选，占1/4强。"

颜鸣皋说起这些，满脸总是透着骄傲和自豪。他为他的母校骄傲，为他们在战火中坚持学习骄傲。

当时中大学生的学习生活极不稳定，常常要躲避日寇飞机的轰炸。

1938年12月2日，日军大本营向侵华日军下达了345号大陆作战令，即《陆海空中央航空协定》，规定："陆军航空部队以航空兵团为主，对华北、华中要地进行战略、政略的航空作战。海军部队主要担任对华中、华南要地的战略、政略作战。"并指示部队"对中国各军可使用特种弹（即毒气弹）"，可以"直接空袭市民，给敌国民造成极大恐怖，挫败其意志。"日本侵略者的目的，是企图利用其空中优势，大施空军淫威，以配合政治上对国民政府的诱降活动，迫使国民政府屈服。

1938年12月25日，日军第一飞行团团长寺仓正三下达命令："攻击重庆街市，震撼敌政权。"次日，日机开始对重庆的政治、军事、经济等中枢机关及市街、学校、商店、居民住宅进行长时间无区别的狂轰滥炸。

也就是从这一天起,日本法西斯为摧毁中华民族的抗战意志,以它在华的最大空军力量,对战时中国首都重庆进行了长达五年半的战略轰炸,史称"重庆大轰炸"。在长达五年半的时间里,据不完全统计,日军实施轰炸218次,出动飞机9510多架次,投弹21593枚,炸死市民11890多人,炸伤14100多人,炸毁房屋17608幢。"重庆大轰炸"历时之长,范围之广,所造成的灾难之深重,在第二次世界大战期间和整个人类史上开创了战争的新纪录。连日本军事评论家前田哲男也承认:"对一个城市如此长时期固执地进行攻击,不用说在航空战争史上还是第一次,就是把地面部队围攻城市的历史包括在内,也是极其罕见的。"

国立中央大学虽然在城外,挨的轰炸要少一些。但只要警报拉响,师生们就要往防空洞跑,有时一天要跑三四次,也不管白天和晚上。最长的一次,日本飞机对重庆实施了长达一个星期的不间断轰炸。

学生们跑警报都跑出了经验。每天起床后,同学们都习惯性地仰头看天气,一看这天有浓雾或者阴沉,就会松一口气,估计鬼子的飞机不会来;如果这天天气一放晴,他们就会做好钻防空洞的准备。

颜鸣皋他们机械系上机械材料和金相学课,是由权威教授陆志鸿先生亲授。后来,陆先生去了台湾,是首任台湾大学的校长。

中央大学的试验设备也在防空洞中,材料专业只有一台精密强度万能试验仪,另外有一台卧式显微镜。

每次做试验,同学们分批来到洞中,陆教授亲自带着他们做试验。为了让学生们记得牢,陆教授还把所摄制的金相图相片分给大家,利用透明纸进行描绘。这是一项非常精细的工作,谁要是做不好,是要受惩罚的。

陆教授教学非常严谨也非常严格。他经常教导学生,"干什么事都要认真,不能马虎。不认真就办不成事,马虎了就干不好事。"这些话让颜鸣皋记了一辈子。

机械系的课程包罗万象,当时学校出于战时的考虑,让学生们涉猎的知识广一些，毕业后可以多向选择，为抗战出力。因此，专业课程开设得也多，有车钳铆焊、翻砂铸造和锻压工艺等，还有汽车、火车修理和兵工，可说十八般武艺样样都通。

颜鸣皋4年大学生活期间，正是中国人民抗战最艰苦的时期，亲身经历了许多难忘的事件：

1939年5月3日，36架日机狂炸重庆市中心繁华地区，市区27条主要街道有19条被炸，大火蔓延，至夜不熄；5月4日，日机27架再度空袭重庆，市内发生大火，连驻渝英、法、德各使领馆也未逃过劫难……

1940年，日军实施"101号作战"计划，对重庆又一次实施轰炸袭扰。

1941年初，侵华日军再次部署了更加残忍的"102号作战"……即对重庆实施"轮番轰炸"、"月光轰炸"、"疲劳轰炸"，又称"第三次战略轰炸"。第三次战略轰炸从1941年1月中旬到8月中旬达到轰炸的高潮。

1941年，对于重庆市民来说，无疑是最痛苦、最悲壮、最惨烈的一年。

1941年6月5日夜，在日机疯狂的轮番轰炸下，重庆大隧道发生近万人窒息大惨案。从十八梯（大隧道）洞中拖出的遇难者尸体堆积如山，其中尤以城市平民为多。

8月8—14日，日机连续一个星期不分昼夜轮番轰炸重庆。其中8月10—13日，市区发出空袭警报13次，时间长达96小时，日机对重庆的攻击达到疯狂的程度。

8月30日，175架日机攻击重庆，投弹480发，创下了轰炸重庆以来单日出动飞机架次和投弹数量的最高纪录。

不屈的重庆人民和中央大学等高校的学生，响亮地喊出：

"谁在敌人飞机炸弹下低头屈服，谁就不是好汉！谁就不是中华民族的优秀儿女！谁就将是全民族的罪人！"

颜鸣皋在这场民族大灾难中，意志得到了锤炼。他愈加痛恨侵略者的残暴，愈加牵挂身在沦陷区的亲人。他把这一切都转化为刻苦学习的动力，把"科学救国"、"工业救国"、"教育救国"奉为主臬。

也就是在"重庆大轰炸"时期,在颜鸣皋离开武汉的第三年初,令他宽慰的是,他得到了家人的消息,并见到了二姐颜凤仙。

姐夫和二姐颜凤仙辗转来到重庆北碚,在北碚"天府煤矿"谋到了差事。

北碚位于重庆市区西北郊的缙云山下,嘉陵江畔,距市中心仅24公里。抗战时期为陪都重庆迁建区,被誉为"陪都的陪都"。

北碚山多水美,自然资源十分丰富,主要的矿产资源有煤、石膏矿、硫铁矿、石灰石、白云石、石英砂等20余种。

姐弟俩能够在此时此地见面,恍如梦中。

二姐颜凤仙含着泪告诉颜鸣皋他离家后的一些情况:

武汉沦陷后,父亲颜余庆毅然辞去了工作,宁愿挨饿也不给日本人干活。为了贴补家用,从来未经过商的父亲也做起了小买卖,跑到老河口贩些袜子、毛巾之类的纺织品,到汉口转卖。

姐姐颜凤仙还告诉他,倪赓才家的颜料铺也关了,靠以前的积攒度日。倪莹也长高了,整天闭门不出,并捎信给颜鸣皋,总有一天她会逃出那个虎狼窝,与他相聚⋯⋯

1942年7月,颜鸣皋以优异的成绩从国立中央大学毕业,取得工学学士学位。

抗日战争正处于相持阶段,颜鸣皋有家还不能回,他也不愿意回到敌占区忍气吞声地生活。他要留在大后方,留在战时首都,为抗战尽一分力量。

但是,祖国的前途,个人的前途,未来的生活到底是什么样子?颜鸣皋的心中还十分迷惘。

第三章　走向社会，踏上材料应用研究之路

万能试验机的设计与制造

重庆的夏天是火热的。

年轻的心也是火热的。

颜鸣皋走出校门，被分配到当时的国民政府经济部中央工业实验所任助理工程师。和他一起分去的还有两位同班同学，一位叫刘裕瑄，一位叫管敦信。

工业实验所所在地叫盘溪，与国立中央大学松林坡隔江相对。实验所所长是顾毓瑔，副所长由归国华侨李汉超担任。他和同班同学都分配到机械设计室。

能参加工作，颜鸣皋非常兴奋，上班第一天，他就对副所长李汉超说：

"所长，让我干什么工作，您分配吧。我保证努力干好。"

副所长李汉超看了看这位工作热情很高的年轻人，搓着手掌皱着眉头说：

"咱们是新成立的部门，你是新分来的大学生，一切都要从头开始。机械设计所就要搞机械设计，搞机械设计必须有实验室，实验室需要设备，可咱们却什么都没有啊。"

颜鸣皋顺着李汉超副所长的思路，认真地思考着。他脑子里突然火花一现，脱口而出：

"所长，您的意思是说咱们先从基础设备搞起。"

"对。"李汉超副所长点点头。

"那么搞什么呢？"颜鸣皋开动脑筋。

"你在学校里见没见过万能试验机？"李汉超副所长又问。

"见过，我们搞试验时还亲手使用过。"

"好啊。咱们就先从小型万能试验机的设计和制造开始。"

颜鸣皋闻听非常兴奋，连声说：

"行，行，咱们现在就开始。"

李汉超副所长"哈哈"笑着，拍着他的肩膀说：

"小伙子，不要心急嘛。俗话说得好，心急吃不了热豆腐。你先安顿好，然后查查资料，提出一个初步方案，咱们再开始工作。"

工作开始了。

现在看来，进行小型万能试验机的设计和制造，是颜鸣皋迈向社会的第一步，也是他科研生涯的第一步。可对当事人来说，他当时并没有意识到这一点。

那时候，万能试验机还没发展到电子这一步，大多是机械的，连液压的都很少。主要用于金属和非金属材料的拉伸、压缩、弯曲、剪切等试验。

颜鸣皋全身心地投入到这个项目中。他还没成家，在重庆只有二姐一家亲戚。在那些日子里，他的办公室就是宿舍，宿舍也是办公室。从早到晚，也没有什么作息时间，没有节假日。

图样一张张地画；

试验一次次地做；

失败一次次地来……

但是，颜鸣皋并没有气馁。

还是一次次地修改着设计，一次次地进行试验，一次次地从失败中总结经验和教训。

通过几个月的努力，将一台油压机改装成小型万能试验机的设计和制造终于成功了。

颜鸣皋和李汉超副所长的这项研究成果和合写的论文，还获得了当时的中国工程师学会的奖励。

有了成果，获了奖，颜鸣皋并没有沾沾自喜。他是一个不爱追求虚名的人，他把荣誉和成绩当作过去，把目标盯在下一个和未来上。

颜鸣皋曾对笔者说：

"荣誉和成绩就如同这流水的岁月，过去了你就不要去追。如果老是盯着过去的日子，人活着就没了目标，没了劲。因此，要多想明天，多想未来。你要想着我明天还要干什么，还有许多事要做，你就会着急，你就会努力，你就会发奋。因此，你才能有进步，才能创造新业绩。我有一个好的生活公式：一切归零，从头开始。"

一切归零，从头开始。这是颜鸣皋治学攻关的基本信条，也奠定了他作为一名优秀学者的基础。

楠竹的品质

当颜鸣皋在实验所设计室完成了他们的第一个研究项目之后，1943年，他奉调受命筹建材料实验室。

颜鸣皋又要从头开始了，他首先把目标瞄在了结构钢的力学性能试验上。

颜鸣皋为什么开始这项研究？是因为他思路开阔，想得比较远。他考虑到，当时正值抗日战争的中期，大后方工业基础薄弱，各种材料奇缺，等到胜利了，必定有一轮建设热潮，因此要提前研究各种材料，以适应恢复战争创伤的需要。人常说，科学家必定有其独特的远见，没有远见的人也成不了科学家。

颜鸣皋在科研的道路上进行过无数次的试验和研究，笔者为何独提他这一项？是因为颜鸣皋所要开展的结构钢力学性能试验，是他从机械设计转向材料工程科学的第一步。这是他又一个新的起点，并成其为之终身奋斗的事业。

一个人事业上的转折，有时候是偶然的或不经意的，但这偶然和不经意，却有着必然的基础。颜鸣皋的基础是他为恢复被敌寇毁坏的家园出力的强烈愿望，是他建设工业强国的恢弘理想。

春天，万物复苏的季节。

山城重庆的春天，异常的美丽。站在嘉陵江畔放眼远望，满目翠绿。微风拂来，松林竹海如波涛起伏，变幻着深浅不同的颜色，使人心旷神怡。

"忧愁费晷景，日月如跳丸。"随着岁月的行走和季节的转换，战争的形势也有了新的变化，日本帝国主义从起初的气势汹汹变得力不从心，"短时间征服中国"的叫嚣声愈来愈小，小到几乎听不到了。

1943年的春天，战时首都重庆终于摆脱了天天被狂轰滥炸的惨景，出现了少有的平静。

平静的日子是科研的好时光。这段时间，颜鸣皋埋头实验室之余，常常漫步在中央工业实验所院外的竹林中，以松弛紧张的神经，调节疲劳的身心，寻觅科研创新的灵感。

这是一片楠竹林，伴着嘉陵江畔的山坡，逶逶迤迤，无边无际。青山连着绿水，翠竹连着蓝天。走进其间，天上无云，林中有雾，春花秋叶在一片翠绿中着意点缀着大自然的风景。

"料到江南春到早，云山滴翠水溶溶。"这是诗人臧克家咏竹的诗句，用到此处恰到好处。

颜鸣皋身置其间，直觉得心胸舒展；嗅着竹叶散发的清香，更感到心旷神怡。

楠竹被统称为毛竹，又别于毛竹，楠竹实际上是毛竹中最名贵、最有使用价值和经济价值的一种实用竹。在中国300多种木本竹类植物种属中，楠竹是生长最快、材质最好、用途最多、经济价值最大、种植面积最大的竹种。楠竹生长快、适应性强，恢复一棵60英尺高的树木需要60年的时间，而一棵60英尺的楠竹只需59天即可再生。

这是一个黄昏，颜鸣皋像往常一样，又走进了竹林。

特殊材料铸人生 ——记中国科学院院士颜鸣皋

颜鸣皋走着走着,他觉得有点累了,看到竹林小径旁有一块石头,随意往上一坐,歇息一会儿。

这时,颜鸣皋惊讶地发现,一棵嫩绿透红的尖尖竹笋,顶着顽石的重压,艰难地斜着身子破土而出。

颜鸣皋急忙跳了起来,俯下身子,费了很大力气才把那块石头移开。擦着额头沁出的汗水,望着那棵摆脱了重负的竹笋,他心中不由得怦然一动。

人们常说,机遇垂青那些有准备者。颜鸣皋从一棵竹笋身上,明确了今后一个时期的研究方向。

颜鸣皋想:目前各种建设材料奇缺,我们的工业基础又是这样落后。楠竹非常坚韧,人们在盖民房时经常用它,已经成为木材的替代品。四川盛产楠竹,在一些大的建筑物上,能否充分利用其耐腐蚀、富有强韧性的特点,让其充当一些建材的替代品,扩大其使用范围,减少材料不足的压力呢?但是,当替代品又不能盲目,必须对其进行力学试验,为进一步扩大应用提供试验数据。

颜鸣皋越想越兴奋,兴奋地跑回宿舍,连夜赶写出对楠竹进行力学试验的申请报告。

在等待批复的日子里,颜鸣皋广泛收集了有关楠竹的各种资料,报告被批准后,就立即投入了试验。

在试验中,颜鸣皋进一步得出了楠竹所具有的耐腐蚀和高强韧性等力学性能特点与楠竹内部组织排列的致密性和方向性(或纤维织构)等结构特点有关。

这段日子,在颜鸣皋科研生涯中,只是短短的一瞬,仅仅一年;这项试验,在颜鸣皋的科研成果里非常非常不起眼,甚至都无法计算其中。但是,几十年过去了,颜鸣皋谈起来依然津津有味、念念不忘。因为这项研究使他从此踏上了材料应用研究之路,成其为之终身奋斗的事业。

颜鸣皋一谈起楠竹,就如数家珍,他对笔者说:

"我喜爱楠竹的品性,你看,我家中就有许多竹制用品。楠竹俗称毛竹,它就扎根长江流域,苦恋大江春水,世世代代不肯北移,只要一过淮河,它就不生长。北京的紫竹院公园,有很多种竹子,却独缺楠竹。

"楠竹四季常青,鞭根纵深土层繁殖。任凭狂风暴雨的侵袭,无视严寒酷暑的挑战,迎着阳光,直冲蓝天,兼顽强、坚贞、刚毅、挺拔、清幽于一身,与松、梅并称岁寒三友,是人们称颂高尚气节的象征。

"竹子虽与松梅为伍,却独领风骚,历代文人墨客为它留下了许多赞美之词,你们文人比我知道得多,但我还是记了不少。

"'咬定青山不放松,立根原在此山中,千磨万击还坚劲,任尔东西南北风。'这是颂其气。

"'冬若繁星夏若兰,坚贞气节铸诗魂。鞏儿桂流伤心泪,北国青枝不染尘。'这是颂其节。

"因此,对那些大义凛然、视死如归的志士仁人,人们常以'竹毁节存'颂之。人们常说的'气节'、'晚节'、'节操'等词,都是对竹子精神的引申。

"还有,竹子文静优雅,朴实无华,一身翠绿,虽然没有灿烂夺目的色彩,没有婀娜多姿的体态,而当你真正接近它,走近它,体味'竹上宿露翠欲滴,天边新霞红初生'时,却别具一番风韵。真的,每当看到蓬蓬勃勃的竹林,心情就仿佛被纯净水洗涤了一般,灵魂也净化了一番。真的,我这不是夸大其辞。所以,我也是一生爱竹,不变其节啊。"

说到这里,老人纵声大笑,仿佛又回到了青年时代。

略作停顿,颜鸣皋又说:

"人们喜欢竹子的另外一个原因,还在于它的无私。楠竹对大自然无所苛求,而将自身的全部无私地奉献给了人类。首先,竹竿可以制作多种生产工具和生活用具,并可代替钢筋用于尺寸不大的混凝土构件制品,我们当时做的力学试验就充分证明了这一点。再就是竹叶可入药;竹笋味美,可供食用;竹梢可作扫帚,清除垃圾;竹箬可供包装用;竹根经过艺术师化腐朽为神奇的手,便可塑成人们喜爱的工艺品。竹子从根到梢浑身上下都是宝啊。"

听着颜鸣皋老人谈楠竹,笔者不由得浮想联翩:

楠竹的品性，不正是老科学家的性格吗？他的处世为人，他的理想情操，他的一生追求，一切的一切，他的身上分明有着楠竹的影子。

大概颜鸣皋的一些老朋友都了解他爱竹的品性，著名作家管桦曾送给他一幅墨竹图，上面题有"根生大地，渴饮甘露，未出生时便有节"的词，这不正是老科学家一生的真实写照吗？

有情人终成眷属

春夏秋冬，四季轮回。转眼间，一年过去了。

1944年的春天如约而至，楠竹力学试验也取得了阶段性的成果。这时，沉浸在喜悦中的颜鸣皋，又获得了一个天大的喜讯：

倪莹和三妹颜琴仙，历经千辛万苦，逃出了被日寇占领的武汉，来到了湘西的辰溪。

五年多的时间，两千多个日夜，时刻挂念的人儿，终于盼到了相聚这一天。

从得知这一消息的那一刻起，颜鸣皋就兴奋得站也不是，坐也不是。晚上躺在床上，他怎么也睡不着，眼前老是晃动着倪莹的面影，耳畔总是响起倪莹朗朗的笑声，往日的情景宛如电影胶片一般，在脑海里一幕幕放映……

他在想，五年多了，倪莹变了没有，见了面两人是否能认得出来？他在想，这五年，在日寇铁蹄下挣扎，家人和倪莹不知要遭受多少罪？他还在想，能逃脱敌人的魔掌，真是幸运，这一路是山重水复，倪莹和三妹是怎么过来的？他想啊想啊……

不能再等了，颜鸣皋决定放下手中的一切，立即到辰溪，和倪莹她们会合。

第二天清晨，他早早赶到研究所领导家请了假。然后，一刻未停就乘车前往辰溪。

辰溪县离重庆不远。它位于湖南省西部，怀化市北部。东连溆浦，南邻怀化，西与麻阳、泸溪接壤，北与沅陵交界。辰溪县历史悠久。从已出土的文物证明，远在新石器时代，就有先民在这里栖息繁衍。战国时属楚黔中地，秦属黔中郡地。西汉高祖二年（公元前205年）始置辰陵县，五年易名为辰阳县。王莽建国元年（公元9年）改名会真县，东汉复名为辰阳县。梁天监十年（公元511年）更名建昌县，陈太建七年（公元575年）再复名辰阳县。隋开皇九年（589年）更名辰溪县，沿袭至今。现隶属怀化市。

这里要说明的是，倪莹和三妹琴仙为什么没有直接到重庆，而是去了辰溪县呢？

这里有两个原因：

一是她们逃出武汉时所搭乘的邮政小船走的是另一条水路，由沅江而上，往湘西，到了辰溪。

二是辰溪有她们的亲属。前面说过，大哥颜鸣远从学校毕业分配了工作，他的工作单位就在辰溪金城银行。另外，还有倪莹的一位叔公也在这里。

倪莹、琴仙一见到颜鸣皋，不由得都喜极而泣，似乎有许多话要说，可又不知从何说起，只是笑望着他一个劲地流泪。

颜鸣皋一边为她们擦着泪，一边宽慰道：

"这就好了，这就好了，从今往后，咱们再也不分开了。"

他们分别已经五年多，两位女孩都长成了大姑娘，可竟然没有半点陌生感。

当天，大哥颜鸣远和倪莹的叔公就把他们召集在一起，开了一个家庭会。

大哥颜鸣远说：

"鸣皋，倪莹和三妹逃出来时，父亲和赓才大伯就说，找到你后，让你们早点成亲，你们也都不小了。"

颜鸣皋点了点头。

叔公接着颜鸣远的话茬，叹了口气说：

"咳！这几年倪莹这孩子真不容易啊！早点办早了心事。正好我和你大哥在，也算双方都有家长。"

叔公说倪莹不容易，是有缘由的。日本鬼子进了武汉之后，烧杀抢掠，奸淫妇女，无恶不作。有女孩的家庭更是天天提心吊胆，只要有合适的男孩都仓促地让他们早早成亲。颜鸣皋离开武汉之后，杳无音信。也有人劝倪赓才，在这兵荒马乱的年月，就不要死认老理了，早点儿把倪莹嫁出去，也省得忧心如焚了。倪赓才不同意。他说，君子一言，驷马难追，更何况他们是吃过订婚饭的。倪莹更是坚决，非颜鸣皋不嫁。这五年多来，她是度日如年，为了躲避鬼子的魔爪，平时，她深藏家中，很少外出。一听说有外逃的机会，她毫不犹豫约上三妹琴仙跑了出来。

颜鸣皋这时表态：

"就听叔公和大哥的，你们说怎么办就怎么办。"他扭头看了看倪莹，"不知倪莹有什么意见？"

倪莹羞红了脸，垂头轻声说：

"我没意见，听你们的。"

就这样，在湘西小县辰溪，在借来的一间小平房里，在叔公和大哥的操持下，颜鸣皋和倪莹举办了一个简单得不能再简单的婚礼。

颜鸣皋与夫人倪莹合影

新婚之夜，颜鸣皋听到倪莹不间断地咳嗽，就关切地问：

"你怎么老咳嗽，是不是受寒感冒了？"

倪莹怕丈夫担心，就轻描淡写地说：

"可能吧，你不用担心，很快就会好的。"

可是，情况并不如倪莹说的那样，她咳嗽得越来越厉害了。颜鸣皋同时还发现，三妹琴仙和倪莹一样，也是咳得喘不过气来。他有点着急了，问道：

"你们俩不像感冒啊，是不是染上了其他病？"

倪莹沉吟了一阵，问琴仙：

"三妹，和咱们一块跑出来的那两个姑娘，在船上就咳。咱是不是让她俩给传染上了什么病？"

琴仙一听，恍然大悟，点点头说：

"是啊，是啊，咱这半个多月吃睡都和她们在一起，肯定是她们有什么病，传给了咱俩。"

原来，搭乘邮政船逃出武汉的共有4个女孩，在没离开日寇占领区之前，她们日夜挤在一起，躲在邮包后面。一上船，倪莹就看到那两个女孩捂着嘴轻咳。在遇到敌人检查时，倪莹的心就悬了起来，生怕她们发出响声，被敌人发现。好在两个女孩十分坚强，每次检查都强忍着，把脸憋得通红坚持许久，总算有惊无险蒙混了过来。直到脱离了日寇占领区，她们才敢放声咳嗽。这艘邮政船很小，也走得慢，十几个晚上她们都头顶头睡在一起，剧烈的咳嗽声常常吵得倪莹和琴仙睡不着觉，但同是逃难的，又不好说什么。没想到……

颜鸣皋了解了此情后，在心中暗想：妻子为了坚贞的爱情，历经了千辛万苦。他发誓：今生今世要善待妻子，不论发生什么情况，都不弃不离，携手相伴。

颜鸣皋立即带妻子和妹妹去了医院。一检查，果然是被传染上了肺病。

那时候，肺病可是顽症，不好治，不像现在有抗生素和消炎药。

因为当时当地医疗条件简陋，倪莹的病没有除根，时好时坏，折磨了她一生。这也成了颜鸣皋一生的痛，每每提起，他都心怀内疚，觉得对不起疼他爱他的妻子。

幸福的日子苦短。

颜鸣皋的假期很快就到了。是携妻回重庆，还是留在辰溪？这时候他有点儿拿不定主意。回重庆研究所，对他们小家庭来说，不如留在这里，因为这里有大哥和叔公，好有个照应。

这时，辰溪水泥厂正巧缺个技师。水泥生产和颜鸣皋研究的材料专业也对口。他终于下定了决心，回到单位打了请调报告，很快得到批准。

可是，颜鸣皋调到水泥厂当技师刚刚半年，小俩口的日子正过得有滋有味，心细的倪莹却发现颜鸣皋有了心事。

这天吃过晚饭，倪莹边收拾碗筷边问正在那里愣神的颜鸣皋：

"你心里是不是有啥事？"

颜鸣皋心中在犹豫，不知怎么对妻子说。

倪莹又追问道：

"你有啥事还不能对我说？有事你就说，闷在心里也不痛快。"

颜鸣皋叹了口气，说：

"咳！也没有什么大事，我只是想到目前有个出国进修的机会，所里不少同学都报了名。"

倪莹听过后，随口说：

"你想出去就出去吧。"

"我出去是到外国。"

"到哪个国家？"

"到美国去。"

"去哪里干啥？"

"我是想出去多学点东西，好为建设咱们国家出力。前两天我的大学同学水新元给我来了一封信，说美国根据租借法案，要在咱们中国招考留美实习生，时间一年。正好有这个机会，我想去考。"

"那就去考啊，还犹豫什么？"倪莹说得非常痛快。

颜鸣皋闻听此言，说出了自己的忧虑：

"可是咱们结婚刚刚半年多，又要分离。你身体也不好，我怎么能放得下心呢？"

"你放心，我没事。你出去又不是不回来啦。这五年我都等了，还怕一年？你去吧，我在家等着你。多学点本事是好事，别像我学啥啥不成。"

颜鸣皋痴情地望着通情达理的妻子，一股热流掠过心头。

考上留美实习生

1944年末，颜鸣皋带着妻子倪莹离开辰溪水泥厂，回到重庆中央工业试验所，抓紧复习，准备应考。

在紧张的复习中，颜鸣皋知道利用"美国租借法案"参加官费留洋考试，竞争一定十分激烈，不敢有半点懈怠。就连春节那几天，他都没有迈出家门半步，全身心投入到学习之中。

倪莹非常理解丈夫，变着法子为他做可口的饭菜，为他补养身体。

颜鸣皋望着妻子按时按点端来的茶饭，心中充满了感激，但一个字也未吐出口，只是深情地望上几眼，又埋头书本中。

出国留学，颜鸣皋梦寐以求，但是他和别的学生不一样，可以得到家庭或亲戚朋友资助，他只有走官费这一条路。

所以，一谈到这段生活，颜鸣皋就对妻子充满了歉意，为了学业他冷落了新婚的妻子。妻子为了他能够实现自己的理想，给予了大力支持，默默无闻地付出了许多许多。

这里笔者需对"美国租借法案"做一点较为详细的介绍。

在人们的印象中，民国政府时期，中美之间似乎存在着一种"特殊关系"，但事实上，中国和美国原本是两个相当疏远的国家。长期以来，中国和美国各自处于对方对外关系的边缘，如果不是日本疯狂地扩张和侵略的推动，它们在相互接近的道路上很可能还有很长一段路要走。

20世纪30年代上半期，出于经济上的考虑，中美之间的距离才被拉近了一点。

1933年5月，中美之间签订了一笔价值5000万美元的棉麦借款协定。

1935年5月，中美两国财政部又以备忘录和换文形式达成了一项白银协定。美国还参与了中国航空工业的起步，这是与中国国防建设有关的唯一方面。1932年美国空军上校裘约特率领顾问团来华，协助中国建立了中央航空学校。从1933年至1937年，美国一直是中国最主要的飞机供应者。在抗战爆发后的头半年里，仍有279架美制飞机运抵中国，此后才急剧减少。

1938年9月，为尽快加强对美外交工作，国民政府派遣胡适出任驻美大使。10月1日，外交部致电胡适，列举对美方针：（1）促成美国修正中立法；（2）尽快争取美国财政援华；（3）促请美国对日实行"隔离"政策，限制美日贸易；（4）期待中美英三国在亚洲合作，并以美国牵制英国，防止欧洲战争爆发后英日妥协。这份电报表明国民政府已形成明确的对美政策，美英之间已以争取美国为主。此后，这四个方面就成为中国对美外交的主要任务，中美接近的过程由此启动。

在中国抗战的前三年，由于中立法的存在，中国无法从美国直接获得军事援助，国民政府因此把争取财政支持和贷款作为求援重点。不过，在美国政府的默许下，中国还是从美国购买了一些军事物资和少量武器。

中国争取美国援助之所以十分艰难，一方面在于美国国内中立法的制肘，另一方面则在于罗斯福政府一直谨慎地在对华政策和对日政策之间寻求平衡，其援华的最低目标是维持中国抗战不致崩溃，最高限度是不致引起日本对美国采取报复行动。

1941年1月，在围剿中共新四军的"皖南事变"发生后，美国的援助一度有所停顿，但当日、苏有可能签订中立条约的消息传出后，美国再次加快了援华步伐。1941年2月，罗斯福派遣其行政助理居里来华，考察中国政治经济情况，除表明美国愿调解国共矛盾外，主要是为即将实施的租借法案做准备。4月17日，鉴于刚签订的日、苏中立条约对中国士气打击甚大，美国政府决定立即向中国提供4500万美元的军用物资。这是租借法案军事援华的开始。5月6日，罗斯福正式声明，军火租借法案适用于中国，并宣称"保卫中国即是保卫美国的关键"。7月，罗斯福派拉铁摩尔来华，出任中国政府政治顾问。8月，美国宣布以马格鲁德为驻华武官兼美国驻华军事代表团团长，其主要任务是负责租借物资援华。

1941年12月8日（美国时间12月7日），日军袭击珍珠港，太平洋战争爆发。12月9日，中华民国政府正式对日宣战，并宣布与德、意处于战争状态。1942年元旦，美、英、苏、中等26国共同签署了联合国宣言，中国被列为世界"四强之一"，并与美国正式结为同盟。

从此，美国租借法案才有了更加实质性的内容。军事租借物资援华在战时中美合作中占有重要地位。太平洋战争前夕，中美双方已商定军事援华的重点为三项：第一，由美国提供训练与技术援助，帮助中国建立现代化空军；第二，训练并装备中国陆军30个师；第三，帮助中国建设滇缅铁路和公路，提供运输车辆等。

在租借法案中，中国每年派遣一批各类学科的人员到美国实习，是其中的一项。

1945年3月，颜鸣皋在这项百里选一的考试中名列三甲。

得知这一消息后，颜鸣皋和妻子倪莹的心情都十分复杂，都是喜忧参半。

颜鸣皋喜的是他终于有了留洋深造的机会，忧的是他和妻子结婚还不到一年，又要分别，并且妻子还有病。

倪莹为颜鸣皋考中而高兴，但她毕竟舍不得丈夫离开，担忧自己独守重庆的生活。

随着离别的日子一天天临近，可夫妻俩似乎在有意地规避什么，越来越很少谈及出国这个敏感的话题。

在前些年，考上的出国人员临行前都要先集中到歌乐山集训一段时间。因为是官费，在那里还要集体加入国民党。可轮到颜鸣皋这一批时，有关部门通知说不集训了，这让他非常高兴。

颜鸣皋高兴的是能和妻子在一起多待几天。他当时想得就是这么简单，不愿也没有想到深究其中的缘由，也并不是因为他不想参加什么党派，虽然他对国民党政府当时贪污腐败成风，"前方吃紧，后方紧吃"，物价飞涨，民不聊生，早已心存不满。

如今颜鸣皋谈起此事，还有点后怕。如果当时他们和前几批出国人员一样集中到歌乐山集训，说不定就稀里糊涂地集体参加了国民党，这将对他一生不知产生什么样的影响！可偏偏他们这一期不知为什么突然改变了计划，使他鬼使神差般躲过了一劫。为此，他常常感叹：上苍眷顾啊！上苍眷顾啊！

颜鸣皋了解其中的内情，是后来的事。这其中有中美两国之间非常微妙的关系。中美战时合作虽以军事为主，但它很快就与复杂的政治问题纠缠在一起。蒋介石从一开始就希望凭借美国的支持，壮大自己的力量，制服中共，而战争后期美国政府则希望通过支持蒋介石来防范苏联的崛起，而对蒋介石的个人野心却有所防范。因此，美国对国民党政府利用集训出国人员的机会，让他们集体加入国民党的做法颇有微词，私下里进行了交涉，国民政府也只好作罢。

艰难的远行

人的心情是复杂的，怕离别还是要离别。

1945年的4月，离别的日子还是来到了。

颜鸣皋这批出国人员的行程安排是，先从重庆坐轮船到宜宾，然后从那里坐飞机到印度，从印度坐船去美国。

重庆的春天，山花烂漫，江水碧澄。

码头上，挤满了送行的人群。

颜鸣皋与妻子倪莹依依惜别，一个劲地劝她：

"你先回去吧，你先回去吧。船很快就开了。"

倪莹没有动，也没有说话，只是眼含热泪痴痴地望着他。

颜鸣皋也望着她，深情地又说道：

"你放心，我会照顾好自己的。到了美国，我立即给你来信。"他有点不放心妻子的身体，叮嘱着，"这一年，你也要多注意身体啊。"

这时候，他们两个人都不知道，这一别不是一年，而又是一个五年多。

倪莹紧咬嘴唇，使劲地点点头，不听话的泪水被甩落了出来。

知心的话儿没说完没说够，汽笛就高声鸣叫催旅人。

倪莹闻听身体一颤，如同撕心裂肺一般，只听得颜鸣皋说了句，"我走了。"她还未来得及说话，就不见了丈夫的身影。

是轮船喷出的滚滚黑烟遮住了她的视线；是熙熙攘攘往前攒动的人流挡住了她的视线。她不顾一切地往前挤，努力挤到最前面，好与丈夫告别。

轮船离岸了，黑烟消散了。

倪莹看到了站在甲板上眺望的丈夫，她使出平生的力气大声喊着：

"你放心学习，我在家等着你！"

颜鸣皋看到了妻子，也听到了妻子的喊话。他扬起手来，大声回应：

"好！"

轮船渐行渐远，岸上的一切渐渐模糊，渐渐什么都看不见了，可颜鸣皋的手却久久没有放下。

码头上，喧闹的人群渐渐稀疏了，到后来走空了。丈夫这一走，倪莹的心也仿佛被掏空了。不，不是被掏空了，而是被带走了。她久久伫立在岸边，深情地望着一片苍茫的江面，她的心穿越了时空和距离，伴随着丈夫开始了艰难的远行。

颜鸣皋他们一行到了宜宾，艰难的远行才算真正开始。在这里他们要乘坐美国援华"飞虎队"的飞机，飞越"驼峰航线"，前往印度。

"飞虎队"这支部队的正式名称是美国志愿航空队。它于1941年8月1日正式成立，由美籍顾问陈纳德为指挥官兼大队长，下辖三个驱逐中队，共125架飞机。志愿大队先后在昆明、仰光、桂林等地对日作战。1942年7月4日，志愿大队撤销并入美国陆军第十航空队第23战斗大队，称为驻华航空特遣队，主要在华中、华南作战。1943年3月该队又扩编为美军第14航空队。随后，又在其下筹组了一支中美空军混合部队，以赴美接受训练的中国飞行员与美国在华航空部队联合作战。太平洋战争爆发后，在中国上空作战的"飞虎队"谱写了中美战时合作中最富传奇色彩的一幕，曾多次出击，将日寇的飞机击伤击落，狠狠打击了日本侵略者的嚣张气焰。

说到"驼峰航线"，这要回溯到1942年。这年4月，由美国驻华代表史迪威将军指挥的"南缅保卫战"失败，滇缅公路被切断。此后，为维持中国抗战，美国开辟了从印度阿萨姆邦飞越喜马拉雅山脉到中国云南的空中运输线，史称"驼峰"空运或"驼峰航线"。

这是一条极其危险的航线，全长800余公里，地势海拔均在4500～5500米上下，最高海拔达7000米，山峰连绵起伏，犹如骆驼的峰背。当时的运输机仅能勉强飞到7000米高度，因而只能在山峰之间穿行，所以留下了"驼峰航线"这个名称。

据战后美国学者统计，1942年全年，经这条航线空运至中国的援华物资仅为1425吨。尽管数量极少，但它作为盟国坚持援华的象征却有着巨大的心理作用。1943—1944年两年，美国空运指挥部和中国航空公司做出最大努力并付出惨重的人员牺牲，运往中国的物资总计达到17万吨。1944年5月，史迪威率领的中国驻印军队收复了缅甸北部。此后，由于航线大大缩短，空运物资的数量出现明显增长。

从1942年至1945年，先后参与驼峰飞行的有8万多人，损失609架飞机。整个抗战期间，在中国牺牲的美国空军人员达2000多人，其中大部分牺牲在

"驼峰航线"上。

颜鸣皋这是平生第一次坐飞机,心情是又兴奋又紧张。他们乘坐的是一架货机,货舱密封得不好,起飞不久,就感觉到刺骨的寒风呼呼灌进来,透心的凉。在飞越喜马拉雅山时,气流涌动,飞机犹如落入大海里的一片树叶,忽高忽低,忽左忽右,颠簸的非常厉害,由于没有座位,他们只能围坐在货舱里,一会儿被颠得东倒西歪,一会儿被颠得挤压在一起……

颜鸣皋的心"怦怦"急跳,但好奇的欲望终于战胜了恐慌,他紧紧抓住一个突出的铝隔框,透过一个圆圆的舷窗,往下眺望,翼下的景色如走马灯似的不停地变幻,忽而云絮飞白,雪浪滚滚;忽而群山峻岭起伏逶迤,一峰一马首,千峰成千骑;忽而似冰剑耸立,透射闪闪寒光……

飞机终于降落了,降落在印度东北部的阿萨姆邦。

颜鸣皋的双脚踏在了异国土地上,但是,他们并没有马上前往美利坚,而是先到阿萨姆邦候船,这一候就候了将近一个月。

他们这批出国人员被拉到一座美国兵营里,这里每人发了两套美军夏季制服和餐具,过着近一个月的"美国大兵"生活,没有正式建筑,只是在外面搭了一些帐篷。

等来等去,没有船的消息。

1945年5月上旬,颜鸣皋和伙伴们由阿萨姆邦乘火车到达印度加尔各达港。在这里,他们终于等来了船,是一艘美国运兵的运输舰。

虽然当时世界反法西斯战争已经取得了决定性的胜利,德国法西斯已经被彻底击垮,但是,日本帝国主义还在负隅顽抗,太平洋还不太平。

因此,颜鸣皋和伙伴们的航程还需绕道走。经红海、地中海、大西洋,中间穿过苏伊士运河和直布罗陀海峡。

在这段劈波斩浪的航行中,颜鸣皋似乎忘记了艰难困苦,忽略了枯燥乏味,每天总是呆呆地望着波澜起伏的海面,听着狂涛拍打船舷的轰鸣……

颜鸣皋的心潮伴着海面起伏难平;颜鸣皋的心声伴着怒浪轰鸣:

特殊材料铸人生 ——记中国科学院院士颜鸣皋

"轰！——轰！——"

刻苦用功！刻苦用功！

"咣！——咣！——"

为国争光！为国争光！

第四章　国外深造，织构理论研究的先驱者

耶鲁大学，从实习生到研究生

1945年6月，经过26天的艰难航行，颜鸣皋和伙伴们在美国华盛顿市附近诺佛克港上了岸，借住在佐治亚大学校园内。

颜鸣皋来美国进修的是精密机械制造专业，他被分配到了康涅狄格州首府哈特福城的普拉特·惠特尼航空发动机公司工具样板厂，做实习工程师。从此以后，他与航空结了缘，并为中国的航空事业做出了不可磨灭的贡献。

普·惠公司是一家著名的飞机发动机制造商，现在依然是航空动力方面的佼佼者。

颜鸣皋知道这是千载难逢的学习机会，不能浪费一丁点儿时间。为了多学点知识和技术，他把全部精力倾注于进修之中，从书本上学，从工人师傅身上学，从具体实践操作上学，如饥似渴地吮吸着知识的琼浆。工作时间，他满身油污和工人师傅干在一起；饭后和睡觉前，他总是手不释卷；周末，他又赶到耶鲁大学冶金系听课……

1945年8月15日，颜鸣皋从收音机里听到日本天皇宣布无条件投降的消息。喜讯骤降，怎么也描绘不出他此时此刻的心情，那一刻的他，激动不已，欢呼跳跃，恨不能拥抱身边每一个人；那一刻的他，心潮澎湃，思绪万千，中华民族誓死抗战的艰苦岁月、炮火硝烟、血雨腥风，仿佛一下子都涌到了眼前；

那一刻的他，热泪盈眶，喃喃自语：胜利了，胜利了，我们中国人终于胜利了！……也唯有那一天，他彻底放松了自己，离开了工厂，放下了书本，与同去留学的伙伴们，和美国的普通民众一起欢庆世界反法西斯战争的完全胜利！

勤奋学习，报效祖国。胜利的喜悦促使他更加勤奋地学习。

工人师傅也十分喜欢这个来自东方古国勤奋好学的小伙子，把知识和技术毫无保留地传授给他。

一天，一位工人师傅看着颜鸣皋消瘦的身体、疲惫的面容，关切地问：

"颜，你这样刻苦，不觉得累吗？"

颜鸣皋笑笑，回答：

"累，有时候真想痛痛快快睡上一大觉。可我到这里是来学习的，不能错过。时间太短了，只有一年，也太快了，转眼几个月就过去了。"

"颜，你来到美国，难道说你还想回去吗？"这位师傅有点不解，又问。

"回去，一定回去！"颜鸣皋坚定地回答。

"这里不好吗？你回去干什么？"

"这里虽好可不是家啊，在我的家乡，我的父母，我的兄弟姐妹在等着我，还有我的新婚妻子在盼着我。再说，我的祖国刚刚取得抗日战争的胜利，百废待兴。我要回去，用学到的知识建设我的祖国。"

"好，有志气！"

工人师傅理解了颜鸣皋，对他更加敬佩和关照，许多人和他成为了好朋友。

1946年春，颜鸣皋在耶鲁大学旁听时听说，他们这批实习生，可以正式申请入校学习。于是，他毫不犹豫地报了物理冶金专业。

耶鲁大学成立于1887年，其前身是创建于1701年的一所教会学校，1716年迁至美国康涅狄格州纽黑文市，1718年为感谢英国东印度公司官员艾利胡·耶鲁的捐赠，更名为耶鲁学院。

在美国，耶鲁大学和哈佛大学、普林斯顿大学齐名，历年来共同角逐美国大学和研究生院前三名的位置。该校教授阵容、课程安排、教学设施方面都堪称一流,培养了一批又一批的优秀学子,有数十位学生曾获得各种诺贝尔奖金。耶鲁大学还创造了政坛奇迹,享有"总统摇篮"的美誉。在美国历史上,有5位总统毕业于耶鲁大学:威廉·霍华德·塔夫脱,杰拉尔德·鲁道夫·福特,乔治·布什,比尔·克林顿和乔治·W. 布什。就连教师之间也互相开玩笑,说一不小心哪天就教出一个美国总统来。克林顿和夫人的相识就是在耶鲁大学的图书馆里。这是后话。

颜鸣皋能够来到这座世界一流的著名学府留学,感到非常的幸运。

美国耶鲁大学

耶鲁大学的校园环境非常优雅和美丽。漂亮的歌德式建筑和乔治王朝式建筑与现代化的建筑交相辉映,把整个校园点缀得既古典又秀丽。到了秋季,校园中金黄暗红的落叶遍地,与阳光照耀着的那些黄褐色巨石建成的古色古香的巍峨建筑物相互映衬,更是如诗如画。

耶鲁大学的名气,她的美丽和庄严,以及夕阳西下时站在校园中央向四周环视时那种凝重的历史感,深深地吸引着颜鸣皋。但他并没有沉迷,他知道自己当时的第一要务是:学习、学习、刻苦学习。

耶鲁大学对学生的学业要求是非常严格的,在语言方面,规定留学生除了会流利地说本国语言和英语外,还必须会其他两国语言。

特殊材料铸人生 ——记中国科学院院士颜鸣皋

颜鸣皋选学的是法语和德语。他觉得时间真是不够用,恨不能一天当作两天用。由于他刻苦,很快跟上了课,两门外语也有了进步。

可是,时间的脚步还是走得太快了,转眼间半年就过去了。颜鸣皋他们这批实习生归国的日子就要到了。在出国之前,中、美两国政府就有规定,留美实习生在美一年期满,必须回国。

这时候,颜鸣皋攻读的冶金专业课程才刚刚入门,在心中规划的研究工作还没起步。

颜鸣皋内心十分矛盾:他非常想回国,可又实在舍不得学业。

舍不得又有什么办法呢?没有了公费支持他怎么留得下。

颜鸣皋不是身世显赫的官宦子弟,可以另寻门路,留在美国;他也不是家财万贯的富家子女,可以凭着家庭的支援,衣食无忧地在美国生活。

无奈,颜鸣皋在期末的前几天,就开始收拾东西,向老师和同学告别,做好了回国的准备。

一天上午,颜鸣皋下了课,起身准备离开教室,任课老师叫住了他:

"颜先生,你等一等,系主任请你到他那里去一下。"

颜鸣皋满脸疑惑,脱口问道:

"老师,系主任叫我干什么?"

任课老师两手一摊,笑着对他说:

"我也不知道。你到了他那里就明白了。"

颜鸣皋忐忑不安地往物理冶金系主任的办公室走去。

这位系主任是个非常严肃的老头儿,满头白发,平时不苟言笑,让人敬而远之。

颜鸣皋入学这半年来,只是听过他几堂课,回答过他在课上提问的几个问题,课下基本上和他没有过什么接触,甚至连他的名字都没记住。

颜鸣皋敲门进入他的办公室后,这位老先生还是那样严肃。他抬头注视着这位中国学生,严肃地说道:

"颜先生,我找你没别的事,只是想问问你,你想不想在耶鲁继续读书?"

"想，当然想了。"颜鸣皋回答。

"你想读书，可又为什么要回国呢？"

"不回国又有什么法子呢？时间到了，规定要回国。再说，留下了，在经济上我也无法支撑。"

老先生摇了摇手，从办公桌后站起身来说：

"这些都不是大问题。我只要你给我一个肯定的回答：你愿不愿意留在耶鲁读书？"

颜鸣皋回答得很肯定：

"愿意。"

"好，这就行了。"系主任从办公桌上拿起一封信，"这是我给你们驻美使馆写的一封信，请求他们把你留下来。这也是我为一个外国留学生第一次写这样的信。我喜欢刻苦用功而又善于独立思考的学生。希望你不要辜负了我的期望，不要让我失望。你经济困难，可以勤工俭学，在实验室找点工作。另外，你还可以到学校食堂去打工。"说着他把信递给了颜鸣皋。

颜鸣皋从系主任手里接过那封信，心中感到沉甸甸的。他弯下腰，深深地朝老人鞠了一个躬。

这真是个可亲可敬可爱的老头儿。他对颜鸣皋的这一留，是为中国留下了一个优秀人才；为耶鲁大学留下了一份骄傲；为中美教育交往留下了一段佳话。

说起来，近代中美高等教育交往史，可以追溯到19世纪30年代，耶鲁大学在其中首开先河。在19世纪到中国淘金的洋人中，美国公理会传教士、后来当了美国驻华公使、回国后担任耶鲁汉学教授的美国人卫三畏是其中的一个。卫三畏1833年来华，1877年返美，在中国待了40多年，其著作《中国总论》被美国各大学采用作中国史课本，几乎达一个世纪之久，是美国人研究中国的必备书，前后几次再版，影响了几代美国人的中国史观；另外一个是被称为"在中国创办西塾之第一人"的布朗，他于1832年从耶鲁大学毕业后，到了当时属于广东省的澳门，在那里一所由英国传教士创办的玛礼逊学校中担任校长。1847年，布朗返美时，将容闳等3名中国优秀学生带往美国求学。1850年，容闳考取耶鲁大学。1854年，耶鲁大学向容闳颁发学士学位，成为在西方获得该学位的第一位中国人。

1986年，接待耶鲁大学同学（哈佛大学麦登教授）及夫人访问北京科技大学合影（左二为陈能宽院士，左五为颜鸣皋）

颜鸣皋告别了系主任之后，心中还不十分有底，甚至还有点犹豫。他是发愁，如果留下来，就连每月公助的那150美元都没有了，一切费用都要靠自己筹措了。于是，他就去找在芝加哥居住的要好同学水新元商量。

这时，水新元已经进了美国万国农业机械公司，边工作边读书。

水新元一听这个情况，十分高兴，就对颜鸣皋说：

"这是好事啊，那还能不留下？"

"可是，你也了解，我家中困难，无法在经济上帮助我。我留下来读书，费用是个大问题啊。"颜鸣皋皱着眉头说。

水新元快人快语，说道：

"这样吧，我现在比你挣得多，就支援你一下，渡过前几个月这个难关就好了。"

颜鸣皋听朋友这样说，非常感动：

"新元，有你这句话，我下决心留下来。真的非常谢谢你，帮我渡过这个难关，但咱们可要说好，这钱算我借你的，等我有了钱一定要还你。"

"行。你留下来我好多个伴啊。还钱的事，你可不要着急啊。"水新元又说。

有了好朋友答应的这笔资助，颜鸣皋的心情也轻松了许多，像放下了一块大石头。

颜鸣皋回去后，水新元先后汇来550美元，帮他暂时解决了入学前的困难。他也一诺千金，始终将这事放在心上，在他回国前，把该款项全部寄还。

1946年夏，颜鸣皋正式成为耶鲁大学的自费留学生。

建立金属织构理论

这是一段困苦的日子，也是一段收获的日子。

入校后，他借住在耶鲁大学神学院宿舍。

颜鸣皋除了在学校食堂打零工之外，还利用课余时间到校外的一些建筑公司、工厂实验室帮人家绘图、做试验等，赚得一些收入，艰难地维持学习和生活。

1946年暑假，颜鸣皋开始到切斯铜合金加工厂打工。这对他来说，是个非常明智的选择。既能解决生活困难，又能在实践中和所学的物理冶金专业吻合。

在1947年春，他通过理论课程学习，并结合实践经验加以分析和推导，利用业余时间，写出了第一篇论文《金属加工织构的研究》。

导师看过颜鸣皋这篇论文之后，欣喜异常。在一次专题讨论课中，面对众多学生，激动地说：

"同学们，今天我要介绍一位同学和他来到耶鲁刚刚一年所取得的研究成果。他就是来自中国的颜鸣皋先生，他的论文题目是《金属加工织构的研究》。

这是一篇非常优秀的论文，已经提前达到了硕士研究生的标准。研读这篇论文，我为颜鸣皋先生所取得的成果而高兴，同时，也被他的刻苦钻研精神所感动，更为他的独特思维方式所激动……"

导师继续讲道：

"颜鸣皋先生的这篇论文，提出了一些富有创新性的见解，第一次采取理论分析方法对3种常见晶系的滑移系与加工织构进行推算，阐明了互相之间的关系，得出了一个具有普遍意义的理论。我可以预见，这个理论肯定会在冶金界引起极大的关注。"

美国矿冶学会著名刊物《矿冶学报》发表了这篇论文后，立即受到了各国冶金界学者们的重视和称赞，还先后被美国、英国、德国许多冶金专著引用，并被列为完整的金属织构形成理论之一。

这个理论的建立，为颜鸣皋在世界冶金界赢得了一席之地，引起了专家学者和业内长辈对这位年轻后生的关注，也是他科学研究道路上攀登的第一个高度。然而，他并没有沾沾自喜，而是沉下心来，规划着自己的研究方向和奋斗目标。他知道，在以后的岁月里和研究中，还有许多高峰等着他去攀登。

颜鸣皋已经做好了准备。

1947年夏，颜鸣皋仅用一年时间，就修完了研究生的课程，被授予物理冶金科学硕士学位。

形成"显微弯曲假说"

季节是有颜色的。秋季的主色调应该是金黄。金黄代表着收成，它由心血和汗水而凝成。

颜鸣皋没有被获得的成绩所陶醉，他继续留在耶鲁大学攻读博士学位。

收获的季节到了。应该说颜鸣皋已经有了很丰硕的收获,只不过他在收获的时候,更加勤奋地播种。

1947年秋,切斯铜合金加工厂研究部给颜鸣皋下了正式聘书,聘请他为研究部助理冶金师。

颜鸣皋可以每月领到300美元的固定工资。有了这个物质基础,他终于可以不用到处找活干、四处打零工,终于能够专心致至地搞研究了。

颜鸣皋的生活也相应地有了规律,过得充实而紧张:每周有4天时间在工厂的研究室工作,收集资料,完成所负责的X射线与电子衍射试验工作;两天时间回学校进修课程,撰写论文等。外人看来,他的生活范围非常简单,唯有学校和工厂,实验室和课堂与图书馆;他的生活内容也非常枯燥,无非是学习、试验攻关、撰写论文等。可他却乐此不疲,津津有味。他进入了科研这个自由王国的新天地,在里面随心所欲地纵横驰骋,享受着创造的幸福,品尝着收获的美酒。

在此期间,颜鸣皋又有了科研新突破,他在切斯铜合金加工厂从事铜的织构研究中,创造性地把X射线掠射法用于织构的测定,对微量杂质磷在固溶和化合物状态对再结晶织构的影响,提出了独到的见解,并运用于生产实践。他根据这些成果撰写出了3篇论文,又先后发表在美国著名的《矿冶学报》上。当时系里同学传说:"颜鸣皋是好样的,他在3年内写了3篇具有博士水平的论文。"

1949年春,颜鸣皋作为一个在校生,被破格推选为美国"希格玛-塞"科学学会荣誉会员。

在谈到颜鸣皋早期在美国开展的织构研究及其所取得的显著成果,国内东北大学织构及其测试研究方面的知名教授梁志德先生深深地体会到,颜鸣皋先生在早期能够排除织构研究的两大困难,是一件非常不容易的事情。梁志德教授说:"早期的织构研究主要存在两方面的困难。一是测试手段缺乏。早期的织构研究并没有现在织构研究所常用的X射线衍射(XRD)、扫描电镜电子通道、EBSD等研究手段,而仅能使用X射线照相法进行研究,这是一种半定量的测试方法,强度测量的精确度低。使用这种方法只能测定出某一晶面在空间的分布,要使用这种半定量的二维极图来推测整个三维晶体的组合，在这种情况下，要避免漏判、误判是很不容易的。另一方面的困难是早期织构理论上的局限性。对于多晶聚合体，在形变过程中晶粒受彼此的影响和制约很厉害，比邻晶粒的取向差异大小不一，实际晶体在形变过程中，各部位形变程度很不相同。而早期只能假定晶体是整体的滑移，整体的转动，对于形变再结晶织构的研究在当时的理论条件下也十分困难。"

与此同时，颜鸣皋进行的铝单晶横断弯曲试验研究取得了重大突破。他对晶体不均匀变形有了新的重要发现，提出了晶体塑性变形的新机理——"显微弯曲假说"。通过晶体在承受弯曲与轴向拉伸塑性变形时晶体开动的滑移系研究，阐明了与晶体受拉一样，在晶体受弯曲变形时，滑移系仍然是在最大分切应力平面上开动的现象，并进一步对晶体滑移取向转动、交叉滑移、X射线Laue斑变化、晶体表面的滑移痕迹等一系列晶体弯曲时的现象进行了科学的论述，试验发现了铝等金属在压缩变形至60%时晶粒内部位向差可达到50°，而一块单晶体受弯曲时拉伸部分和压缩部分的晶体位向差可达到90°，从而科学地解释了金属大变形时产生的不均匀变形导致的"形变带"，不同晶系金属变形时"最后稳定位置"与织构测算存在的偏差，以及金属在拉伸、压缩和轧制等不同变形方式下的织构形成过程等一系列塑性变形现象。在当时简易的科学设备和科研手段的条件下，颜鸣皋依据自己敏锐思维和科学实践，提出的晶体塑性变形"显微弯曲假说"，大大丰富了X射线衍射学和晶体滑移理论，在当时条件下金属塑性变形的一系列科学难题得到合理的解释。

如果说耶鲁大学是识千里马的伯乐，那么，切斯铜合金加工厂则是为良驹提供用武之地的秦穆公。

"得其精而忘其粗，在其内而忘其外。"这是伯乐相马的精髓。

很有可能，切斯铜合金加工厂的决策人不知道这个中国的古老故事，但他们深谙识人用人的道理。他们看得出颜鸣皋是位杰出的人才，并十分欣赏他的才华，并想方设法为工厂留住这个人才。他们忘了或者也根本没有在乎颜鸣皋是位亚洲人，是位中国人。

一天，切斯铜合金加工厂研究部主任邀颜鸣皋到他办公室里去坐坐。进门之后，他边替颜鸣皋沏着咖啡，边闲聊似地问：

"颜先生，你来美国几年啦？"

颜鸣皋回答：

"3年多了。"

"噢，听说你在中国已经结了婚，怎么不把夫人也接来呢？"

颜鸣皋这几年只顾埋头学习了，对此问题，还真没有想过，一经研究部主任提出，他愣了一下神说：

"我现在还是一个穷学生，怎么能接她过来呢？"

"怎么不能接呢？你现在有了稳定的工作，稳定的收入，条件已经具备。如果有困难，只要你提出来，工厂还可以帮你。"

颜鸣皋听出了部主任的弦外之音。他认真思索了一番，说：

"主任，现在接夫人过来还不是时候。我主要考虑的是，现在我的学业和科学研究都在关键阶段，夫人来了肯定会有影响。另外，我的经济条件也不允许，现在我边工作边学习，收入勉强够我自己用的，如果在这里安家，那就不好说了。再说，我的祖国还是战火纷飞，她一个女人家要想出来，也不容易啊。"

"年轻人，你的顾虑太多了。这可是一个好机会，不要犹豫了。我不是说过吗，有什么困难，只要你提出来，工厂会帮助你，美国政府会帮助你。"

颜鸣皋听部主任这么一说，并没有马上回答，而是沉吟了一下说：

"谢谢主任，谢谢工厂，这件事我还得考虑考虑。"

研究部主任笑了笑，期待地望着颜鸣皋：

"好，如果夫人能来，你也可以更加安心地钻研学问了。夫妻团圆是件大事，你要抓紧办啊。"

颜鸣皋点点头，告别了研究部主任。这番谈话在他心中掀起了波澜。他每时每刻都盼望能够过夫妻团圆的日子，在梦乡也常与妻子倪莹相会，更恨不能一步跨回祖国去。可是，他考虑来考虑去，现在还不能让妻子来。他心中始终有一个目标，等到学业有成那一天，他要回到祖国，为祖国的富强贡献力量。

如果妻子来了,再回去就有了麻烦。另外,自己现在还不能回去,除了学业未成这个原因外,再就是祖国还处于内战时期,回去后无法施展身手。

于是,颜鸣皋以学业繁重为由,婉言谢绝了研究部主任的邀请,毅然决然地放弃了切斯铜合金加工厂给他提供的这一个接妻子出国的机会。

1949年7月,颜鸣皋以"铝单晶体的横断弯曲研究(Transverse Bending of Aluminum Single Crystals)"为题,上交了自己的博士论文,并获耶鲁大学物理冶金工学博士学位。

回忆在耶鲁大学那几年的学习生涯,颜鸣皋认为:母校不仅使他在学业上有了突飞猛进的增长,更给予了他享用终生的精神营养。

正如耶鲁大学理查德·莱温校长所说:

"教育人们服务于社会并不意味着教育必须集中于掌握实用性的技能。耶鲁追求为学生提供一个宽广、自由的教育面,而非狭窄的、职业性的教育,以便使他们具备领导才能和服务意识。耶鲁大学同时也是一个相互尊重的社区,并且珍视自由的表达和对世间万物的探寻。在这个社区中人们的互动模式同样服务社会。"

永远强调对社会的责任感、蔑视权威、追求自由和崇尚独立人格被认为是"耶鲁精神"的精髓,它是耶鲁人奉献给世人的一份宝贵财富。

颜鸣皋拥有这笔宝贵财富。这财富享之不尽,用之不完。他决心承担起更重更大的社会责任……

第一位研究钛合金的中国学者

颜鸣皋离开耶鲁大学就迈进了纽约大学。

纽约市是美国的最大都市及第一大港,位于美国东北部哈德逊河口,濒临大西洋。纽约是国际经济、金融、艺术、传媒之都,联合国总部所在地,同时也是美国的文化中心,教育事业很发达,有著名的哥伦比亚大学、纽约大学和其他大专院校。

纽约大学成立于1831年,是全美最大的私立大学之一。

颜鸣皋这一次的身份不是来当学生,而是作为一名研究学者。

他为什么来到纽约大学呢?

那是在快毕业时,颜鸣皋接到了一封纽约来信。信是纽约大学工学院化工系主任尼尔森教授写来的,邀请颜鸣皋到纽约大学做研究工作,和他一起建立钛合金实验室。

颜鸣皋当时正为毕业后的去向拿不定主意,是留下来,还是回国,他还没做出最后的决断。

应该说,耶鲁大学的老师是开明的。颜鸣皋的导师知道此事后,就对他说:

"你应该去。钛合金是一种新型结构材料,对它的研究,全世界也是刚刚起步。在这方面,我相信你会有所作为。"

导师的话为颜鸣皋指明了方向。他回信表示接受邀请。

离开耶鲁大学那天,颜鸣皋恋恋不舍地绕着校园走了一圈又一圈。他从地上捡起一枚金黄色的树叶,夹在了笔记本里,他要把这几年在母校的一切珍藏起来。

1949年7月下旬,颜鸣皋来到了纽约。

颜鸣皋受聘于纽约大学工学院研究部,任副研究员。

不久,他又邀请了另外一位叫钱定华的中国同学,一起参加钛合金熔炼设备的建立。

颜鸣皋刚上任时的任务是讲授金相学,后来还指导了3名博士研究生。

颜鸣皋带的第一个博士生是一位本土学生,名字叫柯道夫。

虽然他们相处的时间仅有一年,但却结下了深厚的师生友谊。

1995年秋,从纽约大学工学院院长职务上退休的柯道夫带着夫人来到北京,专门抽出时间拜见了自己的老师颜鸣皋,并在北京长城饭店相聚。

师生俩互相望着满头白发，感慨万千，畅谈着别后的经历和取得的科研成果，共同回忆起两人在纽约大学生活和工作的情景。

1995年在长城饭店与原纽约大学博士生柯道夫教授夫妇合影

颜鸣皋到了纽约大学之后，边教学边和尼尔森先生组建起了钛合金实验室。并在钱定华的协助下，建成了一台可熔炼纽扣锭的小型真空非自耗电弧炉。

还在研究室组建过程中，他们就接到了美国陆军部的委托，开展钛－碳、钛－氮平衡相图的研究，对钛合金的性能及工业化生产进行攻关，并根据美国陆军部资助的科研合同，招收了柯道夫等博士生参加研究工作。

钛是20世纪四五十年代发展起来的一种重要的结构金属。钛金属的密度较小，仅为铁的60%，通常与铝、镁等被称为轻金属，其相应的钛合金、铝合金、镁合金则称为轻合金。

钛合金有着非常鲜明的特点，它与其他金属材料相比，有下列优点：（1）比强度（抗拉强度/密度）高，抗拉强度可达100～140千克力/毫米^2，而密度仅为钢的60%。（2）中温强度好，使用温度比铝合金高几百摄氏度，在中等温度下仍能保持所要求的强度，可在450～500℃的温度下长期工作。（3）耐蚀性好，在大气中钛表面立即形成一层均匀致密的氧化膜，有抵抗多种介质侵蚀的能力。通常钛在氧化性和中性介质中具有良好的耐蚀性，在海水、湿氯气和氯化物溶液中的耐蚀性能更为优异。(4) 低温性能好,间隙元素极低的钛合金,在-253℃下还能保持一定的塑性。(5) 弹性模量中等,热导率低,无铁磁性。(6) 工艺性能好,易焊接等。

由于钛合金有着以上优异的综合性能,尤其是比强度高、耐蚀性好和耐高温等一系列优点,能够进行各种方式的零件成形、焊接和机械加工,使其成为较为理想的宇航工程结构材料。主要用于制作飞机、发动机、压气机等部件,其次为火箭、导弹和高速飞机的结构件。

随着研究的深入,钛合金在航空、航天、化工、造船等工业部门获得日益广泛的应用,发展迅猛。

世界上许多国家都认识到钛合金材料的重要性,相继对钛合金材料进行研究开发,并且得到了实际应用。

美国纽约大学

美国在钛合金的开发中抢得了先机。美国军队更是当仁不让,加快了抢占这一重要领域科研高峰的步伐。

但是,美国国防部怎么也没有想到,由于他们的委托,使颜鸣皋成为第一位研究钛合金的中国学者。他承担的钛合金平衡相图和加工织构的研究这两个课题,填补了世界空白。

未用多长时间，颜鸣皋的课题就取得了革命性的突破。他首次提出了关于钛合金的拉伸、压缩与轧制织构的晶格位向的学术报告，受到有关方面的高度评价，被一些钛合金的权威性著作引用。

颜鸣皋在科学研究的道路上攀登上了第二个高峰，又一次在学术界引起高度关注。

注重织构理论与实际应用相结合

时光飞逝，日月如梭。

颜鸣皋在纽约大学工学院研究部工作期间，对岁月的轮换是非常矛盾的：有时他盼时间走得快些再快些，让他快点完成研究，早日回到祖国，回到父母亲人身边，与爱妻团圆；有时他恨不能把太阳钉在一个地方，让它西下的速度慢些再慢些，好让他一天当作两天用，有充裕的时间将研究做得更深些、更圆满一些……

"两耳不闻窗外事，一心只读圣贤书。"这是中国的老百姓对莘莘学子的形象描绘。

同时，人们对理论研究工作者的普遍印象也是：戴着厚厚的眼镜，捧着厚厚的书本，演算繁杂的公式……似乎与人世间的烟火绝缘。

可颜鸣皋却不这样，他不但读圣贤书，还闻窗外事；他不但苦心钻研理论，还密切与实践相结合。因为他深深地知道，织构理论必须与实际应用相结合才能发挥理论的指导作用。这种思想一直贯穿颜鸣皋一生的科研生涯。

在这一节中，笔者要引领读者暂时离开一下美国纽约，对颜鸣皋这个方面的成果进行一下简单的梳理，使人们对他的这一思想有一个更深的认识。

颜鸣皋在早期刚开始织构理论研究时，就利用在切斯铜合金加工厂工作的机会，将织构形成与杂质和变形关系理论引入到实际应用中来。他通过深入研究磷（P）元素或其他杂质元素存在对铜的形变织构和再结晶织构形成关系，阐明了铜板材冲压变形时的铜织构类型变化与冲压"制耳"的高度及其分布规律的关系，为在生产中如何控制该类型晶体结构的金属板材冲压变形、如何控制"制耳"等塑性变形不均匀现象提供了指导作用。

同时，颜鸣皋还将织构控制理论实际应用在工业生产中。一般来讲，金属轧制变形量越大，形成的织构强度越大，对板料冲压和成形等产品加工带来的不利影响就越甚。所以，生产中一般采用限制变形量（如控制变形量在30%以下）等控制措施来降低织构的不利影响。他通过深入研究微量元素或其他杂质元素对形变织构的影响，以及通过不同退火处理来控制再结晶织构形成等关系，提出今后应进一步研究如何控制或消除由织构产生的力学性能各向异性，作为改进金属板料轧制过程的理论指导。

颜鸣皋很早就开始关注织构对加强材料性能方面的积极作用了。这一辩证思想为他后期在航空材料基础研究和应用研究方面提供了坚实的理论基础，取得了极大的效益。例如，矽钢片生产中就是利用晶体沿[001]方向具有最好透磁性这一性能各向异性关系，通过研究，在生产中通过工艺控制获得了具有(110)[001]织构的板材。此外，飞机螺旋桨零件也需要沿不同方向要求其强度和刚度不同，也是通过控制织构类型等实现的。受这些织构实际应用例子的启发，颜鸣皋在随即承担的航空材料研究中，针对高温合金定向凝固、叶片质量控制以及钛合金织构等方面，让织构的实际应用渗透到工业化生产中，做出了一定的贡献。

颜鸣皋更是十分关注织构理论在新型材料中的应用，这在他受美国国防部委托，从事在世界上崭露头角的新型材料钛合金平衡相图和加工织构研究，成为中国第一个从事钛合金基础研究的学者时就有了充分的体现。他首次提出了钛合金拉伸、压缩与轧制织构的晶格位向及其与性能关系的报告。这也为他后来回国负责创建新中国第一个航空用钛合金研究室奠定了基础。

当时，颜鸣皋对织构理论的研究在国外引发了一定的轰动，但他自己也没有想到，他在对几种常见晶系的金属晶体结构类型、织构成长机理、织构控制及其在生产过程中的应用等方面开展了大量的系统研究后，完成了一系列论文和专著，也在国内带来了长远的影响，也给今后织构研究者们提出了一系列新的研究课题和研究方向，如织构形成的动力学、形变带与织构的关系、合金元素对织构形成的影响关系、织构与材料性能的定量关系等。

东北大学梁志德教授回忆说，"我开始接触颜鸣皋先生的文章是在1972年，当时要去鞍钢钢研所测织构，在此之前也曾通过一些专业书籍对于织构有了一定的了解，但是对于织构如何测定，这些书上均没有详细的介绍。直到找到了颜先生于1963年发表于第一届全国X射线与电子显微技术的进展会议论文集上的文章——《金属织构的X射线衍射的测定》，文章系统地介绍了织构的测定方法，使我深受启发，从而走上织构研究的道路。"

梁志德教授进一步回忆说，"颜先生的另一篇发表于《物理学报》上的文章——《纯铜织构对晶界内耗峰的影响》（《物理学报》，1975，24（1）：51~62），……给我留下了很深刻的印象。当时就想，在那么困难的情况下，想尽一切办法，用自己所能掌握的手段，来研究和解决自己所在领域的问题，这真是学者风范。在20世纪五六十年代，由于国内国际形势，当时外国文献资料在国内很难找到，可以说，对于那时的国内学者来说，颜先生的文章是能够接触到的学习和了解织构为数不多的途径之一。"所以说，"颜先生是中国织构的先行者和激励者。说是先行者是因为他在国内尚未开展织构研究之前就进行了相关的研究，并且达到了相当高的水平。说是激励者是因为正是由于颜先生的工作，从而使后来的学者认识和了解织构，激励他们研究织构，从而发展了中国的织构学研究。"

思想之火，理论之薪，撞击点燃必成燎原之势，并在传承的过程中越烧越旺。

20世纪90年代以来，国内织构研究得到了大力发展，其中，最具有代表性的为东北大学梁志德教授领导的研究团队，该研究团队取得的成果在国内外引起了高度重视。自1990年第九次世界织构大会开始，以梁志德教授为代表的国内织构学者们就尝试申办在中国举行世界织构大会，希望通过举办这样一个国际会议，推动中国织构学的研究工作。终于在1993年第十届世界织构大会上第二次申请时，中国以一票的优势击败竞争对手，从而取得1996年第十一届世界织构大会（ICOTOM11，the 11th Inter. Conf. on Textures of Materials）的主办权。这次会议在西安举办得非常成功，与会外国专家超过70位。会议的成功举办也使得中国的织构研究得到国际上的了解和重视。

1996年第11届世界织构大会在西安开幕（左起东北大学梁志德教授、西北有色研究院周廉院士、中国有色金属学会褚有义教授）

在此之后，随着汽车工业的发展和磁性材料的应用等生产需求，促使了我国的织构研究获得了长足的发展。许多高校和科研院所，如北京科技大学、东北大学、北京钢铁研究总院等，对于织构的研究也更加深入，积累了许多的经验，取得了可观的成果。

异国他乡心系祖国

"黄河落天走东海，万里写入胸怀间。"

祖国是根，千里万里，赤子永念。

我们还是回到20世纪40年代的纽约，继续循着颜鸣皋的足迹前进吧。

颜鸣皋对事业的痴迷有口皆碑。可是，对事业的痴迷，并没影响他对祖国的关注。虽然远在异国他乡，但国内发生的许多重大事件及解放战争的形势发

特殊材料铸人生 ——记中国科学院院士颜鸣皋

展他都一清二楚,诸如淮海战役、北平和平解放、解放军横渡长江等。

颜鸣皋有一部收音机,这是他了解外界情况的重要工具。

柯道夫等几个同学都知道老师有这样的习惯:每天一起床,老师第一件事就是打开收音机,边洗漱,边听新闻;同样,晚上睡觉前他也是听着收音机进入梦乡;有时工作累了,或研究遇到难关,他也会打开收音机,听音乐,听新闻,松弛一下疲惫的身心。这种习惯一直陪伴他至今。

颜鸣皋到了纽约大学之后,经济上有了很大的好转,每月600美元的工资,再加上50美元的课时费。

领到第一个月的工资,他做出了他有生以来最大一笔的消费决定:买一部汽车当代步工具。

颜鸣皋买汽车可不是显摆富有,他知道自己并不富裕,纯粹是为了出行方便。因为当时芝加哥的留美进步同学正在发起组织"留美中国科学工作者协会",让他串联认识的进步同学参加。40年代末,在美国的中国留学生有5000余人,其中大多数是抗战胜利后公费或自费来美国读书的,大都具有比较强烈的爱国主义思想、关心国家前途,并对违背民意挑起内战的国民党政府丧失信心,许多有此共鸣者便走到了一起。

据说,"留美科协"与中共南方局有着密切的联系。"留美科协"的宗旨是:联络中国留美科技工作者致力科学建国工作,促进科学技术的合理运用,争取科学工作条件的改善及科学工作者生活的保障。总的目标是为争取团结更多的留学生回国,为发展中国科学技术而努力。

当然了,买汽车要买旧的。为此,颜鸣皋花了整整一个月的工资,用600美元买了一部黑色旧别克汽车。有了车,他就可以在工作之余,更加自由地与分散在各处的同学来往了。

1949年9月,"留美中国科学工作者协会"第一次代表大会在匹茨堡举行。颜鸣皋是活动的积极分子,作为组织者参加了这次大会。

会议通过了宣言——《我们的信念和行动》。

宣言发出了令人热血沸腾的号召:"我们认为中国人民的革命战争接近彻底

的胜利，新中国的全面建设即将开始。因此，每个科学工作者都有了更迫切的使命和真正为人民服务的机会；这是我们千载难逢的良机，也是我们这一代科学技术工作者无可旁推的责任。我们应该努力加紧学习，提早回国，参加建设新中国的行列。"

在这次大会上，颜鸣皋被推选为"留美科协"的监事，金属小组组长。

这从中也可以看出颜鸣皋当时在留美学生中的地位和影响。

此后不久，就传来了中华人民共和国在北京成立的喜讯。

闻此喜讯，颜鸣皋高兴万分，激动万分。他参加协会的活动更积极也更活跃了。

这是一个星期天。

颜鸣皋开车到了费城，和李恒德、刘叔仪、傅君诏等几个同学相聚，互相交流着所知道的国内情况。

这时不知谁提议，"咱索性把知道的情况写出来，印成传单或小册子，往外分发。"

大家商议的结果，认为"这个办法好。可以去送，还可邮寄，一传十，十传百，影响就扩大了。"

说干就干。

他们还给这个小册子起了个名字，叫做《留美通讯》，主要登载国内情况、国内来信和留学生动态等，并发动中国留美学生投稿，视情况定期或不定期地出版。

他们还进行了分工，傅君诏、刘叔仪、李恒德等几个同学负责刻蜡板、印刷，颜鸣皋负责对外和国内联系。

《留美通讯》出版之后，当即在留学生中间引起极大轰动。全美各地留学生纷纷来信索要，一时间供不应求。

读着同学们热情洋溢的来信，刘叔仪对颜鸣皋说：

"鸣皋啊，咱们'留美科协'应该发给你这部车子一个大勋章，它为我们发送《留美通讯》可出了大力啦。没有它，我们的杂志也就不会有这样的影响力。"

其他几个同学也纷纷赞同。

颜鸣皋听后非常高兴，笑说：

"买车就是为了方便办事，为集合同学们回国，参加祖国的全面建设，它出点力是应该的。一想到责任和使命，一想到祖国，就觉得有一股巨大的力量在推着我快跑，就觉得有许多事要干。"

是的，在这段时间里，颜鸣皋觉得浑身有使不完的劲儿。为了新中国，他在琢磨着还要干点什么？

这是一个宁静的夜晚，忙碌了一天的颜鸣皋躺在床上还难以入眠。

"为新中国干点什么？为新中国干点什么？……"这个念头反反复复在他脑海中翻卷。

突然，他灵光一现，猛地坐起身来，一个决定在心中形成。

颜鸣皋留美学的是金属专业，他又是"留美科协"的金属小组组长。于是，他决定发动组织留美的中国冶金工作者，共同翻译《金属物理引论》，为今后发展祖国的冶金事业准备条件。

在翻译过程中，首先要做好统一名词的工作。颜鸣皋他们发现，一些外国人的名字和冶金学名词如果音译过于烦琐和冗长，中国人不好读、不好记、不好懂、不好用。于是，他们就反复讨论，想方设法简化，使之适合中国的国情。

我国目前采用的一些金属组织名词，例如：奥氏体、贝氏体、马氏体、魏氏体等，就是当年他们共同讨论确定下来的。这些冶金名词也为我国20世纪50年代出版第一部《冶金学名词》，打下了一定的基础。

1950年初，颜鸣皋被美国"兰普达-依普西隆"化工学会推选为该会荣誉会员。这是他在荣获"希格玛-塞"科学学会荣誉会员之后，一年之内获得的第二个荣誉。

颜鸣皋成为当时中国留美学生中第一个连续获得两个荣誉会员称号的学者。人们对这位还不满30岁的年轻人给予了更多的关注和期望，学术界的一颗新星正在冉冉升起……

威逼利诱，撼不动归国心

"茫茫晓雾初开，皓皓旭日东升。"

新中国的诞生，极大地振奋了颜鸣皋和他的同学们，给他们带来了希望和光明。

那个时期，颜鸣皋精力充沛，以极大的热情投入到科学研究和"留美科协"的工作中。

可是，颜鸣皋万万没有想到，他已经被当时的美国政府和联邦调查局注意上了。他在学术上的成果太引人注目了，他在留学生中间也太活跃了，他太单纯也太没经验了……

实事求是地讲，在1950年之前，美国政府对中国留学生还不那么在意，进行一些政治活动还睁一只眼，闭一只眼。可是，随着新中国的诞生，特别是1950年6月朝鲜战争爆发，中华人民共和国坚决支持朝鲜民主主义人民共和国，并派出中国人民志愿军入朝，与朝鲜人民军并肩作战，共同抗击美帝国主义的侵略。此后，美国政府对中国的进步留学生态度上有了很大转变，甚至公开地仇视并加以迫害。

1950年7月的一天，颜鸣皋兴致勃勃地从外面参加活动后回到实验室。

尼尔森教授似乎正在等他，见面就担忧地对他说：

"颜先生，你回来了。有些话我要对你说，有些事我要提醒你。你的工作很出色，学校和研究部都很满意。只是有些人对你的思想倾向和参加活动感到不舒服了。你要注意了。"

特殊材料铸人生 ——记中国科学院院士颜鸣皋

"这关他们什么事？美国不是最讲自由的国度吗？我又不违犯美国法律，他管得着吗？"对尼尔森教授善意的提醒，颜鸣皋似乎还有点不解。

"颜先生，你太纯真了。你可能还不知道，威斯康星州的参议员约瑟夫·麦卡锡先生最近很活跃，抛出了一个什么法案，要对同情红色中国的人进行清洗。你一定要小心，不要让他们给你戴上一顶红帽子。"

颜鸣皋还有点不太相信，就说道：

"不会吧？我们不是美国人啊，难道他们对我们这些留学生也不放过？"

"这些人什么事都能干得出来。你还是避避风头，特别是最近，不要出去。"

尼尔森先生说得如此明确，颜鸣皋不得不重视。他认真地思索着，不知过了多长时间，他长叹一口气说：

"唉……谢谢您，尼尔森先生。既然这样，我还是早一点儿回国好。"

"什么，你要回国？"尼尔森先生有点惊讶。

颜鸣皋郑重地点头说：

"是的，尼尔森先生，我要回国。本来我还想再待两年，把这期的学生带毕业，把手中的研究课题结束，可是我的祖国更需要我，我必须回去。再说，现在美国的气氛也不适宜我再留在这里。"

"颜先生，事情还没有你想象的那么糟，你就不能不回去吗？你回去后，可没有这么好的条件，许多东西要从头开始，你可要想清楚啊。"尼尔森先生有些不舍，竭力在挽留他。

"这些我都知道。我的祖国一穷二白，更需要我们这些人回去。报效祖国，是一个知识分子的良心和责任。尼尔森先生，再次谢谢您这一年来对我的信任和支持，也请您能理解我。"

尼尔森先生看颜鸣皋心意已决，就没再说话，默默地点了点头。

颜鸣皋当即预定了1950年10月上旬回国的船票。

从这一天开始，颜鸣皋就掰着指头数日子，就着手做归国的准备，资料该装箱的装箱，东西该送人的送人，未完的事情该交代的交代。

第四章 国外深造，织构理论研究的先驱者

9月底的一天，颜鸣皋又送走了一轮又圆又大、火一样红的夕阳。

吃过晚饭，他又来到研究室，精心擦拭着一台台仪器。

夜已深沉，他还不舍得离开。

"咚咚！"外面传来砸门声。

颜鸣皋心想：这个时候还有谁来？还这么没教养。他走过去开开门。

两个彪形大汉闯进来，其中一个问道：

"你是颜鸣皋吗？"

颜鸣皋点点头说：

"我是颜鸣皋。你们找我干什么？"

"你跟我们走一趟。"此人的态度和语气非常凶。

颜鸣皋一听心里就明白了，这是美国联邦调查局的人，尼尔森先生提醒自己的事，还是发生了。他的脑子飞快地转动着，思索着对策，首先想到的是告知尼尔森先生，"跟你们走可以，我得给研究部主任尼尔森先生通报一下。"他一边说，一边往放着电话机的桌子旁走。

两个大汉不让颜鸣皋拿电话，冲了上来，不由分说就架着他往外走。

颜鸣皋一边挣扎，一边大声抗议：

"法西斯，法西斯！你们这是非法绑架，我抗议！"

颜鸣皋十分瘦弱，怎奈两个大汉凶猛狠毒，硬拖着被塞进了一辆停在门外的汽车里，绝尘而去。

颜鸣皋被捕了，罪名是"非法留居"，被押送到纽约附近的埃利斯岛。这是美国政府当时对待中国留学生的一种伎俩，每年申请签证时，被扣住不批，这样他们可以随时宣布你为"非法留居"，予以处置。

埃利斯岛是专门关押外国偷渡者的拘留所，也被称为"蛇窟"。

颜鸣皋是第一个被关进"蛇窟"的中国留学生。

第二天，天刚放亮，狱警就把颜鸣皋带出牢房审讯。

没等提审官发问，颜鸣皋就愤怒地吼道：

"我抗议！你们这是迫害！我是一名研究金属的学者，你们凭什么关押我？

特殊材料铸人生——记中国科学院院士颜鸣皋

这就是美国的自由平等？这就是美国的民主？"

提审官被质问得脸红一阵白一阵，但还是按照自己的思维逻辑问道：

"你和赤色分子有什么联系？为什么现在要回共产党中国？"

颜鸣皋义正词严地回答：

"我和共产党没有联系，我回国是为了和家人团聚。"

"你可以接家人来美国团聚，为什么非要回大陆不可？肯定另有什么目的。"

"先生，我再次告诉你一遍，我回国的目的只有一个，就是和亲人团聚。"

"你现在只要声明不回大陆，马上就可以放你出去。"

"你们这是非法关押，我向你们提出强烈抗议！必须向我道歉，把我放出去。"

硬的不行来软的。提审官放缓了语调说：

"年轻人，不要激动。这里的科研条件这么好，生活条件也这么优裕，美国政府对你这么信任，国防部把这么重要的科研任务都交给了你，为什么非要回去不可呢？你只要答应不回去，美国政府会加大对你科研工作的支持力度，提高你的生活待遇，还会想办法把你家眷接过来。"

面对利诱，颜鸣皋毫不动摇，回答的还是那句话：

"我要回去，我要回中国大陆团聚。那里是我的祖国，是生我养我的土地，有我的亲人。"

第一次审讯就这样不了了之。

为了抗议美国政府的非法关押，颜鸣皋准备进行绝食斗争，并要求和纽约大学工学院研究部主任尼尔森教授通电话。

尼尔森先生正焦急万分地四处寻找颜鸣皋。

颜鸣皋把情况给他一通报，他立即上报校方和发动友人与联邦调查局和移民局联系，要求立即释放颜鸣皋。

联邦调查局终于答应释放颜鸣皋，但必须交纳2000美元的交保押金。这款项当时是个大数目，相当于一辆新车的价格。

在美国友人和同学的帮助下，颜鸣皋凑齐了押金，被放出了"蛇窟"。

颜鸣皋回归祖国的坚定信念丝毫没有动摇。他走出关押地的第一件事，就是到轮船公司打听船期，问自己还能不能按照预订的船票出发。那时，每一个月只有一条船从旧金山到香港，错过了就又要等一个月。

轮船公司的人告诉他，他们接到通知，说颜鸣皋本人不愿回国，已自动取消了订票。

颜鸣皋气愤得全身发抖。他知道这是美国联邦调查局的伎俩，为他归国设置障碍。要想在近期回国已是不可能了，他要状告美国政府对他的迫害。只有打赢这场官司，他才能顺利成行。

颜鸣皋以 300 美元的价格，贱卖了自己的汽车，筹措打官司的费用。

颜鸣皋聘请了律师，一纸诉状递到了法院。

可是，法院接到诉状后，却以各种理由拖着不开庭。

颜鸣皋就天天到法院去催。

开庭了，半个多月后终于开庭了。

法官的问话却让颜鸣皋啼笑皆非，本来是颜鸣皋起诉联邦调查局对他非法关押，可法官们却问的是"你为什么回大陆啊？""你回大陆后的工资是多少？""你回大陆后的收入和在美国相比差距很大，可以接家眷来美国呀，为什么非要回去不可呢？"等。

颜鸣皋不卑不亢地回答着，始终说"我回国是为了和家人团聚，美国政府扣押我是非法的！"

案子一直拖到 1951 年 2 月才再次开庭。

又是老一套的询问，颜鸣皋和律师一遍遍据理力争。

最后，法官实在找不出理由，只得判决颜鸣皋胜诉。但是，判决书还留了一个小尾巴，要求颜鸣皋必须找到 10 位美国公民，签字保证颜鸣皋对美利坚合众国是友好的，不会损害美国利益，方能被允许离开。

对这样的宣判，颜鸣皋就不和他们多计较了，只要同意他回国就行。

于是，颜鸣皋就立即行动起来，马不停蹄地到纽约大学找到尼尔森教授等友人，到切斯铜合金加工厂找到要好的工人、同事以及大学的同学们，把 10 人的签名和 10 份保证书交了上去。

也就是在这个月,颜鸣皋和 100 多名爱国同学及侨胞,终于乘上了回归祖国的轮船"克里佛兰"总统号。

"克里佛兰"总统号在海上漂泊共 26 天,经檀香山、横滨,过台湾海峡,驶抵香港。

颜鸣皋归心似箭,在看到祖国海岸线那一刻,他从心中向着祖国欢呼:伟大的新中国,您的儿子回来了!您的儿子终于回来了!

第五章　归来哟，与祖国共奋进

春风入怀催征人

"江汉春风起，冰霜昨夜除。""一夜好风吹，新花一万枝。"这是两句唐诗，恰如其分地描绘出了颜鸣皋跨下"克里佛兰"总统号，迈上小火轮时的欣喜心情。

"伟大的新中国，您的儿子回来了！您的儿子终于回来了！"

为了欢迎这些回归的游子，祖国派出了专人专船到香港迎接。

1951年3月，广州。春光明媚，繁花似锦。

颜鸣皋一踏上祖国的土地，就沉浸在欢乐的海洋里。

"欢迎！欢迎！热烈欢迎！……"欢迎的仪式热烈又隆重。

颜鸣皋接过人们献上的鲜花，激动地回应着祖国亲人的问候。

突然，在迎接的人群中，他看到了一张熟稔的笑脸，听到了一声亲切的呼唤：

"鸣皋！"

"啊！"是岳父倪赓才接他来了。他扑上前去，紧紧握住了老人家的双手。

"孩子，你终于回来了，回来了！"倪赓才热泪盈眶。

"回来了，回来了！再也不走了。"

"好，好，好！不走了，不走了。"

广东省、广州市政府给予了他们盛情接待。

《光明日报》、《南方日报》等媒体发布了颜鸣皋等留学生归国的消息。

同时，颜鸣皋还接到了全国科联、政协邀请他前去作归国报告的邀请信。

倪赓才望着应接不暇的女婿，心疼地说：

"孩子，你是真忙啊。"

颜鸣皋虽然也感到繁忙，但内心却有难以用语言形容的愉快，更为自己能够冲破层层阻挠返回祖国感到庆幸，他说：

"我是忙，可忙得高兴啊。"

"高兴，高兴，可是你再忙，也得跟我先回趟家，和家里人见个面。这些年家里人盼啊。"

颜鸣皋笑呵呵地说：

"好，回去，回去，到北京也顺路，咱们先回去。"

颜鸣皋回到了阔别十余年的武汉，见到了分别十余年的父母和兄弟姐妹，与苦苦等待他又一个五年多的妻子倪莹相聚。

这天，倪颜两家比过年还热闹。

父亲颜余庆一直沉浸在喜悦中。他笑着问儿子：

"鸣皋，人家都说，留洋回来，是衣锦还乡，可你怎么只带回来几箱子书和几套旧西服啊？"

颜鸣皋笑答：

"爸，我回来就是准备和大家在一个水准上生活。您可知道，这几箱书对国家建设很有用，它胜过衣锦还乡！"

父亲颜余庆满意地点点头说：

"对，鸣皋有远见，合我心意，俗话说家有万贯，不如薄技在身。现在国家解放了，需要各方面的人才，今后，你要跟着共产党，为国家多出力啊。"

这里，笔者要插叙几句："跟着共产党"，并不是颜余庆这位老人的跟形势之说，而的的确确是他的肺腑之言，并付诸了行动。1949年4月21日，中国人民解放军发起渡江战役，时任武汉列车段汉口江岸调度室主任的颜余庆，坚决执行解放军渡江指挥部的命令，调度车辆，为我军胜利渡江南下、推翻腐朽的蒋家王朝做出了贡献。

岳父倪赓才也接话说：

"是啊,孩子学会了本事,比有多少钱都好。现在解放了,全中国人民都扬眉吐气,真正是翻身当主人了。当了主人就要尽心尽力地为建设国家做贡献。孩子,你是赶到好时候了。你就放开身手干吧。"

听着两位老人的谈话,颜鸣皋热血沸腾,眼前展现出无比灿烂的前景。他暗下决心,一定不辜负老人的期望,马上投身到这如火如荼的新中国大建设中。

为庆贺父亲70寿辰与家人合影

在武汉没停两天,颜鸣皋就带着妻子倪莹来到了新中国的首都北京,住在西单附近的旧刑部街上的留学生招待所。

18年前,颜鸣皋曾来这里求学,用心用眼用亲身体验,阅览了旧中国任人宰割的屈辱史。现在,这座世界闻名的文化古城,随着祖国的解放,随着新中国的成立,走上了新生的道路,到处生机勃勃,正发生着日新月异的变化。

颜鸣皋夫妇刚住下,许多老朋友、老同学纷纷前来探望。

先期回国的"留美科协"的老朋友丁儆和傅君诏来了,一见到颜鸣皋就问:你准备到哪里去工作?

颜鸣皋毫不犹豫地回答:

"哪里都行,干什么都行,我听从国家的安排。"

丁儆听到此言,马上就说:

"这就好,鸣皋,我先给你定下了,你就到我们华北大学工学院(现北京理工大学），为国家培养人才。怎么样？"

颜鸣皋爽快地答应着：

"行啊。正好咱们两个还可以在一起。"

"你可不能反悔。我这就回去向校领导汇报，马上给你送聘书来。"丁儆起身就要走。

傅君诏在一旁打趣道：

"那也不至于这么着急吧？话没说两句，你拍屁股就走。"

这时颜鸣皋也挽留道：

"老弟，就多坐一会儿，我答应过的事就绝对没问题。"

丁儆摆摆手说：

"不坐啦，不坐啦。你们还不了解我，我从来都是一个行动主义者，办完事，咱们好好聊。再说啦，从今以后咱们是同事了，有的是时间在一起。"

这里简单介绍一下这位丁儆先生。他1948年赴美国留学，攻读化学工程。1949年，他和葛庭燧、侯祥麟等一同发起组织"留美中国科学工作者协会"，在代表大会上被推选为协会主席。前面说过，颜鸣皋作为其中的积极分子，在成立大会上被推选为协会监事、金属小组组长。新中国成立以后，丁儆积极组织留美科协活动，响应祖国号召，推动留美同学回国。他自己也毅然中断学业，于1950年9月回到北京，应聘在华北大学工学院任副教授。

那时候办事真是雷厉风行，当天，丁儆就送来了华北大学工学院的聘书，聘任他为该校冶金系的教授。

颜鸣皋第二天就到华北大学工学院报了到，并将家安排在学校宿舍——钱粮胡同12号。

此后不久，在一次全国科联会议上，颜鸣皋有幸遇到了中国科学院副院长吴有训先生。

吴有训先生是江西高安人，杰出的物理学家、教育家，中国近代物理研究最杰出的奠基人之一。1920年，在南京高等师范学校毕业，1922年入美国芝加哥大学就读，1925年获博士学位。回国后先后担任清华大学教授和系主任、理学院院长；西南联合大学理学院院长；清华大学金属研究所所长；中央大学校长等职，两度当选为中国物理学会会长。中华人民共和国成立后，吴有训出任华东军政委员会委员，兼教育部长，同时担任上海交通大学校务委员会主任。1950年，赴北京任中国科学院近代物理研究所所长。同年12月，中央人民政府任命吴有训为中国科学院副院长。

说起来，吴有训和颜鸣皋还是师生关系。虽说吴有训1945年到国立中央大学任校长时，颜鸣皋已经毕业赴美国留学了，但毕竟是母校的最高领导人。

师生二人在交谈中，颜鸣皋向老校长汇报了他在美国的情况和研究的方向。

吴有训副院长听后非常高兴，当时就问：

"你是否能到中国科学院来工作啊？"

颜鸣皋对老师的盛情相邀非常感谢。他告诉老师：

"我已经到华北大学工学院报到了，并且没几天，现在离开不合适。"

吴有训副院长听后没再强求，亲切地对他说：

"行，你就先在华北大学。这样吧，我们想在东北建立一个金属研究所，希望你先跟我们到东北考察一圈，看建在哪个地方合适。"

颜鸣皋表示：

"行。随时听从老师的召唤。"

三个月后，颜鸣皋跟着吴有训副院长前往东北考察。同行还有恽子强、张培霖等一行5人。

在短短十几天里，他们去了沈阳、长春、哈尔滨、大连、鞍山、本溪等地。

金属研究所建在什么地方？当时他们考虑了好几个方案，长春、哈尔滨、大连……这些地方都有钢厂，建在哪里都有利有弊。最后，他们觉得还是建在沈阳较为合适，因为沈阳处在中心位置，离鞍钢又比较近。

这次到东北考察，对颜鸣皋来说，大有收益。东北是我国的重工业基地，近代工业的摇篮。通过考察，使他有机会较为全面和近距离地了解了我国工业的发展情况，对我国工业建设与先进国家的差距有了底，更加深刻地感受到发展民族工业任重道远，也进一步增强了打牢国家根基的紧迫感和责任感。

从东北回来之后，颜鸣皋的心情非常复杂，既兴奋和自豪，又焦灼和躁动。他深知：要想加快我国工业建设的步伐，基础的基础是人才培养，唯有有了强大的人才队伍，才能建设工业强国。因此，他决心在教学这个岗位上，为祖国培养更多更好的栋梁之材，不负祖国的殷切期望，不负这个伟大的时代。

从前有首歌唱祖国的老歌，其中有句歌词为"祖国建设跨骏马"。颜鸣皋从踏上祖国的土地那一天起，就犹如听到催征的战鼓，他也要快马加鞭奋勇前进……

春风化雨育桃李

春阳。春风。春雨。花红。柳绿。水碧。春意在1951年的古老京城弥漫。

华北大学工学院里，树绿花艳春色满院。颜鸣皋的心中也同样春意盎然。他报到之后，任冶金系教授，立即投入到繁忙的教学工作之中。

华北大学工学院为了使他更安心教学工作，同时也为倪莹安排了工作，让她到财务科当会计。

说起华北大学工学院的历史，颇为复杂曲折：

她的诞生地在革命圣地延安，当时的名字叫延安自然科学研究院。那是在1939年，为促进陕甘宁边区工业生产和保证抗战胜利，中共中央决定创办的。

1940年春改名为延安自然科学院。

1943年并入延安大学。

1946年1月，延安自然科学院改名为晋察冀边区工业学校，辗转华北办学。

1946年4月，根据形势发展的需要，北方大学工学院在晋冀鲁豫边区成立。

1948年10月，晋察冀边区工业学校与北方大学工学院合并，成立华北大学工学院，培养具备新的技能和本领、善于管理的工业干部和技术人才。

1949年8月，华北大学工学院迁入北京，划归中央人民政府重工业部领导，为重工业建设和发展服务，培养具有理论联系实际、掌握现代科学技术成就、全心全意为人民服务的高级工程干部。

1950年9月，华北人民政府教育部决定将中法大学校本部及数理化三个系合并到华北大学工学院。中法大学建于1920年，是我国建立较早的著名大学，它的加入大大加强了学校的力量。

1951年11月18日，中央人民政府教育部将华北大学工学院改名为北京工业学院，自1952年1月1日启用新校名。

这个校名一直沿用到1988年4月2日，为适应学校由单一工科院校向以工为主，理、工、管、文相结合的综合性大学转变的需要，北京工业学院更名为北京理工大学。

1952年12月30日，是一个阳光灿烂的日子。

颜鸣皋也是一脸的阳光灿烂，在这个马上要过新年的日子里，他的第一个孩子出生了，是个儿子。

这一年颜鸣皋已经32岁，这个年纪才体会到做父亲的滋味，在那时是有点晚了。幸福来得越晚，成色越重。望着襁褓中的儿子，他像是自言自语，又像是对妻子说：

"这小子有福气啊，一生下来就赶上了好时候，到处都是阳光雨露，叫个什么名字好呢？"

倪莹也是满脸幸福，望着高兴得合不拢嘴的丈夫说：

"你学问大，就给孩子起个有学问的名字。"

"不，不，"颜鸣皋摆摆手说，"要起就起个跟形势的。"

"现在跟啥形势？"

"抗美援朝！志愿军将士正在前方浴血奋战，抗击美帝国主义的侵略。咱们的儿子虽然赶不上了，但他长大后要是一名战士，当祖国需要的时候，要像战士那样冲在前面。所以，名字里要有一个士字。"颜鸣皋锁着眉头顺着自己的思路往下说，"前方在打仗，后方搞建设。我国要开始第一个五年计划，建设新中国，靠我们更要靠他们啊。"

倪莹从颜鸣皋的话语中听出了玄机，脱口说道：

"士建，士建，孩子叫颜士建！"

"对，就叫颜士建。"颜鸣皋伸出手轻轻地摩挲着儿子娇嫩的脸蛋儿，一种前所未有的感觉如触电一般通过孩子的皮肤传递到他的内心深处。他的声音有些发颤，"士建，小士建，我的儿子，快点长大，建设咱们的新中国。"

一说起建设新中国，颜鸣皋就激动，他觉得他就是为此生，为此活，为此奋斗拼搏，这是他生命的全部意义，一切的一切……

1953年，全国高等院校进行院系调整。

北京工业学院被调整为国防军工专业院校，下设用数字代替的火炮、弹药、化学、坦克等系，为国防建设培养常规武器人才。

颜鸣皋被调到第二机械系，即弹药系，任教授兼系主任。

教学方向的变化，任务的变迁，颜鸣皋深深感到自己肩上的责任更重了。他知道，建设新中国，必须要有一个强大的国防。强大的国防需要大批的人才，而这些人才的培养，主要靠的是我国自己。为了培养国防科技人才，他愿意废寝忘食贡献自己的全部力量。

请各位读者留意，这不是笔者故意拔高，也不是颜鸣皋挂在嘴上的口号，而是他实实在在的行动，最起码的觉悟。

在那个年月，人们的心是火热的，思想是单纯的，所焕发出的热情和干劲也是史无前例的。只要是党的号召，建设新中国的需要，人们就会拼上命又快又好地完成。

颜鸣皋回国后不久，就受聘担任全国科学工作者联合会（全国科联）秘书处处长。

1954年，参加筹建中国金属学会工作，任副秘书长、常务理事、材料科学学会理事长等。

从1955年起，颜鸣皋又兼任了中国科学院应用物理研究所研究员，同时指导两名进修生继续开展铜、铝合金织构研究。他不仅从事繁忙的教学、科研和人才培养工作。在此期间，他还先后在《物理学报》、《金属学报》等学术性报刊上发表了多篇论文，对金属薄板轧制和磁性材料的生产具有理论指导作用。

1954年，妻子倪莹又为颜鸣皋生了个女儿。因为家住在颐和园附近，起名叫颜颐君。

时间是有限的，精力是有限的，可颜鸣皋却游刃有余地安排好各项工作，并取得了教学和研究的双丰收。

颜鸣皋自己都觉得惊奇，那个时候精力不知为何那样充沛，干劲不知为何那样大。

归纳来归纳去，颜鸣皋解释说：

"在那个火红的年代，除了年轻力壮之外，还有就是心情是舒畅的，工作是快乐的，再忙再累也感觉不到，有一种饱满的精气神，始终往上提着劲。现在的人们不要怀疑，精神的力量确实是巨大的。有了这种精神，人是可以创造奇迹的。所以，在新中国刚刚诞生的那些年里，我们祖国的变化和发展在人类历史上也是罕见的。"

颜鸣皋说此段话时，神情充满着幸福、自豪与向往，令我们这些后来人十分地仰慕。

颜鸣皋的严谨治学态度，勤恳扎实的良好作风，诲人不倦的育才精神，以及丰硕的科研成果，赢得了同事和学生们的信任和尊敬。

当年在他手下工作过的年轻教师和他教过的学生，现如今绝大多数已成长为教授、副教授、高级工程师等，有的还肩负着重要领导工作。

终生的激励

1956年1月14日。

中南海怀仁堂。

特殊材料铸人生 ——记中国科学院院士颜鸣皋

中共中央专门召开了关于知识分子问题的会议,充分反映了党对知识分子的重视。

会上,周恩来总理代表党中央做了《关于知识分子问题的报告》。

聆听着周总理亲切的话语,颜鸣皋感到无比的亲切和温暖。他深深地认识到作为一名革命知识分子的光荣和自豪,认识到自己肩上的责任重大。同时,他暗下决心,一定不辜负党和周总理的期望,尽快完成世界观的改造……

在革命战争时期,人民的领袖毛泽东主席曾发表这样的真知灼见,"没有知识分子的参加,革命的胜利是不可能的。"

在经济建设时期,毛主席更加重视知识分子的作用,在这次会议的闭幕式上,他敞开战略家的胸怀发表讲话,当谈及"技术革命"时,他热情洋溢而又语重心长地说:

"现在叫技术革命,文化革命,革愚蠢无知的命,没有知识分子是不行的,单靠大老粗是不行的。中国应该有大批的知识分子。"

党中央和毛主席发出了"向科学进军"的伟大号召。

2月14日,中央政治局会议通过了《中共中央关于知识分子的指示》。

根据这个会议和指示精神,中央决定成立国家科学规划委员会。在周恩来总理和科学规划委员会负责人陈毅、李富春、聂荣臻的组织领导下,集中数百名科学家,编制中国历史上第一部科学技术发展规划——《1956—1967年国家科学技术发展远景规划纲要》。

这年3月,又是一个春回大地的日子,颜鸣皋接到通知,学院领导要找他谈话。

"谈什么呢?是谈教学工作?还是领导对我的工作又有了新的安排和新的要求?……"在前往院领导办公室的路上,颜鸣皋边走边想,直到进了院领导的门他还在琢磨着。

没想到,院领导见了他第一句话就是,"颜先生,告诉你一个好消息。"

"什么好消息?"颜鸣皋愣了一下,问道。

院领导开门见山:

"党中央要制定我国12年科学技术发展规划，组织上决定让你参加这项工作。"

颜鸣皋有点喜出望外，急切地问：

"真的吗？"

"这还能有假吗。你回去把系里的工作交待一下，马上去报到。"

"好。"颜鸣皋神情庄重地答应着，心中翻滚着激动的浪花，感到无比的幸福和自豪。他心中暗想：这是党和祖国多么大的信任啊。古人云："士为知己者死。"我就是献出这条命，也决不能辜负这山一样的重托。

几天后，颜鸣皋就去报了到，马上全身心地投入到规划的编制工作中。

12年科学技术发展规划，规定了我国在未来建设中572项重点科学技术任务，其中有72个重点攻关项目。

颜鸣皋倡议的开展钛合金研究被列入了规划，是重点中的重点，是72项之一。这为我国钛合金的研究和发展开辟了一条康庄大道。从此以后，中国开始了对这种重要的结构材料的探索和运用。

6月14日，参加编制我国12年科学技术发展规划的科学家们，汇集在中南海怀仁堂会议厅。

辉煌的灯光，辉映着一张张笑脸。

颜鸣皋期盼着，期盼着幸福时刻的到来。

来了，伟大领袖毛主席来了！

来了，刘少奇、朱德、周恩来，以及邓小平、陈云、林伯渠、聂荣臻等党和国家领导人来了！

掌声和欢呼声顿时在会议厅里回荡，这是中国知识分子在为祖国的科学未来而鼓掌，这是中国知识分子发自内心的欢呼。

党和国家领导人与科学家们合影留念，那一刻，颜鸣皋的腰挺得特别直；那一刻，颜鸣皋真正体味到了主人翁的感觉……

几十年后，颜鸣皋在一篇回忆文章中写道：

特殊材料铸人生——记中国科学院院士颜鸣皋

1956年6月14日,中共中央领导人接见参加拟制全国长期科学规划工作的科学家(最上排右八为颜鸣皋)

"我把这张具有历史意义的照片一直悬挂在家中。它成为激励我为祖国科学事业献身的最大动力。"

这动力是不竭的动力,激励他为祖国的科学事业奋斗一生;这动力是巨大的精神力量,成为他在科研道路上不懈奋斗、创造辉煌的强大精神引擎。

筹建中国航空钛合金实验室

向科学进军!

颜鸣皋进军的首选目标当然是钛合金研究了,可是,当时他的主要任务是教学,条件不具备。

他只好把这个意愿悄悄地藏在心底,为实现自己的梦想随时准备着。

没想到，这一天却很快悄悄降临了。

那是1956年10月的一天，颜鸣皋接到一个电话，电话中传来一个洪亮的声音：

"颜教授，您好！我是第二机械工业部北京航空材料研究所所长魏祖冶。"

"魏所长好，你找我有什么事？"

"我们北京航空材料研究所是专门从事航空材料研究的机构。钛合金是重要的新型航空材料，开展钛合金研究是我们所的重点工作之一。我们准备成立一个航空钛合金实验室，可是谁来挂帅呢？没有合适的人选。我们多方打听，知道您在美国曾研究过钛合金，部领导考虑您是最恰当的人选，因此我们想邀请您来参加筹建钛合金研究室和领导钛合金研究工作。"

颜鸣皋一听喜出望外，忙说：

"那好啊，就怕教学工作离不开。"

"这些部领导都考虑了，只要您同意就行。"

"我服从组织安排，没什么意见。"

"那好，如果您现在有时间，我陪您去见一下部领导。"

颜鸣皋和魏祖冶一起来到了第二机械工业部。

在这里笔者先要介绍一下当时我国航空材料研究的现状及成立北京航空材料研究所的背景：

中国人民解放军节节胜利的步伐催生了人民共和国的成立。但是，在1949年之前，这支军队还是单一军种。1949年4月23日，人民海军成立；1949年11月11日，共和国成立一个多月后，人民空军诞生。此后不久，朝鲜战争爆发，我空军就投身到抗美援朝的伟大斗争中。

1950年5月，中共中央根据当时的战争形势，颁发了《关于航空工业建设问题的指示》，要求原有工厂恢复修理工作，并提出试制计划，改造工厂，以充实装备，同时还提出了"组织建设航空工业研究院"的任务。

1951年4月26日，国家正式成立了航空工业管理局，隶属重工业部。周恩来总理深知当时我国的航空工业基础薄弱，在此间的一次会议上，他急切地这

特殊材料铸人生——记中国科学院院士颜鸣皋

样说,"目前,我们甚至连绣花针和自行车都不能生产,但却必须先要学会制造飞机。"是的,必须先要学会制造飞机,这是抗美援朝的需要,但是,他没有脱离我国的实际,对航空工业提出了"先维护,后制造"的正确方针。航空工业全系统职工遵照周总理的指示,开始了艰苦卓绝的创业阶段。

到了1953年,我国的第一个5年计划开始实行。这时,航空工业的主要任务也开始由维修转向了制造。但是,在这个转型过程中,由于我们没有自己的设计及研究机构,没有自己的材料标准,所以在研制国产飞机时,不敢用国产材料,就连布带、油漆、棉布这些极普通的材料也要从苏联进口。在航空界,曾经广泛流传这样一个"冷笑话":有一次,我方与苏方进行订货谈判,苏方人员看了看我们的订货单,非常不解地问:"阿立夫油?你们要订购阿立夫油?苏联的阿立夫油就是从你们中国进口的桐油,难道你们还要向我们来订货吗?"面对苏方人员的疑问,我方人员非常尴尬。从中我们可以看出,一个国家,没有自己的航空科研机构,没有自己的航空材料标准,航空工业的命运只能掌握在别人的手中,自己国家的机场跑道上也难以腾飞起国产飞机。

前面说过,颜鸣皋参加12年科学技术发展规划编制时,曾经倡议开展钛合金研究,并被列入了规划,是重点中的重点,是72项之一。1956年4月7日,中苏两国政府签订了《关于苏联援华的补充协议书》,将帮助中国建立北京航空材料研究所列为苏联援建的156个项目之一。

要有自己的航空科研机构,要有自己的材料标准,是中国航空人最大心愿!

几个月后,第二机械工业部航空工业局北京航空材料研究所(现更名为中航工业北京航空材料研究院)应运而生,于1956年5月26日在东皇城根下的北京工业学院(旧址)礼堂宣告成立。此所的主要任务是面向航空进行综合性材料研究。成立没多长时间,所址就确定迁至北京西北郊的冷泉村,原第二机械工业部第四研究所所在地。

当时的冷泉村可是真正的穷乡僻野,十分荒凉,除一片庄稼地外,到处是乱坟岗和荆棘丛生、杂草横长的荒丘坡地,离处于西郊的颐和园尚有十余公里,交通十分不便。刚建所时,工作和生活条件都极为艰苦,不少职工住在冷泉村民舍里。夜深人静时，还能听到附近山上的狼嚎狐叫。

也是在北京航空材料研究所成立没几个月后，魏祖冶所长给颜鸣皋打了这个电话，从而促成也成就了他与航空材料结伴的精彩人生。

颜鸣皋随同魏祖冶所长到了第二机械工业部后，部长助理钱志道会见了他们。

钱志道开门见山，对颜鸣皋说：

"颜鸣皋同志，你亲自参与的我国12年规划把钛合金研究列为重点项目，钛合金材料对我国的航空事业是何等的重要，你也明白，我就不多说了。部领导考虑到你在国外就研究过钛合金，并有了很大的突破，想调你来担起咱们新中国这项研究的重担。"

颜鸣皋当即表示：

"我服从工作需要，一定不会辜负领导的期望。只是，这需要和学校协商。"

"这你放心，部领导已和教育部打了招呼。你现在是暂时借调，我们考虑你和第四研究所的周伦歧同志进行对调。你是弹药系，他是兵工专家，正好对口，各得其所。"

颜鸣皋点点头说：

"行。我什么时候报到？"

"当然是越快越好了，鸣皋同志，我们都等着你的好消息，给党中央、毛主席报喜啊！"

颜鸣皋闻听此言，热血沸腾，可一时又无法找出合适的语言表达决心，只是紧握着钱志道的手摇了摇，就告辞了。

回到家，颜鸣皋把这事告诉了妻子倪莹。

倪莹听后没有马上表态。

颜鸣皋猜想她一定不太乐意。结婚十几年，在一起的时间不长，现在刚刚安稳了，又要分开，虽说不远，但毕竟不方便。况且，他们还有了两个孩子，在生女儿时，妻子的老毛病又犯了，咳得很厉害。在一个单位工作，还能互相有个照应。这一调出去,自己更顾不得家了,生活的重担都压在了妻子一个人身上,她有点想不通,是理所当然的。

谁知,倪莹思谋了一阵后,慢悠悠地说:

"你去吧,听组织的。这也正好对你的心思,对你的专业。"

这让颜鸣皋大感意外,十分地感动。

很快,颜鸣皋就到北京航空材料研究所报了到,立即投身到筹建我国航空钛合金实验室的工作之中。虽然是借调,但他一点临时观念都没有,带来了行李,和大家一样住进了北京西北郊的冷泉村。

报到时,魏祖冶所长非常不好意思地对他说:

"颜先生,这里的生活条件非常艰苦。你可要有思想准备啊。"

颜鸣皋挥挥手说:

"我知道。你不用担心,我来这里是工作的,不是来享福的。这里远离城市,正好安心搞科研。"

"可是工作条件也很差,咱们什么都没有,真正是白手起家。"

颜鸣皋回答得很干脆:

"我知道。困难是暂时的,咱们就从零开始。"

是的,一切从零开始,困难可想而知。

一无原材料,二无设备,更没人才。

颜鸣皋却信心十足,他知道,他是带着周总理的重托来的,再大的困难也要克服。没有原材料,可以去找去买;没有设备,就自己动手造;没有人才,就自己培养。

在颜鸣皋报到的那天,魏祖冶所长还把一位叫曹春晓的年轻人叫到了办公室,对他说:

"小曹,咱们所准备成立钛合金实验室,所里决定派傅作义和你当颜鸣皋教授的助手,参加钛合金实验室的筹建工作。"

当时,曹春晓刚从上海交通大学毕业分配到北京航空材料研究所,一听非常高兴,就问道:

第五章 归来哟，与祖国共奋进

"颜鸣皋教授是干什么的？"

魏祖冶所长笑着说：

"说起颜鸣皋教授，这可是个了不起的人物！他现在担任北京工业学院的系主任，目前借调到我所负责筹建钛合金实验室。颜教授在美国耶鲁大学获得博士学位后，又在纽约大学与尼尔森先生一起组建了该校的钛合金实验室，开展了钛合金加工织构、性能和平衡相图等方面的研究工作，从而成为最早研究钛合金的中国学者，并在1951年冲破美国阻挠回到了祖国。"

曹春晓听魏祖冶所长这一介绍，立刻对颜鸣皋教授肃然起敬，并为自己能有机会做颜鸣皋教授的学生和助手感到无比的兴奋和喜悦。他说：

"所长，你放心。我一定好好向颜教授学习，在他的领导下干出成绩来。"

魏祖冶所长点点头：

"组织信任你，你一定能干好！他已经来报到了，你在办公室里等着他。"

曹春晓在等待颜鸣皋时，既兴奋激动又有点忐忑不安。他在心里刻画着教授的形象，想象着未来工作的前景。

这时，办公室的门被推开了，一个人悄然无声地走进来。

曹春晓抬起头来，用探寻的眼光望着他。

来人自我介绍道：

"我叫颜鸣皋，是来这里报到的。"

"啊！你就是颜教授？"曹春晓起身相迎，不由的眼睛一亮。噢，原来这位爱国归侨学者如此年轻（当时他36岁），如此英俊，如此儒雅！"我叫曹春晓，所里派我跟您当学生的。"

颜鸣皋面带笑容握住曹春晓的手说：

"好啊。咱们共同努力，把实验室筹建起来。"

曹春晓看到颜鸣皋这样平易近人，亲切感很快取代了原先的紧张感，就轻松地说：

"老师，您说怎么干吧。"

颜鸣皋略一沉吟，对他说：

特殊材料铸人生——记中国科学院院士颜鸣皋

"咱们筹建工作刚起步时,收集阅读国内外资料非常重要,我打算成立一个科技资料组,由你担任组长,负责这方面的工作。另外,没设备不行,还要成立一个设备组。你觉得怎么样?"

曹春晓欣然接受了这一安排。

颜鸣皋走马上任,负责带领筹备组人员开始筹建钛合金专业和钛合金实验室,筹备组主要人员有颜鸣皋(组长)、傅作义(秘书)、曹春晓(秘书)、薛志庠、张逸群、张体信、张喜源、李希立、谢瀛珠、耿兆琪、李春彦、熊应春、陈野萍等共13人。

颜鸣皋决定将这些年轻人分成两组:一是设备组,负责调研、采购或自制所需的设备,由傅作义当组长;二是科技资料组,负责钛合金技术资料的查阅、收集,由曹春晓当组长。

几十年过去了,如今已经是中国科学院院士的曹春晓对此难以忘怀,他深情地说:

"现在回想起来,颜教授提出了实验室筹建阶段一手抓设备、一手抓资料的思路是完全正确的。对当时在钛合金方面一无所知的我来说,恩师的这一安排也是一种很有效的培养方式。"

当时整个钛合金实验室筹备组人员,除了颜鸣皋之外,大多是些刚走出校门年仅20多岁的大学生,有的甚至连钛合金这个名词都没听说过。

颜鸣皋却对他们非常有信心,他认为:年轻人有朝气,勤学习,肯钻研,希望就在他们身上。

为了使这些年轻人尽快进入角色,颜鸣皋首先对他们进行了基础知识的"恶补",从学习文献资料入手,先认识和了解什么是钛及钛合金,创造研究的条件,然后再带领他们自己动手,自力更生研制设备,开始攻关……

颜鸣皋给全体科研人员做了《钛及钛合金》的系列讲座,共分六部分,包括:引言介绍;钛的提炼(海绵钛);钛合金熔炼;钛合金工艺性能和加工;钛合金的物理、化学、力学性能;钛合金的金相检验与热处理等。为了讲好课,让实验室全体人员学好钛合金的基本知识,他每堂课都做了非常认真的准备,讲课内容既系统，又简明，条理清晰，深入浅出，取得了很好的学习效果。

作为颜鸣皋当时的学生和助手，曹春晓对当时的情景现如今仍记忆犹新。他告诉笔者，自己作为一名求知欲极强的年轻科研人员，颜鸣皋教授的每一次讲座，他都要去听，并认真做着笔记。通过学习，使他对钛合金这样一种新型的航空材料，从不了解，到初步了解，再到产生了要掌握和开发它巨大应用潜力的浓厚兴趣，这与当时颜鸣皋开办的知识讲座的启蒙作用是分不开的。至今，他仍保存着颜鸣皋讲座钛合金知识的笔记，永远铭记恩师的教诲和引导。

在颜鸣皋的引领下，钛合金实验室筹备组的年轻人开始走进了一个崭新的世界，一个朦胧而神秘的世界。他们被钛合金这种"年轻的"、新型的、正在探索而又前途无量的金属家族成员深深地所吸引，痴迷地探寻在求解的征途中，如饥似渴地吸吮、消化着知识的乳汁……

颜鸣皋告诉这些年轻人，钛合金这种国际上20世纪40年代才开始走向工业化生产的新材料，以其比强度（强度与密度之比）高、热强性好、耐腐蚀性强等特点，受到航空界的青睐，同时又因其质坚体轻，其"性格"也更为倔犟、古怪。要摸透它的脾气并驯服它，其难度决不在驯服狮虎等猛兽之下，不仅需要勇气和胆量，更需要知识、智慧和毅力。祖国的航空事业急需这种新材料，从事这种材料的研究一定大有作为，希望大家要牢记责任，团结拼搏，牢固树立克服重重困难、攻破层层技术关键的决心和信心。

虽然当时颜鸣皋还是借调，不能每天来，但他已经把自己当作北京航空材料研究所的一员，全身心投入到钛合金实验室的筹备工作中，为此后的发展奠定了坚实的基础。

一切从零起步

1957年1月，颜鸣皋开始到北京航空材料研究所兼职工作，筹建航空钛合金实验室，即该所的第二研究室的第19实验室，颜鸣皋担任该实验室主任。

俗话说，头三脚难踢。

新中国。新成立的研究所。新诞生的实验室。新成员、新课题……虽然，既是办公室又是实验室的房子简陋而又破旧，但颜鸣皋顾不上这些，满脑子想的都是如何使钛合金研究加快步伐，尽早地进入实质性研究阶段。

这是一个春寒料峭的上午，钛合金研究室的全体科研人员又围坐在一起，共同探讨钛合金研究过程中的技术问题，中心人物自然是他们尊敬的颜鸣皋教授。

一位好奇的年轻人起身问：

"为什么钛合金中大多要添加铝元素呢？"

颜鸣皋喜欢这些求知欲强烈的小青年，耐心而又简明地解答说：

"铝的添加不仅能通过固溶强化而显著提高钛合金的室温强度和高温强度，而且还可使钛合金变得更轻、更廉价。铝的添加还可以显著提高钛合金的弹性模量，从而改善刚性。"

大家一听恍然大悟，点了点头迅速地记了下来。他们对颜鸣皋教授的每一次答疑都感到无比的满足，从心底非常感激这位把自己领进钛合金研究大门的启蒙老师。

一天又一天，一次又一次，就是这样，颜鸣皋通过对钛合金研究室的科研人员不断传授基础知识，又在实践中与科研人员共同探索技术问题，从而逐步提升了研究人员对钛合金的合金化、加工工艺和组织性能等诸多方面的理解水平，为我国钛合金的研究和发展奠定了基础。

同时，颜鸣皋心里也非常清楚：要想自行设计钛合金真空熔炼炉设备，必须向国内外率先开展研究钛合金的单位学习，掌握熔炼设备的基本设计与使用原理，为开展航空钛合金材料与加工研究提供第一手资料。

实事求是地讲，20世纪50年代，我国航空工业的发展得到了社会主义苏联的大力支持和帮助。从1955年北京航空材料研究所筹建时期开始，到1960年6月苏联撤退全部在华专家为止，先后有22位苏联专家来到北京航空材料研究所。他们大多学有专长，并怀着满腔热情真心实意地帮助指导各个专业的建设。

前来援助钛合金专业的苏联专家名叫卢日尼科夫，为钛合金专业和实验室的筹建，以及熔炼设备的建造，提供了无私的帮助。

时隔数十年，一提起卢日尼科夫，颜鸣皋还对与这位专家在一起工作的日子十分怀念，并对这位专家为中国航空钛合金的发展所做贡献表示深深的感谢。

初创的日子里，颜鸣皋先是带领钛合金研究室科研人员，参观了北京有色金属研究总院，了解到国内当时只能开展钛合金非自耗熔炼方式加工一些重量一般不超过500克的钛饼或纽扣锭，是难以在航空结构上得到实际应用的。

为了培养年轻人，以便为下一步开展自行研制真空自耗熔炼设备做准备。颜鸣皋又兵分两路：一路派出张喜源和张体信两位同志到上海冶金研究所实习一年，进一步学习上海冶金所研究的非自耗熔炼设备七孔炉设计使用原理。该熔炼炉仍是非自耗的，但一次可以熔化7个纽扣锭，各50克左右。虽然可以稍提高点效益，但仍然只能进行相图分析、硬度测试等基础理论性研究，仍不能用于开展拉伸等力学性能研究以及加工生产等有实际应用价值的研究工作。一路派出薛志庠去中国科学院物理研究所学习高真空技术。薛志庠后来成长为变形钛合金材料研制和铸造钛合金研发的技术骨干。

真是紧锣密鼓啊，在颜鸣皋的领导下，钛合金实验室朝着预定的目标加速前进着……

实现宿愿光荣入党

颜鸣皋历经磨难回归祖国之后，就在心中发下宏愿，要"一生一世爱国，一心一意爱党"。

他对中国共产党的认识，早在美国留学期间参加"留美中国科学工作者协会"活动时,在与一些进步的留学生接触过程中,他了解了中国共产党的奋斗历程和理想,他知道了党的领袖毛泽东,他认识到中国的前途和命运寄托在这些为劳苦大众的翻身解放而不怕流血牺牲的战斗者身上……

新中国的成立,使上至以毛泽东为代表的中央领导到下至全中国的亿万群众,都从内心里发出了"中国人民从此站起来了"的欢呼。

颜鸣皋的欢呼更是从心底里发出的。他觉得自己的腰杆比以往任何时候都挺得直,使他感到当一个中国人的自尊自信和自豪。特别是回国这几年,新中国欣欣向荣的景象,共产党为人民服务的宗旨,更对他有了深深的触动。

"我要加入中国共产党,我要成为这支队伍中的一分子。"颜鸣皋在心中定下了自己奋斗的目标,并用更加勤奋的工作来实现。

这是一个炎热的夏夜,许多人坐在院内的树下,挥着芭蕉扇乘凉聊天。

这时,颜鸣皋却悄悄来到办公室,埋头翻阅钻研起有关钛合金的资料来。当时的条件,没有电风扇,更没有空调。不一会儿,汗水就顺着他的发梢往下滴,并肆无忌惮地流进了他的眼睛里,他眨巴了几下依然心无旁骛;蚊虫也似乎找到了饱餐的机会,成群地向他发起了进攻,他抬手赶了赶,还是沉浸在知识的海洋里……

已经是夜里10点多了,习惯在这时围着研究所转一圈的魏祖冶所长,看到钛合金实验室的办公室里还亮着灯,就猜到是颜鸣皋在加班。他推门进来,看到颜鸣皋专心致志的样子,心疼地说:

"老颜,天这么晚了,你怎么还没休息啊?你就不怕蚊子把你吃了?"

颜鸣皋"嘿嘿"一笑:

"天热睡不着,还不如到办公室里看点东西呢。"

"休息好,才能工作好。咱所的钛合金研究,可全靠你啊。你要是累病了,咱可就抓瞎了。"

"所长,你放心,我身体好着呢。我这不是着急吗,恨不能明天就能出成果。"

"着急也不能不顾身体,一口也吃不了一个胖子啊,啥事都要悠着来,快点回去吧。"魏祖冶所长在催他。

颜鸣皋还没有半点睡意，又说：

"一想到我国航空工业的现状，我就憋着一口气。只要我们不怕艰难困苦，团结奋斗，我们就一定能够创造奇迹，在很短时间内赶超世界先进水平。"

这里，请理解那个时代的一个中国科学家的心情。这不是颜鸣皋一个人的豪言壮语，而是当时举国上下成百上千万人想要创造人间奇迹的集体雄心。

魏祖冶所长被他的雄心所感染，也激动地说：

"老颜，你就大胆地干吧！所里全力支持你。"

颜鸣皋此时也非常激动，一个长时间萦绕他心中的念头突然涌现出来。他对魏祖冶说：

"魏所长，有件事我一直想给你说，不知行不行？"

看到颜鸣皋欲说又止的样子，魏祖冶有点着急，挥挥手说：

"你对我还有什么不可以说的。啥事？你就痛快说吧。"

"我想加入中国共产党，不知够不够条件？"

魏祖冶所长一听是这事，非常高兴，连声说：

"好啊，好啊。你写份入党申请书，我做你的入党介绍人。"

很快，颜鸣皋就上交了入党志愿书。

研究所党组织接到了颜鸣皋的入党申请书后，专门召开了党委会。党委决定指派魏祖冶所长和曹春晓做颜鸣皋的入党介绍人。

曹春晓年龄不大，1954年就入党了，党龄已有了几年。刚领受这个任务时，他心中还有点忐忑不安，拿不定主意。

后来，曹春晓与颜鸣皋的一番谈话，使他的心情坦然了许多。

"小曹，党组织让你当我的入党介绍人，我打心眼里高兴啊。你可不要不好意思，我有什么做得不够的地方，你要大胆地给我提出来。"颜鸣皋笑呵呵地对曹春晓说。

曹春晓笑着对老师说：

"老师，你就放心吧。我一定尽到责任，完成好组织上交给我的任务。"

特殊材料铸人生 ——记中国科学院院士颜鸣皋

这对师生就这样形成了特殊的关系：在工作和业务上，颜鸣皋是曹春晓的领导和老师；在政治上，曹春晓又是颜鸣皋的入党介绍人。

这种特殊关系使他们师生产生了特殊的感情，历经几十年而不泯。

1957年10月，颜鸣皋在魏祖冶和曹春晓的介绍下，光荣地加入了中国共产党，成为一名预备党员，实现了他回国以来梦寐以求的宿愿。

在党支部发展大会上，颜鸣皋心情激动地宣读了自己的《入党志愿书》：

"……通过学习周总理关于知识分子的报告后，使我认清楚入党是知识分子光荣的归宿，并进一步加强了我争取入党的决心。但是，自己目前在工作态度和作风方面，斗争性和坚持原则性方面，以及联系群众方面等都还存在着不少的缺点。今后应当努力克服这些缺点，不断地和自己的个人主义思想进行斗争，以便改造成一个真正的共产主义战士。现在，我愿意向党表示，我决心将一切献给党和终身为实现共产主义而奋斗，今后要坚决地服从党的决议，遵守党的纪律，并不断地为维护党的利益而努力，在建设社会主义制度的事业上贡献出自己最大的力量。最后，希望组织考虑我入党的申请。"

面对党旗，颜鸣皋举拳庄严宣誓：一生跟着共产党走，做一个先进的科学家，为共产主义事业而奋斗！

"把一切献给党！把我们国家的航空搞上去！"入了党后的颜鸣皋暗下决心。

在此后没几天，颜鸣皋所率领的航空钛合金实验室取得了初步成果，他带领大家在了解了非自耗电极熔炼设备基本原理的基础上，由傅作义负责，自行设计制造了一台1.5千克级非自耗电极熔炼炉，还有真空坩埚炉等配件。在制造设备与配件的过程中，他们积累了电弧起弧、防止短路等设备设计与使用经验，在不具备自耗电极熔炼设备情况下，为先期开展钛合金熔炼与相图等基础研究工作提供了初始条件。

至今，有的老同志还保留着一张当时拍摄的珍贵照片：魏祖冶所长和荣科副所长和全体同志合影留念。

那个时候所领导与群众也没有什么讲究，照像时位置站在什么地方非常随便。在当时的单身宿舍楼门口，魏祖冶所长站在了后排，颜鸣皋站在了他的旁边，荣科副所长排在了中间偏左，傅作义、曹春晓、王金友、薛志庠、熊应春、李春彦、陈野萍、李希立、耿兆琪、谢瀛珠等同志也都随意一站，把火红的岁月、青春的记忆留了下来。其中，张喜源和张体信两人因还在上海冶金厂学习，而没有参加这次的拍照。

1957年11月，所领导与第19实验室（钛合金实验室）
科研人员合影（后排右四为颜鸣皋）

在苏联考察的日子

在中华人民共和国历史上有着特殊标记的1958年，风风火火地走来了。

这年春天，北京航空材料研究所机构调整，将钛合金实验室（19室）整

特殊材料铸人生 ——记中国科学院院士颜鸣皋

合为钛与高熔点合金研究室（18室），颜鸣皋被任命为研究室主任，张喜源为副主任。下设三个组：棒材合金组，组长王金友；板材合金组，组长薛志庠；熔炼组，组长傅作义。此时，全室共有科技人员32人，技术工人13人，共计45人。

也就是这个时候，曹春晓、耿兆琪等毕业于金属压力加工专业的科技人员全部调整集中到23室（金属压力加工实验室），但曹春晓仍负责钛合金的压力加工工艺研究，配合18室的科技人员共同完成各种钛合金的研制和应用研究工作。

颜鸣皋自从调到北京航空材料研究所之后，很少回家，更不用说到外地了，整天猫在实验室里，与年轻的同事们滚在一起，日夜攻关。

那是一个特殊的年代，过来人每每说起都五味乏陈。

由于年代久远，许多人对这个年份已不敏感，甚至一些年轻人连"大跃进"这个名词都很少听到过。那个年代，全中国人民在各条战线上，都以无比的政治热情、冲天的干劲进行着"大跃进"。

早在1956年，毛泽东主席在中共八大上发表了那段关于球籍问题的著名谈话。他幽默而又急切地说：

"你有那么多人，你有那么一块大地方，资源那么丰富，又听说搞了社会主义，据说是有优越性，结果你搞了五六十年还不能超过美国，你像个什么样子呢？那就要从地球上开除你的球籍！"

是啊，要想不被开除球籍，就要只争朝夕地加快步伐，赶超世界发达国家。

领袖发号召，全国齐发动。一个怀揣"强国梦"的民族，开始了一场看似荒唐的"大跃进"。虽然现在看起来这是一种盲目的自信和热情，有点令人不可思议，但是，造成那样一种集体失智的历史现象并不是偶然的，它是在特殊历史背景下，一种狂热的强国冲动和极端的民族自信相互交融，一种情绪和环境交互刺激的产物。

在"钢铁元帅升帐"的热烈气氛中，北京航空材料研究所也和全国一样，加入到大炼钢铁"赶美超英"的行列中，垒砌起土高炉，点燃熊熊大火，投入大量的人力、物力、财力，造成了巨大的浪费和不良后果。

自然，颜鸣皋所领导的钛合金实验室也不例外。好在颜鸣皋他们是用自己特殊的方式"大跃进"，不分日夜地在实验室里攻关，没有什么浪费，而是收获颇丰。

颜鸣皋组织全室同志经过认真分析，反复比较国内外所采用的钛合金熔炼方式，决定放弃真空钨电极非自耗熔炼方式。他们解放思想，大胆实践，决定在前期设计制造1.5千克级非自耗电极熔炼炉的基础上，自己动手设计制造更大的真空自耗电极电弧熔炼设备，为开展航空用钛合金棒材、板材及其零件的试制研究创造条件。

这是一种特殊形式的"大跃进"，是有着丰硕成果的"大跃进"。

颜鸣皋决定用留苏归国学者王金友按照荣科访问苏联某工厂时提出的要求，从苏联带回的一张总图，在院内自行设计制造了国内第一台7.5千克真空自耗电极电弧炉。

具体分工是：由薛志庠负责真空系统和炉体的设计；由王金友负责结晶器（坩埚）的设计；参加人有李希立、谢瀛珠、张逸群等。另外，二车间的戴玉祥等老师傅参加了这台设备的制造和安装。

1958年8月，7.5千克真空自耗电极电弧炉试车成功并正式投入使用。

熔炼组组长傅作义也参加了当时的试车。

7.5千克级真空自耗电极熔炼炉的电极直径30毫米，坩埚直径60毫米，大大前进了一步。这是国内第一台投入使用的真空自耗电极电弧炉，从此开始了航空钛合金研制和应用的初步研究。

北京的盛夏，无比的闷热。

就在7.5千克真空自耗电极电弧炉于试车成功的日子里，颜鸣皋有了离开实验室的机会。

一天晚上，魏祖冶所长把汗流浃背的颜鸣皋从实验室里拽出来，急匆匆地对他说：

特殊材料铸人生——记中国科学院院士颜鸣皋

"你快点回家准备准备,上级通知咱们俩出差。"

颜鸣皋觉得有点突然,就问:

"去哪里?干什么?"

魏祖冶所长显得有些兴奋,眉梢眼角都是笑:

"好差事,让咱们随中科院副院长严济慈率领的冶金考察团去苏联考察。"

颜鸣皋一听非常高兴。他抹了一把汗又问:

"什么时候出发?"

"明天下午。"

"好的。我回去拿点东西,今晚就能赶回来。"颜鸣皋说着就急忙地往外走。

"你回去后把家里的事也安排一下,别着急往回赶。"魏祖冶所长对着他的背影喊。

严济慈是我国杰出的物理学家,他在压电晶体学、光谱学、地球物理学等方面都做出了卓越的成就,是中国现代物理学研究工作的创始人之一,也是我国光学研究和光学仪器研制工作的奠基人之一。

颜鸣皋觉得能跟着这样一位科学泰斗出访,是一个难以寻觅的、绝佳的学习机会。

这次出国考察,虽然时间很短,但对颜鸣皋来说,非常重要,对他后半生的科研、工作、生活有着极其重大的影响。虽然后来他曾经到过美国、德国、瑞典、日本、新加坡等许多国家和地区,进行过许多次考察和讲学,但没有哪一次比这次对他影响这么大。

中国冶金考察团到达苏联之后,先后考察了全苏科学院在莫斯科、基辅、列宁格勒等城市的有关研究所和高等院校,所到之处,受到了苏联科学工作者和师生的热烈欢迎。

在莫斯科考察期间,他们住在列宁格勒大饭店。

一天早晨,颜鸣皋和魏祖冶早早来到饭店大厅,等待同伴们下楼,准备乘车一块外出考察。

这时,大厅里还有一位外国人,一看到他们俩,就主动上前打招呼:

"哈罗，你们好。你们是来自日本的客人吗？"

颜鸣皋一听外国朋友把他们误认为是日本人，对此很在意，当即用英语回答：

"不，我们不是日本人。我们来自新中国。"

魏祖冶站在旁边，一听他和外国人搭话，非常敏感也十分着急，但出于礼貌又不好说话阻止，只好打手势给颜鸣皋，让他不要和外国人接触。

颜鸣皋不知是没有看见，还是觉得应该让外国人知道自己是中国人呢？并且他在中国前面特意加了一个"新"字，以表达自己的骄傲和自豪。

"噢，中国人。我是一名加拿大记者，请问你们来这里是工作还是旅游？"

颜鸣皋就顺口答道：

"我们是来学习考察的。"

这时，考察团的其他成员陆陆续续下来了。

颜鸣皋朝加拿大记者挥了一下手，礼貌地道了声"再见"，就汇入了队伍中。

事情就这样过去了，又有魏祖冶所长在一旁证明，谁也不会想到，这事会在此后长期发酵。

考察结束了，代表团要回国了。

颜鸣皋与魏祖冶所长商量：出一次国不容易，能否利用这个机会多留一段时间，对苏联的钛合金研究继续进行学习考察。

魏祖冶所长曾任中国驻苏大使馆参赞，关系很熟，并且会说几句简单的俄语。他们提出继续考察一个月的申请后，大使馆当即与苏联政府有关部门联系，很快得到批准，同意他们到苏联全苏航空材料研究院（ВИАМ）考察。

虽说当时中苏关系已有了一些裂痕，但毕竟还没有撕破脸皮。特别是苏联的基层干部与科学家还把中国同志当作兄弟看待，对他们很热情。

颜鸣皋与魏祖冶所长来到对口单位——全苏航空材料研究院，进行为期一个月的考察。这么长时间接待外国人，这在该院还是第一次。

1958年到全苏航空材料研究院考察（左一为魏祖冶，右二为颜鸣皋）

全苏航空材料研究院成立于1932年6月，专门进行航空材料的研究，为苏联的航空事业发展做出了卓越的贡献。

中国同志的到来，全苏航空材料研究院非常重视，专门进行了安排。

在那一个月里，颜鸣皋他们全面考察了该院各个研究室，与苏联同行广泛交流了经验，使他们受益匪浅。

除此之外，颜鸣皋还根据自己的业务，重点考察了钛合金研究室的现状及设备等，对苏联钛合金的研制以及应用情况进行了较为全面的了解，得知苏联已建立了自己的一系列钛合金牌号，并已开始应用于航空产品。

颜鸣皋充分利用这次机会，广交朋友，向苏联同行索取了一些资料和图样，这为此后他进行钛合金研究创造了良好的条件和基础。

科学攻关不畏难

颜鸣皋出国考察归来，收获颇丰，信心百倍地投身到钛合金的科研之中。

可是，在入党转正问题上多少对他的信心有些打击。入党考察期满一年时，他却未能按期转正。

颜鸣皋的入党介绍人魏祖冶所长和年轻的同事曹春晓，似乎都有苦难言，每逢过党日与他谈话，也都是桌面上的话，"组织上还要对你进行进一步观察与考验。"

颜鸣皋真想直截了当地问个为什么，可又张不开口。

曹春晓虽然已经到其他研究室工作，但由于业务上的关系，他们还经常见面，一起研讨。

有一次，颜鸣皋实在憋不住了，就从侧面委婉地问曹春晓：

"小曹，比我入党晚的同志咋都转正了？你看看我的工作还有哪些方面没做好，给我指出来。不要调出去了，就不管老师了。"

实际上，曹春晓也不十分了解其中的内幕，面对老师的询问他也无法明确回答，只能含含糊糊地说：

"老师，您已经做得很好了。大概是领导工作忙，没顾得上研究您的转正问题。您别急，有时间我去问问。"

可这一问，就没了下文。

颜鸣皋也不好再问。

曹春晓只要一遇见老师，心中就十分难受，有一种愧疚感。

颜鸣皋表面上像什么也没发生一样，但却扪心苦思，查找自身的问题。他觉得问题出在自己复杂的海外关系上。四弟颜鸣岐1949年去了台湾，供职国民党的中央信托局；五弟颜鸣奎高中毕业后考上了留美国民党海军，解放前夕，撤到了台湾。这在当时，确实是很大的问题，他觉得有必要向组织说清楚。

可是，说清楚了也没有用，颜鸣皋的入党转正问题还是被一拖再拖，谁也没有给他一个正式说法。

当时，要说颜鸣皋没有一点儿想法那是绝对不可能的。后来，他索性不再想了，就当还没有入党，用更加勤奋的工作来证明自己。思想上的波折很快就过去了。他决心以实际行动和突出成绩来经受党组织的考验，做一名合格的共产党员。

特殊材料铸人生 ——记中国科学院院士颜鸣皋

颜鸣皋放下包袱，带领年轻的同事们开始了顽强攻关。

颜鸣皋虽说思想上放下了包袱，但他的身体却出现了问题。

1959年3月的一个清晨，颜鸣皋像往常一样，朝研究室走去。

这天，他的心情不错，一改往日低头沉思的习惯，而是向四周的山野张望着。他这才发现，不知什么时候，春姑娘已悄悄地为山野换上了新衣，让人望去是满眼的绿。清凉的晨风已满含春的气息，让他忍不住贪婪地深深吸上一大口，刺激得他喉部发痒，就大声咳了一下。他边咳嗽边往外掏手绢，忽然觉得含在口里的痰味道有点不对，怎么有点腥？他吐到手绢上一看，竟是鲜红鲜红的颜色。当时，他对自己吐血也没怎么在意，就继续上班了。

可是，几个小时后，他有点坚持不住了，吐血不止，被送到北京海淀医院。一检查，是胃出血，需要住院动手术。

下午，北京海淀医院住院部给北京航空材料研究所打来电话，颜鸣皋动手术时紧急需要血液。

此时，钛合金研究室（18室）的全体同志正为颜鸣皋的病情担忧着，一听说颜先生动手术需要献血，不用动员，就全体上了一辆大轿车，直奔医院而去。

颜鸣皋虽是室主任，但他平时与同事们相处时也没有什么架子，十分平易近人，从而赢得了大家内心的尊重和敬佩。大家很少称呼他"颜主任"，而是称呼他为"颜先生"或"颜教授"。

医院的化验室门前排起了长队。通过化验，薛志庠等人的血型正好符合，就当场抽血储存备用。

颜鸣皋这次因病住院时间不长，半个多月就康复出院了，马上又投身到紧张的工作中去了。

当时，躺在病床上的颜鸣皋，虽然未曾亲眼目睹病房外面全室人员争相献血的感人场面，但直到如今，他依然对钛合金研究室怀有深厚的感情。

在采访时，他曾多次说到钛合金研究室（18室）。他说：

"18室是个团结和谐的集体，同志之间亲如一家，互相尊重，密切合作；18

室是个创新攻关的团队,我们在一起取得了许多令人瞩目的科研成果。"

1959年7月5日,颜鸣皋(右三)和女儿与18室同志在颐和园合影

当时摆在钛合金研究室(18室)广大科研人员面前的问题是,为了开展航空用钛合金制件的加工工艺研究,必须具备钛合金的真空自耗电极熔炼炉设备,并突破钛合金真空自耗电极熔炼工艺与棒材、板材等半成品加工工艺等关键技术。

1959年,沈阳航空发动机修理厂按照冶金部有关单位提供的苏联图样,制造了6台25千克真空自耗电极电弧炉。北京航空材料研究所钛合金研究室(18室)争取到了其中的两台,并通过了对坩埚设计的改进,坩埚直径由100毫米提高到145毫米。

有了25千克真空自耗电极电弧炉,熔炼组组长傅作义就组织大家全身心投入到钛合金铸锭的熔炼中,以便能快速掌握钛合金铸锭的自耗熔炼方法。

钛合金实验室在苏联专家卢日尼科夫的指导下,开展了仿制苏联钛合金的试验工作。

试验工作刚刚开始的一天,在25千克真空自耗电极电弧炉上操作的是一位20岁出头的年轻人,名字叫刘振瀛。

刘振瀛刚刚关掉电源，就急于想看到铸锭熔炼的结果。可是，通过电弧炉边的有机玻璃观察口往里看，却黑乎乎的什么也看不到。

刘振瀛耐着性子等了一小会儿，觉得炉子冷却得差不多了，索性就直接动手打开炉门，可不知为什么，却一时打不开。

刘振瀛有点着急，就用一个改锥直接撬开了观察口的有机玻璃。当他弯下腰，把脸凑过去，打算往里看时，一个意想不到的情况发生了，电弧熔炼炉的真空负压把他的整个脸吸在了观察口上。由于吸力太大太猛，他的鼻梁和眼帘骨都被打伤了，鲜血直流。

苏联专家卢日尼科夫当时也在场，却被这意外吓懵了，呆呆地站在那里，摊着双手不知所措。

傅作义也很紧张，一边用手捂着小刘脸上的伤口，一边对身边的一位同事喊道：

"快，快去叫颜先生！"

颜鸣皋闻讯跑了过来。他一边组织人员护送受伤人员到卫生所包扎治疗，一边与傅作义等现场人员一起马上查明事故真相，以防止类似事件再次发生。

问题的症结在哪里？为什么有这么大的真空负压？

颜鸣皋百思不得其解。他对傅作义说：

"把设计图样找来，看能不能发现问题？"

图样摊开了，人们的目光集中在上面。

他们终于发现：原来，沈阳航空发动机修理厂在照搬苏联图样设计加工25千克真空自耗电极电弧炉时，一时疏忽，没有加工熔炼炉的放气孔。如果在平时，熔炼完成经彻底冷却后，真空度不会太高，操作人员可以在有机玻璃观察口随便观看。但是，还没完全冷却的电弧炉观察口，真空度就相对较高，负压也较大。操作人员要是不小心，急着观看，就会发生类似的伤人事故。

原因找到后，颜鸣皋马上组织人员对熔炼炉进行了改进，安装了一个小小的放气阀门装置。这样，熔炼炉冷却到接近室温后，打开阀门，放入空气，电弧炉观察口可以很容易安全打开了。从而确保了熔炼炉的安全，也打消了操作人员的顾虑。

就这样，颜鸣皋带领钛合金实验室的科研技术人员，在当时极其艰苦而简陋的条件下，凭着坚定的信念，付出常人难以想象的艰辛，用百倍的顽强和执著，终于掌握了钛合金真空自耗熔炼方法。

从此，北京航空材料研究所的钛合金研究室也一跃成为全国研究钛合金的排头兵，走在了全国的前列！它标志着中国可以自己采用真空自耗电极熔炼出可以开展小棒材和发动机叶片等研制的钛合金材料了，为我国航空钛合金材料的研制和应用奠定了坚实的基础。

他们采用25千克自耗电极真空电弧炉，开展了纯钛、TC6（BT3-1）、Ti6Al4V、TiNb（超导材料）、TiFe（储氢材料）等一系列钛合金材料的试制加工工作，同时也培养出了全国第一批掌握从中间合金制备、合金元素布放、自耗电极压制，到工艺参数选择、熔炼过程控制等实际操作熟练的钛合金研制技术队伍。

颜鸣皋深知：要想出成果，关键在人才，有队伍。他在培养人才的同时还四处招兵买马，并为此费了不少心思。

有一天，颜鸣皋遇到当时的北京航空材料研究所第一所长黄若暾，没有寒暄就直接切入主题，请求道：

"黄所长，我现在什么都不缺，就缺钛合金专业的专门人才。你手头有没有，给我调几个来？"

"哈哈！颜先生你口气真不小。现在到处都在要人才。别说调几个，我现在一个也没有。"

"黄所长，你再仔细想想。"

看到颜鸣皋求才若渴的样子，黄若暾所长不得不把有关这方面的人才信息认真地在头脑中过滤了一番。他突然想起一个人来，就脱口说道：

"唉，有一个叫周彦邦的，是苏联留学生。他倒是这方面的最佳人选。你们和他联系一下，看能不能调到咱们所来？"

颜鸣皋闻听非常高兴，连声说：

"谢谢黄所长！你帮了我们的大忙了。"

没等黄若暾所长再说什么，颜鸣皋就急着离开了，边走还边琢磨：

"如何与周彦邦取得联系呢？"

颜鸣皋想到了本室的棒材合金组组长王金友。

王金友是位留苏的大学生，毕业后来到北京航空材料研究所工作，被分配到钛合金研究室任棒材合金组组长。后来，他成长为钛合金专家，并从1964年到1985年的20余年期间，一直担任钛合金研究室主任。

颜鸣皋回到研究室，立即把王金友找来，张口就问：

"金友，你认识周彦邦吗？"

王金友冷不丁被问愣了，就说：

"认识。颜先生，你问他干什么？"

"这下就好了。你马上和他联系，问他愿不愿意调到咱们所工作。"

王金友一听是这事，也非常兴奋，连声答应：

"好，好。我这就去写信。"

从此，王金友就担当起了介绍周彦邦来所工作的联络人。

经过几番联系，颜鸣皋如愿把周彦邦调到了麾下。

周彦邦调来后，在他的努力下，钛合金研究室发展了铸造钛合金专业，并在25千克自耗熔炼电弧炉的基础上，进行了在当时中国的首次钛合金底柱式铸造工艺试验，成功熔铸出了"梅花"试样，从而具备开展铸造钛合金的组织和性能测试分析，为下一步开展铸造钛合金研究和航空铸件试制奠定了一定的基础。

颜鸣皋领导的这支队伍，在不断学习中一天天成长，在不断的实践中逐渐成熟，并开始在我国真空自耗电极电弧炉的设计和制造方面崭露头角。

1960—1961年，研究所就派出了王金友、薛志庠、傅作义等同志参加了由国家科委组织，在湖南湘潭机车车辆厂制造的全国第一台500千克工业化规模的真空自耗电极电弧炉的设计和验收工作。

有了钛合金研究室这一研发基地，颜鸣皋为我国航空钛合金材料领域培养了大量的专门人才的同时，也取得了一个又一个的科研硕果。

在此期间，他们先期开展了苏联钛合金的仿制工作，包括工业纯钛 BT1 和钛合金 BT3-1、BT4、BT5-1 等，很快就掌握了含有难熔元素钼、铬的 BT3-1 钛合金的熔炼工艺，熔炼出了成分符合技术标准要求的铸锭，锻造出了国内第一批组织和性能合格的 BT3-1 棒材，在沈阳航空发动机修理厂试制出了 814 发动机用国内第一批钛合金叶片。该项目由王金友负责，主要参加人有张体信、王小娥、王定华、齐树芝等，该研究成果于 1960 年初获得了所级和部级奖励，并颁发了奖状。

20 世纪 50 年代末、60 年代初，正值我国三年自然灾害最严重的时期，连毛主席都自减口粮，带头不吃肉。国家虽然对科研人员有所照顾，但有时也要饿肚子。

颜鸣皋和他所率领的团队并没有被困难所吓倒，咬牙坚持，科研的热情不减，攻关的干劲不减。他们乘胜前进，在进一步突破和完善真空密封、起弧控制、冷却系统等关键技术后，熔炼出了我国第一个含有易挥发元素锰的 BT4（当时称为 T4）、重量达到 40 千克的钛合金铸锭。

1960 年春，第 18 钛合金研究室研究项目获奖后合影
（座排右四为颜鸣皋、右五为苏联专家卢日尼科夫）

在颜鸣皋的指导下，科研人员带着这块钛合金铸锭，来到了鞍山钢铁公司，利用第二薄板厂的平整机，轧出我国第一块 1 毫米×800 毫米×1200 毫米较大规

格的钛合金板材。

随后,他们又来到沈阳飞机制造厂,将其冲压成我国自行研制的"东风113"新飞机的减速板整流罩零件。该项课题的负责人是薛志庠,主要参加人有张逸群、谢瀛珠、刘振秋、吴冰等。当时钛合金研究室(18室)几乎全体科技人员都参加了上述合金的熔炼、锻造和组织性能分析工作。

这个零件设计有一个深度较大的鼓包,把它冲压成形可真不容易,工人们想了不少办法,费了不少劲儿。

颜鸣皋望着自己研制的材料就要使用到我国自行设计研制的新型飞机上,高兴万分。

可是,好景不长,刚刚过去了大约半个月。当课题负责人薛志庠等人又一次来到车间查看时,发现放在零件架上的制件沿着鼓包边缘自行崩裂,正呲牙咧嘴地看着他们。于是,薛志庠带着满腹疑问马上向颜鸣皋汇报了这一情况。

颜鸣皋一听,似乎被当头浇了一盆冷水,愣在那里。

怎么回事儿?怎么回事儿?

颜鸣皋拧眉凝思,是材料本身的问题?不会。是工人在冲压中的问题?也不是。他马上组织研究室技术骨干王金友、课题负责人薛志庠等年轻人,寻找零件开裂的原因。

分析来分析去,他们认为问题可能是由于鼓包较深,边缘的圆角半径又小,冲压引起的残余应力很大,又没有及时退火消除,板材内含量偏高的氢气逐渐扩散到内应力大的部位而形成合金延滞性的氢脆现象造成的。

科学是容不得"可能"这个疑问词的。颜鸣皋对这帮年轻人说:

"我们必须马上拿出方案,重新进行试验。"

这时,棒材合金组组长王金友自告奋勇地表态:

"颜先生,这个方案我来拿。"

"好。"颜鸣皋点了点头。他十分欣赏王金友勇挑重担的勇气,并相信他能够解决这个问题。

王金友可谓是临危受命。他与薛志庠、傅作义等同志讨论,迅速制定出了解决问题的初步试验方案,并做了具体分工:王金友负责寻找应力集中与开裂的关系;薛志庠、傅作义两组人马分别负责真空熔炼控制和查阅相关资料文献。

王金友带领大家设计了一个模拟氢脆至裂的三点弯曲试验装置,通过加载达到不同应力集中程度来研究对试片开裂的影响关系。

初步试验发现:开裂与应力集中程度并没有直接关系,有时应力集中较大的T4钛合金板材试片先开裂,有时应力集中小的试片先开裂。

这令大家一筹莫展,问题出在哪里呢?

他们继续探寻:按试验方案,下一步开展了固定加载应力,测试不同试片的开裂与加载时间的关系,结果发现,固定应力条件下,有的试片先开裂,有的后开裂,这难道与试片吸气或污染有关吗?经化学成分测试分析证实了这一想法。

此时,资料查阅组也理出了头绪。有资料报道,在美国也发现钛合金对吸氢较为敏感,会导致氢脆问题。这一报道也进一步印证了试验结果。

颜鸣皋对试验结果深感满意,并组织全室开展了如何减少钛合金吸氢和氢脆开裂的机理与方法研究。他们一致认为要减少钛合金材料本身的氢含量。

为此,薛志庠负责的人马迅速开展了钛合金真空自耗熔炼时真空度对吸氢的影响关系研究。通过试验发现:原先设计的通过扩散泵获得高真空在自耗熔炼时因熔池反应导致真空度下降而失去了作用,结果导致钛合金熔炼的吸气或氢含量偏高。必须把扩散泵改为增压泵,从而避免在熔炼时出现真空度下降到10^{-3}帕量级扩散泵无法起作用的问题。找到了问题的症结,他们马上进一步熔炼,得到的钛合金氢等气体杂质含量大大降低。这次试验成功,为后续钛合金研究,特别是钛合金氢脆问题的避免和安全可靠使用,奠定了基础。

颜鸣皋是一个不满足现状的人,在钛合金氢脆问题得到较圆满解决的情况下,仍继续鼓励和激励研究室人员深入探索氢脆现象的机理,在钛合金熔炼的各个环节上加强质量控制,积累更多数据,为下一步编制钛合金熔炼工艺和加工工艺规范提供翔实的依据。

他们没有停步,他们继续探索。

在颜鸣皋的带领和指导下,又一项成果诞生了:海绵钛是钛合金熔炼的原料,海绵钛的多孔状态增加了表面积,在储存或运输以及使用过程中极易吸收大气中的水蒸气,吸收了水蒸气的海绵钛,在真空自耗熔炼过程中,氢含量自然会超标。有了这一试验成果,大家在早期就开始重视海绵钛在熔炼前必须经过烘干这一工序,目的就是减少产生氢脆的概率。

另外,他们在钛合金板材加工环节中还发现,碱酸洗是必须经过的又一工序,在碱酸洗过程中,如何控制化学反应或采用吹砂代替碱洗,是控制吸氢的重要工艺措施。

这些研究成果,为制订钛合金熔炼和半成品加工工艺规范提供了重要的依据。

依据这些研究成果,他们采取针对性措施,改进了薄板轧制工艺。

问题迎刃而解,经过再次试验,获得成功。

很可惜,由于"东风113"新飞机是"大跃进"的产物,很快下马了。他们为此付出的努力,被暂时搁置在了一边。

颜鸣皋在担任钛合金研究室(18室)室主任期间还指导开展了高熔点合金研究工作,建立了630吨测压机、氢气保护熔炼炉,以及ДВП-1000自耗炉等,主要开展钼合金的研制,少量开展了铌合金的研制。中国第一个3千克自耗熔炼高熔点合金钼铸锭就诞生在这里。

中国航空钛合金研究应用的奠基者

心血不会白费,努力终究有用。

20世纪60年代初,我国的航空工业正处于由修理走向制造和自行设计研制的新阶段。

中国人要有自己的飞机,这是中央和部队共同的心声。

可是，苏联"老大哥"已经翻脸，撤走专家，撕毁合同。刚刚起步的中国航空工业似乎要夭折在摇篮中。

颜鸣皋从风云变幻的国际形势中，深深认识到毛主席"自力更生，艰苦奋斗"号召的伟大。他从自己的人生实践中体会到，依靠外国是靠不住的，关键的时候还要靠自己。

中国自行设计研制新型飞机，关键之一是要过材料关。

当时，我国自行设计研制新型歼击机，走的是模仿苏式米格飞机的路子。为了彻底摸清米格飞机，就必须集中力量攻克该种飞机使用的钛合金材料。

颜鸣皋心无旁骛，全力以赴地投入到新型钛合金的研制之中。

如TC1钛合金中含有锰元素，在真空熔炼时容易挥发，并且难以控制成分。颜鸣皋和同事们采取了充氩措施，并对真空条件下的电弧熔炼进行了系统的试验，"试验—失败—再试验"，他们最终炼成了合格的TC1钛合金铸锭。

然而，颜鸣皋和同事们并未停歇。他们继续对钛合金的轧制工艺、热处理制度、冲压成形工艺和焊接性能进行了深入研究，并与冶金部苏家屯加工厂、抚顺钢厂协作，试制出宽800毫米、长3米的大规格TC1钛合金板材，用这种板材冲压成我国首批新型歼击机所用的机罩前段、水平安定面和整流包等机件。

我国航空工业快速发展，新型高速歼击机装备到部队，翱翔在万里蓝天，TC1钛合金材料研制成功功不可没，迄今仍在多种国产歼击机、强击机、轰炸机、运输机上应用。

即使后来颜鸣皋调离钛合金研究室，但科研人员仍然按照既定的目标，继续总结经验，为进一步增加自耗熔炼钛合金铸锭的千克数，扩大钛合金研制规模，向掌握500千克级自耗电极真空电弧炉熔炼技术的高峰攀登。

钛合金研究室于1962—1963年派薛志庠、张荣顺等同志参加了全国第一个钛合金生产基地——北京苏家屯有色金属加工厂第七车间的厂房设计、设备安装、调试投产和人员培训，为全国钛工业的创建做出了贡献。后来，在全国唯一的专业化钛合金生产基地——宝鸡有色金属加工厂的规划、设计和投产过程中，北京航空材料研究所钛合金研究室的科研人员也发挥了重要的作用。

从 1963 年开始，钛合金研究室也自行研制了一台 8 千克级钛合金铸造炉，从而进一步发展了铸造钛合金专业，开展了 BT5-1、ZTC4 等铸造钛合金材料和铸件的研究。有了这样的自主创新的研究团队和科研基础，钛合金研究室才有了后来蓬勃发展的航空钛合金铸件生产和高尔夫球头生产出口创汇的辉煌成绩。

此后，钛合金研究室科研人员为航空用钛合金材料研制与应用做出了巨大贡献，取得了重大的技术和经济效益。其中包括国家科技进步一等奖 1 项、部级科技进步一等奖 7 项、集团科技进步一等奖 3 项等 70 个成果奖项。该研究室既能进行变形钛合金和铸造钛合金的研制，又能承担铸件批量生产任务，产品远销国内外。

如今，经过 50 多年的建设，钛合金研究室已经成为一个设备先进、拥有一批素质高的钛合金研究专家、研究水平居国内一流的研究与发展中心，所有这一切都与颜鸣皋所起的开拓者的作用是分不开的。

30 多年后，颜鸣皋曾亲笔撰写过一篇题为《在那难忘的岁月里》的回忆文章，其中这样写道：

"每当我踏进我院宏伟的钛合金试验厂房，看到伫立的 50 千克真空凝壳炉、200 千克真空自耗炉等一系列自行创建的试验设备，和质量喜人的钛合金铸造机匣、耐油泵壳体、球头和人工关节等军需民品从我所待运全国各地和国外的时候；当听到钛合金研究成果荣获全国科技进步一、三等奖，国家发明二等奖，航空部一、二、三等奖，国家高技术项目重要贡献奖，全国钛合金推广应用先进单位，技术出口标兵等喜讯纷纷传来的时刻，总是情不自禁回忆起当年和青年同志们一起向着钛合金'神秘王国'起步探索、创业成长的种种情景，一幕幕令人难以忘怀的历史片断重现在眼前，历历在目……

在筹建钛合金实验室初期，当时全室成员都是刚从大学毕业的 20 多岁的年轻人，都没有接触过钛合金。全室一无材料，二无设备，仅有一台不适用的苏联生产的 TBB-2 钨丝加热炉，真可算是一穷二白的处女地。但是，同志们没有被困难所吓倒，从学习文献资料入手，没有条件自己创造，先后自行设计制造了 1.5 千克非自耗电弧炉和 7.5 千克自耗电弧炉，并由苏联引进了原材料——海绵钛。全室同志夜以继日地辛勤劳动，经过多少次'实践—失败—再实践'的过程，终于熔炼出我国第一块3千克银光闪闪的钛合金铸锭。在多少个不眠之夜里，动员同志们回宿舍休息成了最艰难的思想说服工作。虽然上述两台真空自耗炉已经被更好更新的设备所取代，但自己动手、艰苦创业的优良传统却一直保留下来，而且继续发扬光大。"

大家可以想象一下，这块3千克重的钛合金，凝聚了颜鸣皋和他的同事们多少汗水和心血啊。望着它，当时颜鸣皋的心情该是怎样地激动？我敢肯定，在当时，不仅仅是颜鸣皋和全体科研人员洒下激动的泪水，还会有许许多多深知此项科研成果重大意义的人们陪同他们一起落泪……

这3千克钛合金铸锭是起点，有了它才有了后来的20千克钛合金铸锭、40千克钛合金铸锭、100千克钛合金铸锭……

这块心血和汗水的结晶，是中国人熔炼的，是中国的第一块，开创了中国钛合金研究的新纪元，被载入了中国科学的辉煌史册！

佩戴上校军衔的总工

1960年12月20日，中央批准成立国防部第六研究院（即航空研究院，简称六院），唐延杰将军任院长。

1961年6月，颜鸣皋所在的第二机械工业部航空工业局北京航空材料研究所划归六院，并于12月21日正式列入部队编制，代号为中国人民解放军4059部队。1962年7月15日，又改为中国人民解放军总字927部队。

1961年下半年，为了加强应用基础研究，颜鸣皋被任命为金属物理及化学分析研究室主任，陈学印为副主任。

1962年初，身为金属物理及化学分析研究室主任的颜鸣皋，将目光投向了铸造凝壳炉的设计工作，给予了很大的关心和支持。设计完成后，转交长春电炉厂制造，我国第一台钛合金铸造专用炉由此诞生。这台8千克铸造凝壳炉的

特殊材料铸人生——记中国科学院院士颜鸣皋

正式投入使用,不仅为研究所开展铸造钛合金及其成形工艺创造了必不可少的条件,还为以后设计与制造50千克小批生产用钛合金铸造炉打下了基础,极大地促进了我国铸造钛合金的应用和发展。

1962年3月,时任国务院副总理兼国防科委主任的聂荣臻元帅,在广州主持召开了全国科学工作会议。周恩来总理、陈毅副总理到会做了重要讲话。陈毅副总理在讲话中给知识分子行了"脱帽加冕"礼。"脱帽"是脱掉多年来戴在知识分子头上的"资产阶级"之帽,"加冕"就是给知识分子加上"革命知识分子"之冕,这使全国知识界都感到欢欣鼓舞。

北京航空材料研究所副所长、特级工程师、全国人大代表荣科参加了广州会议。

颜鸣皋听了荣科副所长传达的会议精神后,更是兴奋不已。他为自己是一名"革命知识分子"而光荣自豪,一种幸福和一种渴望油然而生。这幸福来自党中央对科技工作的高度重视,来自国家对知识分子的无比器重。他渴望攀登新的科技高峰,为祖国的航空事业做出新的更大的贡献。

此后不久,这次大会的春风更加温馨地吹拂在了颜鸣皋的身上,他被搁置了几年的入党转正问题解决了。负责与他谈话的支部委员郑重地告诉他:你的问题查清了,党组织决定给你平反。

颜鸣皋有点莫名其妙,也有点惊讶。他有点天真地问入党介绍人魏祖冶:

"魏所长,我又没什么冤屈,给我平什么反?"

"这些年不给你转正,老是纠缠莫须有的问题,你不冤吗?"魏祖冶所长反问道。

"这不是组织在考验我吗?我也不冤,我的海外关系确实复杂。"

魏祖冶"哈哈"笑着,指着颜鸣皋说:

"你啊,你啊,真是天真得可爱。你不能及时转正,不是因为海外关系,而是因为你在莫斯科列宁格勒大饭店和那位加拿大记者说那两句话。"

颜鸣皋更不解了。他疑惑地问道:

"我和他也没说什么啊?你不就在旁边吗?"

"是啊，我也知道你没说什么，也多次给你写过证明，可是，你与外国人接触，特别是资本主义国家的记者，那是违反纪律的。所以，上面定了调，说你立场不稳，转正也就拖了几年。"

颜鸣皋这才真正明白了自己迟迟不能转正的原因。他摇了摇头说：

"我还一直纳闷呢，认为是海外关系影响了我。现在好了，只要组织上把事情搞清楚了，比什么都好。"

颜鸣皋这才真正放下了包袱，以更加饱满的激情投入到工作中。

1962年8月底，国防部六院首届党代会在北京航空材料研究所召开。会议期间，9月5日，聂荣臻元帅到会指导并视察了北京航空材料研究所。

首长的指示和对航空材料事业的关心，使颜鸣皋更加体会到党对知识分子的关怀，国家对科研人员的器重，以及自己所肩负责任的重大。

那天，聂荣臻元帅首先亲切会见了多年的老朋友、在所工作的兵工专家胡大佛。两人久别重逢，谈笑风生。

胡大佛告诉聂荣臻元帅：

"我现在也是个共产党员了，是1956年入的党。"

"好极了。"聂荣臻元帅一听十分高兴，他说，"共产党员就勇得挑重担。今后你还要克服困难，把飞机搞出来。"

聂荣臻元帅在听取了所长魏祖冶的简单汇报后，在魏祖冶和政委刘子英陪同下，对北京航空材料研究所的研究室和车间进行了视察。他边走边问：

"现在研究的材料重点是什么？"

魏祖冶回答：

"确保米格-19飞机所需的材料，米格-19飞机材料问题还没有全部解决。同时，我们还积极安排米格-21飞机需要的新材料。"

聂荣臻元帅听后点头说：

"你们这个所已有很好的基础，材料研究工作应很快上去，要走在生产、设计的前面，才能保证设计的产品能够生产制造出来。"

聂荣臻元帅还嘱咐所领导：

"今后应扩大负担军工方面材料的研究工作。像这样的材料研究所,全国只有一个,必须充分发挥作用。"

聂荣臻元帅来到了颜鸣皋的老单位钛合金实验室,在认真听取了汇报后指示:

"钛合金在生产应用方面遇到的关键问题,应该由你们研究所来解决。研究所今后不能只解决一个工厂、一个部门的工作,应当更广泛一些,使钛合金能够应用到生产上去。"

在随后的视察过程中,聂荣臻元帅还对研究所的基本建设情况及仪器、设备的购置都一一进行了询问,并做出了详尽的指示。他甚至连研究室的门窗破损、墙壁不洁等都注意到了,并提出了文明科研、绿化所区的要求。

聂荣臻元帅在视察中说的话、作的指示,虽然是讲给工程师胡大佛和所领导听的,可句句都说在了颜鸣皋心里,使他有了更具体、更明确的奋斗目标。

颜鸣皋在想:是啊,我也是一个共产党员了。共产党员就得勇挑重担。今后无论遇到什么样的困难和挫折,都要想着用党员的标准严格要求自己,越是艰险越向前。

颜鸣皋在心中规划:要坚决落实聂帅指示,围绕国产新型战机,研制新型航空材料。

1963年11月3日,北京航空材料研究所技术人员参军授衔大会在大礼堂里隆重举行。

颜鸣皋穿上了军装,成为一名光荣的中国人民解放军军官,级别定为技术最高级,授予技术上校军衔。

此后不久,颜鸣皋被提升为研究所的总工程师,肩负的责任更重了。

颜鸣皋非常清楚:自己虽然身份变了,但从事的科研工作没有变。

1964年,为了使他们这些刚入伍的技术干部尽快地实现民到兵的转变,上级要求所有同志都要下连当兵,军训锻炼。

颜鸣皋积极响应,马上报名,但领导考虑他的工作岗位和身体等特殊情况,只是让他在本所警卫连间断地当兵锻炼,也就是工作能离得开就去几天,紧张了就回来。

颜鸣皋是个认真的人,当兵就要像个当兵的样。他请连领导给他排个机动班,每天都想法替战士们站一班岗,有时夜间也去。

颜鸣皋是个谦和的人,只要一有时间,就坚持和士兵们同吃、同住、同站岗、同劳动、同军训,他把这个过程当作一次很好的历练。

战士们对这个没有一点架子的技术上校、大知识分子十分尊重,一有重活、脏活就抢着不让他干。

有一天黄昏,连里给菜地施肥。颜鸣皋正巧在连里,吃过晚饭把粪桶抢到手,提起来就往菜地里走。

指导员拦着他,说:

"颜总,您咋能干这活?"

颜鸣皋一笑,理直气壮地说:

"咱们解放军的元帅还下连当兵和战士们实现五同呢。我咋不能干这活?"

指导员被他问得无话可说,只好派一个战士跟着他,和他同提一个粪桶。

应该说这活有点脏有点累,颜鸣皋却觉得浑身上下都是劲,心情非常好。

后来,每当颜鸣皋说起当兵的日子,依然感慨万千:那是一个令人难以忘怀的年代,那是一段净化灵魂的岁月⋯⋯

1965年春节全家合影

颜鸣皋担任总师工作后，对聂荣臻元帅视察本所时作的指示念念不忘，更加关注钛合金专业的发展。特别是对钛合金在发动机和飞机上的应用研究项目立项、研究大纲制定、典型考核零件选择、项目验收等方面严格把关。这对钛合金专业和钛合金研究室的后续发展，起到了十分重要的推动作用。

也就是在此期间，北京航空材料研究所为了落实聂荣臻元帅"材料研究工作应很快上去，要走在生产、设计的前面。今后应扩大负担军工方面材料的研究工作。使钛合金能够应用到生产上去"等方面的指示，进一步扩大钛合金在新型飞机上的应用。选择了以喷气式发动机的压气机叶片和压气机盘为目标，使用钛合金材料，以提高飞机和发动机的使用性能。

经过一年的努力，北京航空材料研究所成功锻造出了 TC4 钛合金棒材。

这钛合金棒在颜鸣皋眼中，简直就如孙悟空的如意金箍棒，他对其寄予了厚望。

当第一批钛合金棒材运到成都飞机发动机厂，先是锻成了喷气式发动机第一级转子叶片模锻件。

可是，随后的机械深加工却遇到了"拦路虎"。工人师傅发现，在切削叶片模锻件时，刀具在上面直打滑，怎么也啃不动，并且很快就被烧损了，换了一件又一件。加工不得不停了下来。

如何啃下这块硬骨头？颜鸣皋关心着项目组的进展，一面帮助查找翻阅有关资料，一面指导 TC4 项目组人员一起攻关。

这时，工厂也成立了由领导干部、科技人员、工人组成的攻关小组。

通过共同努力，他们终于摸透了钛合金的脾气，攻克了机加工难关。

这些加工好的叶片，被装配到一台喷气式发动机上进行了长期试车，获得了成功。

这项科研成果为此后进行的 TC4 钛合金大炉试验的成功，为进一步研制成功飞机发动机钛合金一～六级盘和叶片奠定了技术基础，同时也开创了钛合金在我国航空工业应用的新局面。

颜鸣皋还组织和支持对于对 T-12、T-17 高温钛合金和 T-16 高强钛合金等新型钛合金的成分、工艺、组织、性能的探索研究工作。这些研究为以后研制成功各种高温钛合金和高强钛合金孕育了条件，也为建立我国航空用钛合金系列开辟了道路。

真是实践、理论双丰收。

那些日子里，颜鸣皋心情特别舒畅，总是笑眯眯的。他从来很少怀疑别人，也希望别人不要怀疑他对党和祖国的忠诚。每天对着初生的太阳，他都会长舒一口气，在心里对自己说：新的一天、新的生活开始了，努力哟！

开拓高温合金应用基础研究新领域

是的，新生活开始了。

颜鸣皋的新生活就是发现新的课题，有了新的研究方向。

20世纪60年代以来，苏联和美国等世界发达国家的航空发动机采用镍基高温合金的研究进入了一个较快发展时期，以喷气发动机的涡轮叶片工作温度为例，已经由原来的800℃提高到1050℃。

早在1962年，颜鸣皋在任北京航空材料研究所金属物理及化学分析研究室主任时，就开始指导开展基础性研究和高温合金的研究工作。同时，他还非常重视与中国科学院金属研究所、冶金部钢铁研究总院、北京科技大学等单位开展广泛的技术合作，共同开发高温合金的研究与应用。

高温合金的研究与应用上升到理论高度，缘自于他和陈学印副主任的一次偶然的聊天似的谈话。

那天早晨，这两位工作的伙伴、学术上的挚友、生活中的朋友与往常一样，安排完当日的工作，又坐下来谈起他们所在的金属物理及化学分析研究室未来攻关的方向。

颜鸣皋似乎在漫不经心地翻看着办公桌上的一本书，像问自己又像在问陈学印：

"这事是不是有点怪啊？"

"什么事怪啊？"

"学印，不知你发现没有，从国内外镍基高温合金研究和发展现状来看，实际生产已经走在了理论研究的前面。"

陈学印一听也来了精神头，点点头说：

"对呀，你这一说还真是这个事儿。老颜，你快点谈谈你的想法。"

颜鸣皋把正翻看的书合上，说：

"这事我还没有考虑成熟，但我总觉得咱们需要对镍基高温合金的进一步发展进行一下梳理，进一步探讨强化理论和强化机制。"

陈学印接过他的话头，表示赞同：

"这非常必要，尤其是对我们正在进行的航空高温合金应用研究具有非常重大的意义。"

"理论源自实践。我们就把这个课题当作突破口，以便更好地反过来指导我国航空高温合金的发展。"颜鸣皋下定了决心。

两位搭档思想上撞击出了火花，越谈越深入，越研究越兴奋。

这一天他们谈了很久很久，甚至都忘了吃中午饭，把一些细节部分都设计得非常周全。

此后，他们有时按照各自分工，分别收集资料，积累素材，撰写论文；有时又合力研究，携手攻关……

随着我国自行研制的飞机机型和机种的增多，颜鸣皋有时跑工厂，有时也到部队。

在工厂，他与技术人员探讨设计，他与工人师傅交流经验；

在部队，他与飞行员座谈体会，他与机务人员交换意见……

他发现，飞机生产和使用中出现的质量故障和失效问题，其中不少是由于材料问题引发的。

颜鸣皋又发现了"新大陆",确立了自己的研究新方向,开始领导开展材料应用研究这个新课题,将绝大部分精力致力于飞机故障、失效分析和零部件的延寿。

有一次,颜鸣皋来到华东某前线机场调研。

这天,是个飞行训练日。

迎着朝阳,战鹰整齐地排列在起飞线上,似一把把闪着寒光的利剑。

8时许,飞行指挥塔台上射出一颗绿色信号弹。开飞了,机场沸腾了。战鹰呼啸着直刺蓝天……

颜鸣皋仰首追着飞机看了好久好远。他为自己能成为这支英雄部队的一员而光荣,他为自己研制的钛合金材料能成为战鹰的一部分而自豪……

颜鸣皋来到某飞行师的修理厂。他看到有好几架飞机静静地停卧在那里,有的还拉开了机身,露出了发动机。他问修理人员:

"这架飞机是到期检修,还是出现了故障?"

"故障,是发动机叶片榫齿裂纹。"

颜鸣皋进一步追问:

"这种故障多不多?"

"多呢,你看,有3架飞机都是因为这个原因停飞。现在正是飞行训练旺季。可大量叶片报废,我们也没办法,只好日夜加班换发动机。"

望着修理人员焦急的神色,颜鸣皋心潮难平。他郑重地对那位修理人员说:

"小伙子,不要着急。部队的需要,就是我们科研人员研究的方向。我们一定尽快想办法,让发动机工作叶片延寿。我向你保证,决不能再让它拖飞行训练的后腿。"

回到研究所后,颜鸣皋立即领导有关科技人员开展对发动机叶片的故障分析,通过反复试验,采取去层电抛光再进行喷丸处理的办法,终于使叶片"返老还童",寿命由200小时提高到1200小时。这一成果,不仅使数百架飞机发动机叶片得以重新使用,还极大地提高了飞行部队飞机的出勤率和良好率,间接地提升了部队的战斗力。

1964年，颜鸣皋指导科研人员针对某型飞机发动机涡轮盘底槽裂纹的问题，进行了大量的故障分析和使用研究，采用 GH132 合金代替 GH36 合金作为涡轮盘材料，并取得成功，使其使用寿命由 100 小时延长到 750 小时。

同时，颜鸣皋还指导解决了高温合金板材分层、涡喷型发动机九级盘断裂、加力喷嘴折断等重大故障分析工作，得出了准确的科学结论，提出了相应措施，积累了对飞机、发动机零部件失效分析和延长使用寿命的经验，提高了分析技术水平。

这些工作和研究，对颜鸣皋和陈学印正在进行的高温合金应用研究起到了很大的帮助作用，促进了他这一开创性成果的早日诞生。

1964 年 7 月，颜鸣皋和自己的搭档、副主任陈学印合著的《镍基合金的强化》论文在《金属学报》上发表了。他们根据镍和其他合金元素的原子半径、晶体结构和电子层构造，预测各种合金元素的存在状态及强化序列，评述了高温合金强化机理和合金化理论，论述了固溶强化、沉淀强化和晶界强化等三种强化机理及对高温合金综合性能的影响，富有独到的见解，在当时具有非常重要的指导意义。

这篇论文除在《金属学报》上刊载外，科学出版社还出了专辑，并对外发行。这对早期正在开展的国内高温合金研究工作起到了重要的促进作用。

颜鸣皋在高温合金早期开拓性研究方面，得益于他对高温合金强化基础理论研究的独创性认知和见解，这些独到思想充分体现在他们的这篇综合评述论文中。

这项成果对当时正在利用我国富矿资源研究中国自己的高温合金起到了一定的指导作用，对其他合金的研究也具有引导作用，同时，为了提高材料研究工作的科学性，克服"大跃进"年代那种盲目、"炒菜式"调配合金成分的方法，提倡有分析地、按合金化规律进行合金研究，避免浪费和走弯路，进行了有益的探索。

2006 年在纪念《金属学报》创刊 50 周年的专刊上，高温合金专家谢锡善教授在纪念文章中写下了这样一段话："1964 年，颜鸣皋教授在《金属学报》上发表的综合性论文《镍基合金的强化》，是当时国内唯一一篇论述镍基合金强化的综合性论文，这篇论文不仅作为我教案的一部分重要内容，并且也推荐给高温合金专业学生课外阅读……"

颜鸣皋在任北京航空材料研究所总工程师后，还指导并参与了航空用高温合金材料的应用和基础研究工作，例如国家"863"、"国防预研"等项目。他作为研究生导师，指导博士研究生和硕士研究生开展了高温蠕变机理、蠕变－疲劳交互作用机理、高温抗氧化机理、高温下析出相形成与影响机制等研究方向的深入研究工作，取得了丰硕的研究成果，培养了一大批高温合金材料与应用研究科研人才。

1965 年 6 月 30 日，奉中央军委命令：北京航空材料研究所取消总字 927 部队代号。实行部院合并，改为第三机械工业部第六研究院北京航空材料研究所。此后，又先后更名为第三机械工业部北京航空材料研究所、航空工业部北京航空材料研究所、航空航天工业部中国航空科学技术研究院北京航空材料研究所、中国航空工业总公司北京航空材料研究所等。1996 年，更名为北京航空材料研究院。

颜鸣皋脱下了军装，与北京航空材料研究所的全体同志一起集体转业。颜鸣皋作为军人的时间虽然不长，仅有两三年，可实事求是地讲，这段时间却是他年富力强收获最丰的时期。

颜鸣皋与祖国共奋进，与祖国的航空事业共奋进，他信心百倍地朝着自己的奋斗目标迈进……

第六章　黑白颠倒，精神错乱的年代

难以求解的问题

沙尘飞扬，阴云密布。

1966年夏，那场史无前例的运动爆发了。

颜鸣皋正信心百倍地朝着自己的奋斗目标迈进之时，一场飞来的横祸降临到他头上……

颜鸣皋有着复杂的海外关系和由国民党政府公派出国留洋的历史背景，自然被列入斗争的对象。运动初始，对他的冲击还不是很大，只是让他说清楚问题。

颜鸣皋非常单纯，对组织的号召积极响应，经常认真地检讨自己的"错误"，无休止地挖掘思想根源，虔诚地学习最高指示和接受改造，努力地抓生产和进行科研。

应该这样说，那时颜鸣皋和全国人民一样，参加这场运动是非常真诚的。一开始"破四旧、立四新"，他就积极行动起来。他从美国回国时，曾带回来一部留声机和几十张古典音乐、管弦乐的密纹唱片。他把这些"四旧"拿到办公楼下亲手用锤子敲碎，丝毫不心疼。他还让妻子倪莹找出家中的照片，凡是他穿西服的、倪莹母女穿旗袍和连衣裙的，全部挑出来烧掉。他觉得，党的号召和指示无比正确，作为一名党员就必须不折不扣地执行。他甚至天真地认为：他兢兢业业地工作，与人无什么大矛盾，也没犯过大错误，运动再激烈，也不会触及到自己。

第六章　黑白颠倒，精神错乱的年代

然而，事情并不像颜鸣皋想象的那样，后来，造反派夺了党委的权，开始"横扫一切牛鬼蛇神"，颜鸣皋难脱厄运，"走资派"、"特务"、"反动学术权威"、"历史反革命"等一顶顶大帽子被扣在了头上，一场场批斗会开始被拉上了台。

"你要老实交代你的历史问题，公派出国前你们留学生都集体加入国民党，你是公派的，为什么没参加？"

颜鸣皋问答得很认真：

"在50年代忠诚老实运动中，我已向组织说清楚，我们那批没有集训，所以也没集体参加。"

"在中学军训时，许多人参加了复兴社、三青团，你参加了没有？"

"没有。"

到后来越问越离谱，什么"你回国前被美国人关进了监狱，是不是敌人用的苦肉计，发展你当了美国特务？"什么"你到苏联和外国人讲话，是不是在进行特务联系？"什么"你和走资派魏祖冶又留在苏联一个月，是不是被发展成为苏修特务？"什么"你的两个弟弟都是美蒋官员，你们怎么进行联系的？"……

颜鸣皋很无奈，这些问题如实回答被斥责为"隐瞒历史，不老实"，可不如实回答，他又该怎么回答呢？

颜鸣皋感到压力巨大，大得有点喘不过气来，严重失眠，整天唉声叹气。

妻子倪莹看他这个样子，心中十分着急，就劝他：

"你要想开点。现在是运动，谁都得过关。被贴大字报、受批判的又不是你一个人，以前的领导不都在挨斗吗？"

颜鸣皋苦恼地说：

"我就是想不通。我回国后，已经如实地向组织汇报了家庭情况和个人历史，组织上也下了'历史清楚'的结论。入党后，我严以律己，不计较个人得失，按照共产党员的标准严格要求自己，怎么还是得不到信任和理解呢？"

倪莹说：

"想不通你就别想。咱脚正不怕鞋歪，随他们说去。再说了，他们这些人也不能代表组织。你让他们信任和理解干吗呢？"

"我能不想吗？从前组织学习《论共产党员的修养》，党叫干啥就干啥。可这难道都错了吗？"

倪莹无法解答他的问题，只好无语。在当时，这是一个谁也无法解答，谁也不敢解答的问题。

然而，就是在这种情况下，颜鸣皋依然放不下工作，关心所里的生产和科研，还是经常到基层科室检查指导。

1968年岁末的一天，他和所革命委员会生产组的王峙南一同来到26室（金相室），看到两位技术人员正在做GC-19与H-11（美钢牌号）的金相对比。

这两位技术员一位叫刘才穆，一位叫沈绳德。

刘才穆当时很年轻，才30岁出头。这是他第一次真正认识颜鸣皋。参加工作后，他从老同志那里听过颜总的传奇经历，对这个德高望重的学者非常敬重，虽然见过面但没说过话。

颜鸣皋看到这两位同志在"停产闹革命"的形势下依然执著地热爱科研，不由得喜出望外。他亲切地和他们打了一声招呼，就走了过去，俯身看显微镜，认真观察起来。只要一置身到科研这个环境，他似乎把什么都忘了，是那样的专心致志。观察了一阵后，他抬起头来，说出了自己的对比结果。

真是"初生牛犊不怕虎"。刘才穆、沈绳德和颜鸣皋在马氏体的认知上有些不同意见，就当场说了出来。

颜鸣皋不由得对这两位年轻的技术人员刮目相看，非常喜欢这种不唯上、敢争鸣的科研态度和精神。他索性坐了下来，和气地对他们说：

"好啊，咱们就一起讨论讨论。"

颜鸣皋不愿把自己的意见强加于人，希望在讨论和争鸣中达成共识。

讨论了一阵后，刘才穆觉得这是一个难得的向老专家学习的好机会，就又提出了一个问题请教：

"颜总，你说这两种钢的组织均匀性差别在哪里？"

颜鸣皋微微一笑，耐心地回答：

"你们想一想，是否应该从这两个方面看它们的差别。首先从冶炼中看差别，不同型号钢冶炼的材料、工艺等方面肯定有差别，除此之外，还要注意它们的变形问题，这其中也有差别。你们说是不是这个理？"

刘才穆点点头，思索着颜总的答案，沉浸其中久久没有说话。后来，他到欧洲和美国考察时，看到他们十分注意开坯变形工艺和坯料表面的完整性，与颜总的观点不谋而合。

也不知过了多长时间，颜鸣皋拍了拍刘才穆的肩膀说：

"小刘，你们继续工作吧。我要回去了，咱们以后再讨论，好吗？"

刘才穆望着颜鸣皋离去的背影，深深地被感动着。他竟有点不相信，颜总这样一位知名学者能与下属平等地讨论问题，并且让人无拘无束地发表不同意见，实属难能可贵。一刹那间，他的脑海中竟闪过这样一个念头：这是不是在运动中，领导刻意放低了身价啊？

后来，刘才穆来到颜鸣皋身边，任他的学术秘书。在颜鸣皋的直接领导下工作，共同进行课题研究长达14年。时间久了，接触多了，刘才穆才知道这是颜鸣皋的一贯作风，并非"文化大革命"运动的临时做样子。

刘才穆这样评价颜鸣皋：

"颜总是一位德高望重的学者，也是一位慈祥和蔼的长者。他博学多才又谦逊好学，从做事做人上讲都是比较完美的……

"他要做什么事总是用征询的口吻说话。平时找他请教的人，不管事前是否约定，只要来了就是客人，热情接待。有时普通技术人员与领导产生矛盾找到颜总，他总是实事求是地进行处理。由此也给他带来过一些麻烦，但他能理解并无任何责怪之意。总之，我觉得颜总是那种很有涵养的知识分子。"

颜鸣皋的涵养有口皆碑，但那场"大革命"的残酷却让他难以忍受，有时钻进一个思维怪圈怎么也出不来。

一天中午，颜鸣皋被叫到办公楼，让他交代问题。他坐在办公桌前，面对一叠稿纸，在那里愣神，一个字也写不出来。

突然，颜鸣皋的耳畔响起一个声音，这声音既熟悉又陌生，既亲切又威严：

"你要斗私批修，认真改造世界观。"

颜鸣皋喃喃地回答：

"是的，我一定要斗私批修，认认真真改造世界观。"

"这是组织对你的考验，你要用实际行动接受考验。"

"我接受组织的考验，我用什么实际行动呢？"

"你站起来，打开窗户，到外面去看一看。"

颜鸣皋立即站起身来，拔下了窗户上的插销，推开了窗户……

这时，有人突然推门进来了。

颜鸣皋心中一惊，转身回到桌子前，又开始绞尽脑汁交代自己的问题，又陷入了想不通，解不开的旋涡之中……

现在想起来都让人后怕，如果当时没有人进来，颜鸣皋很有可能就跨出了窗户。可是，他对此却一点儿感觉都没有，依然沉溺在能与人对话、能说心里话的怪圈里。这是非常非常危险的事情……

性格决定命运。在这里，笔者没有把颜鸣皋写成怀疑和反对那场运动的先知先觉者，而是实事求是地按照本来的面貌，还原颜鸣皋当时的真实情况。

在那场浩劫中，颜鸣皋的性格决定了他必然坚决按照组织的指示办，认准了就决不会走样。他把磨难当成了党的考验，总是在自身找问题，从来都没怀疑过党和领袖发动这场运动的正确性。因此，当他对一些问题想不通时，无法找到排解的渠道，思想的压力也就十分大。这是当时知识分子的通病，许多人因承受不了压力而自杀，发生了许多令人扼腕的悲剧。

有一个声音在指挥着他

夜深沉。

在这沉沉的深夜里，颜鸣皋的耳畔还呼啸着"触及灵魂闹革命"的口号，躺在床上，他圆睁着两眼怎么也睡不着觉，但又不敢翻身，生怕影响到妻子和孩子。

倪莹也没有睡着，她非常担心颜鸣皋的精神状态和身体。这些日子里，颜鸣皋明显地消瘦了。本来就不爱说话的他，更加无言。有时吃着饭就发起呆来，嘴里含着一口饭忘了嚼咽，望着一个地方痴痴发呆，连着叫他几声都听不见，这让倪莹感到害怕。后来才知道当时由于他受到巨大精神压力，已经患了处于精神分裂症的边缘——"幻听"症。

1969年，颜鸣皋被关进"牛棚"，进行劳动改造。

这里面关着所里许多老领导、老专家。见到他们，颜鸣皋苦笑了一下，相对无言。

这"牛棚"是一座空旷的大厂房，水泥地上铺上一层稻草，倒是非常名副其实。

每天天一亮，他们就被叫起来，站成一大排，对着毛主席像请罪，风雨无阻，一天数次，吃饭前和睡觉前都必须进行这种仪式。

知识分子的尊严和自尊心受到了极大的摧残和污辱，颜鸣皋的精神到了崩溃的边缘，那个"声音"与颜鸣皋的对话越来越勤，经常指挥他干这做那。但颜鸣皋始终把握着这样一个底线，当造反派动员大家互相揭发、批判、斗争时，他始终一言不发，就是在被逼无奈走上台时，他总是检讨自己的"问题"。

这年夏天的一天上午，"牛鬼蛇神"列队外出参加劳动，颜鸣皋也置身其中。快走到大门口时，一辆大卡车从后面开来。

这时，那个声音又指挥颜鸣皋，"这辆车是上级派来接你的，你快点上去。"

"好的。"颜鸣皋冲出队列。

这辆大卡车驶近大门的时候，放慢了车速。

颜鸣皋见车缓缓行驶，就要往车上爬。许多人上前拦他，他挥着手喊：

"这是上级派来的车，专门来接我的。你们不要拦我，你们不要拦我……"

这下，颜鸣皋可惹祸了。

造反派说他"装神弄鬼"，是"资产阶级的疯狂反扑"，回去马上召开批斗

特殊材料铸人生 ——记中国科学院院士颜鸣皋

会,让他交代企图逃跑的动机。

这下,颜鸣皋可惨了。

批斗会上,颜鸣皋脖子上挂了一个灭火器,低头弯腰被批斗了一下午。本来他的身体就弱,哪经得起这样折腾,时间一长,他的双腿直打颤,殷红的鲜血从鼻孔里不断线地往下滴……

批斗会后,有些好心的"牛友"劝颜鸣皋:你是不是有了病,快点请假去医院看看,拿点药。身体是革命的本钱,不要硬撑着。

"我没有病,我不吃药……"颜鸣皋眼睛直直的,反反复复诉说着。他就是不承认自己有病,坚持不去医院,不吃药。

可是,那个声音依然纠缠着颜鸣皋,指挥他或半夜或中午去折腾正在睡觉或休息的造反派和看守人员。一会儿让他汇报思想,一会儿叫他去交待问题……

造反派和看守人员被折腾得恼羞成怒,颜鸣皋也为此付出了更加沉重的代价。

颜鸣皋并不知道也不承认自己有了"幻听",已处于精神分裂症的边缘。

这一回,颜鸣皋不仅仅是鼻孔流血,而是胃出血,前些年的老毛病又犯了,解的大便都是黑色的。

时间一长,颜鸣皋的身体越来越差,饭量也越来越小。

到了1970年11月初,每次吃饭都已经成了他的痛苦,常常一整天咽不下去几口。

好在他有一个疼他、爱他、信他的妻子。倪莹始终坚信:丈夫是一个好人,是一个忠诚党、热爱祖国的科学家。

每天,她迎着寒风,躲闪着不懂事的孩子们扔出的石子,拖着复发的病体,依然坚持一天三顿为丈夫送饭。可是,颜鸣皋却吃不下,常常是怎么送过去又怎么提回来。

倪莹望着骨瘦如柴的丈夫,心如刀绞。她默默地祈祷:"老天啊,你睁开眼吧,保佑天下的善良人,保佑我至亲至爱的人,度过这黑白颠倒的岁月吧!"

有时候，人性确实已经泯灭，良知确实被狗吃了。这种状况大概有三个星期了，可造反派还依然派给颜鸣皋重体力活，让他砸铁块。

一下、一下……

咣当、咣当……

颜鸣皋喘着粗气，艰难而又机械地抡着16磅的铁锤，每一下他都似乎使尽了全身的力气，每一声都震颤着他的五脏六腑……

抡着、抡着……

突然，颜鸣皋只觉得头一蒙，眼冒金花，口吐鲜血一头栽倒在地，就什么也不知道了……

从死亡线上爬回来

颜鸣皋栽倒在地，昏死了过去。

现场顿时乱作了一团。

当时"工宣队"、"军宣队"已经进驻研究所，得知这一情况后，让造反派将人送医院抢救。

颜鸣皋被紧急送到到北京海淀医院。可是一听说是"特务"，医院不敢救治，往北京航空材料研究所打电话，询问"工宣队"、"军宣队"。当时，驻所"工宣队"的王总指挥是城子煤矿的老工人，思想觉悟较高。接到电话，他回答说："不管他是不是特务，请医院本着'救死扶伤，实行革命的人道主义'的精神抢救。"

医院一检查，颜鸣皋血色素仅有3克，人处在昏迷中。需要马上输血后动手术，并下了病危通知。

造反派通知了家属。

倪莹闻讯赶到医院，可还是进不了病房门，因为有看守在门口把着。她着急啊,在外面无助地转着圈子;她担忧啊,心急如焚,泪水横流……

颜鸣皋被推上了手术台,打开腹腔后才发现胃里长了东西,将整个胃切除了五分之四。

应该说,驻所"工宣队"王总指挥和海淀医院的医生们是有良知的,可敬的。他们没有看颜鸣皋的身份、背景,精心手术,挽救了颜鸣皋的生命。

昏迷了一天一夜,颜鸣皋又一次奇迹般地从死亡线上爬了回来,终于苏醒了。他看到在门外一直守候的、面容憔悴的妻子倪莹,心中感到无比的内疚。这时候造反派才开了恩,让倪莹进到病房,与颜鸣皋见了一面。

这场大病,让本来就很消瘦的颜鸣皋瘦得更不成样子。

手术半个多月后,颜鸣皋能下床了,偶尔也可以到医院的院子里转一转。但是,"幻听"的毛病还时而发生,只不过表现得没有以前严重。

颜鸣皋的父母得知儿子身患重症住进了医院,心中的忧虑无法用言语述说。年近8旬的老父亲颜余庆从城里来到了医院。

这天午饭后,颜鸣皋出了病房想到外面走走,在门口正巧碰到了父亲。

父子俩相距不到1米远,父亲颜余庆竟然没有认出儿子来。他问颜鸣皋:

"同志,颜鸣皋住在哪个病房?"

颜鸣皋已经认出了父亲,上前抓住父亲的手说:

"爸,您怎么来啦?"

老父亲吓了一跳,看了颜鸣皋好大一会儿,流着泪说:

"儿啊,你、你、你怎么变成这个样子?"

颜鸣皋也不知道自己变成了什么样子。此时,他瘦得皮包骨头,完全脱了形。看到父亲这么悲伤,他心里也十分难受,强打精神安慰父亲:

"爸,您放心。我没事的,病很快就好,很快就会出院了。"

父亲看望过颜鸣皋一个星期后,就和母亲十分不放心地离开了北京,被接到广州六弟颜鸣鹤家中,度过他们的晚年。

颜鸣皋出院后,对他的政策有所宽松,不让他进"牛棚"了,让他到修理车间钳工班劳动,接受教育。当时,他的身体还十分虚弱,从家里走到车间,虽只有几百米远，但他虚弱得上气不接下气，要停下来休息好几次。

有一天，"军宣队"的一位同志看到颜鸣皋蹲在路边喘粗气，就问道：

"老颜，你蹲在这里干什么？"

"我到车间上班。"

"瞎胡闹，你刚出院上什么班。你回去吧，先休息一个月，病好了再说。"

颜鸣皋还有点不相信，又追问了一句：

"你说让我休息一个月？"

"对，休息一个月。"

这一个月对颜鸣皋太重要了，对我国的航空事业太重要了。在这里，我们还要感谢那位不知名的解放军战士，那位到北京航空材料研究所"支左"的军宣队员，是他的良知保护了一位科学家，使颜鸣皋的身体得以恢复，从而能够长期地为我国的航空事业做贡献。

几十年过去了，那一页沉重的历史早已被翻了过去。在人们偶尔谈起时，还会想起许多是是非非、恩恩怨怨……

可是，颜鸣皋胸怀坦荡，不计恩怨。在采访他的过程中，他对在那个年月里批过他、整过他、甚至对他动过手的人，从未提及。他真诚地这样说："在'文革'中，大家都是受害者，共同吸取教训吧。"但对帮助过他、保护过他的人，他却念念不忘，虽然过去几十年了，他依然记得清清楚楚。他说："'军宣队'的人比较好，在我最困难的时候，保护了我，帮助了我。如果不让我休息那一个月，我都不知道我能否撑下来活到今天，世间还是好人多啊！"

用钻研医治创伤

颜鸣皋获得了宝贵的一个月。在这一个月里，他可以调养身体，可以调养精神，还可以自由活动。这真让他感到无比的轻松和幸福。

特殊材料铸人生——记中国科学院院士颜鸣皋

起初,颜鸣皋尚心存疑虑,因为此时他隐隐约约觉察到自己患了"幻听"症,他怀疑让他"休息一个月"这句话,是否又是那个神秘声音的指示?有时,他会冷不防地问妻子倪莹:

"我在家休息,有没有人找过我?"

倪莹安慰他:

"没有。解放军让你休息,人家还来找你干什么?"

"这就好,这就好,这次是真的。"

颜鸣皋终于心安了,开始安排自己的日程。他要首先弄清害他不浅的"幻听"是什么毛病。他找来一本医学大词典,对"幻听"这种毛病进行了了解。"幻听",在医学上被称为"心因性反应",是一种精神病症状,主要病因是精神压力过大。

"噢。精神压力过大。"颜鸣皋弄清病因之后,自己也在努力寻找舒缓精神压力的办法。

一天,颜鸣皋进了城,来到了王府井百货大楼。

在闲逛过程中,颜鸣皋在柜台里看到了一堆八管收音机零件。他从小就对无线电有兴趣,不由得动了心。他问售货员:

"这套零件卖不卖?"

售货员告诉他:

"卖是卖,只是没有线路图。你买回去也没用。"

"没线路图我也买。"颜鸣皋问了价,二话不说就掏出了钱。

那位售货员用一种奇怪的眼神看看他。

颜鸣皋捧着一堆零件喜滋滋地回到家,摊在桌子上自己琢磨着装配起来。

倪莹不放心他的身体,在旁边给他泼冷水,说:

"你又瞎鼓捣啥?别累着,让你休息就好好休息。"

颜鸣皋心情不错,笑着对妻子说:

"让我什么都不干,更难受。闲着容易胡思乱想,我集中精力装部收音机,是更好的休息。"

倪莹是个贤妻良母型的女性，对丈夫从来都是顺从，听他这样说，也就不吭声了。心中暗想，也许他说得对。

颜鸣皋是个善于钻研的人，只要一进入钻研状态，他就忘我了。从王府井回来之后，他就沉醉于那堆没有图样的零件之中了，他东接接，西配配，一会儿用烙铁焊接上这个，一会儿又用烙铁烫下来这个重接，用了近一个月的时间，他竟把收音机装好了，并收到了中央人民广播电台的声音。

说来也怪，颜鸣皋的"幻听"毛病没让医生看，没吃药，也没打针，就是在装配收音机的过程中，竟奇迹般地不治而愈了。

俗话说，心病还需心医治。颜鸣皋精神上的疾病和心理创伤的痊愈，在于他精神上的舒畅。从"军宣队"的同志让他休息这个信号，他看到了希望，意识到自己重返科研一线的那一天不会太远了。

1971年上半年，颜鸣皋被宣布"解放"出来了。虽然栽在他头上的一些不实之词还没有什么明确的说法，虽然还是被作为没有改造好的资产阶级知识分子被控制使用，但毕竟可以边参加劳动边进行一些研究了。

在发生林彪"折戟沉沙"蒙古的事件之后，形势有了进一步的转机。"又红又专"的口号又开始叫响，为革命学业务、学文化、学技术、搞科研的倾向又开始萌动。

颜鸣皋决心用新的科研成果来洗清自己的冤屈，向党表白自己的忠诚。

颜鸣皋在政治和生活上的某些方面是迟钝的，但他的科学眼光却是异常敏锐的，视野是非常开阔的，在全国上下还处在"四海翻腾云水怒，五洲震荡风雷激"的岁月时，在他还时不时要到台上低头弯腰时，他就已经注意到断裂力学和新型检测技术正在世界航空界迅猛发展的趋势。

有人说：富有创见的科学家，是那些用全部心血和独特情感去关注科技发展，并能敏锐地预见战略目标的人。

颜鸣皋就是这样一位富有创见的科学家。

为战鹰疗治损伤

机遇垂青有准备者。

1974年的一个春夜,身体渐有好转的颜鸣皋,这天早早上床躺下休息。

忽然,外面响起了敲门声。

颜鸣皋心想:这么晚谁还来找,有什么事情?

他披衣起来开门,看到外面站着的是刘才穆、顾明达两位同志,就笑问:

"原来是你们两个,有事吗?"

刘才穆进屋就说:

"颜总,我们是来请您挂帅出山的。"

这到底是怎么回事?

笔者这里借用颜鸣皋的原学术秘书刘才穆同志的回忆来交待一下背景。刘才穆,研究员,曾任中国航空工业总公司科技局材料技术处处长,直9、直11型号副总设计师、总冶金师,部级有突出贡献专家,享受国务院特殊津贴。顾明达,材料力学性能专家,在疲劳断裂领域有较高造诣,当时在25室任疲劳专业组组长。

20世纪70年代初,我人民空军装备的国产歼6型飞机不断发现起落架出现裂纹,裂纹概率呈正态分布,峰值在飞行70～120个起降之间。

飞机起落架就是战鹰的腿,起飞降落全靠它,对保证飞行训练、安全和战斗起飞尤为重要。

当时我国所有机种和关键零部件并无寿命期。苏联说明书中只有返修期,而歼6型飞机起落架的返修期是500个起降,按裂纹出现概率和返修期折算的话,每架飞机最少需配备4副主起落架。起落架的生产是当时我国航空制造部门的瓶颈之一,备件供不上成了当时最突出的问题。于是,出现了飞机大量停飞的状况,这可是涉及部队战斗力和国家安全的重大问题。为此,空军无奈只好采取优先保证一线部队供应的措施。这样，二三线部队基本上得不到备件。

了解飞行部队的人都知道，飞机讲究出勤率和良好率。飞行无小事，飞机上哪怕缺一枚螺钉也不能算良好。不良好就不能出勤，良好率低出勤率就低。

飞机上不了天，部队领导着急，飞行员着急。

武汉军区空军就遇到了因起落架故障影响飞机良好率继而影响飞机出勤率的问题。为了保证飞行训练，在不得已的情况下，他们采用补焊方法来缓解备件不足的问题。但是，这是有点冒险的，因为按照苏联的规范，超高强度钢是不允许补焊的。

1974年初，断裂力学学会会议在广西南宁召开。会上，武汉军区空军的龙汇生同志与前来参加会议的北京航空材料研究所的顾明达探讨商议，能否对飞机起落架补焊这个问题有一个科学的回答，并初步达成意向共同研究这一问题。

解决部队的急需是科研部门的责任。

顾明达回京后马上就与刘才穆商量，怎样才能完成好这个部队急需的科研课题，后来他们又找来王仁智共同研究。当时，刘才穆手头正好有一份F－111枢轴损伤容限评估的资料。他们研究后，觉得虽然起落架属单通道传力结构，不能完全满足损伤容限评估的条件，但其敞开性很好，容易监控裂纹扩展，技术措施得当还是可以保证安全的。如果在焊缝及其热影响区采取喷丸强化和表面完整性处理，还可以进一步延长起落架寿命。他们三人意见完全一致，但考虑到某些涉及构件寿命问题，已超出本所研究范围，需要找高校或设计部门参与。如何解决？首要还需看三机部能否同意将此立项列题。为此，他们专门来到三机部，向飞机局顾伟豪汇报。顾伟豪听后立即表示大力支持，认为：采取结构、材料、使用相结合的方式非常好，进行损伤容限评估也是国内创举。并对他们说，列题问题不大，各种协调工作由他负责。

时过不久，顾伟豪就打来电话说：北航、西北工业大学（简称西工大）飞机系都愿意参与此项工作，并与北航、西工大商定，半月后将各方提出的初步方案汇总到部里进行汇报。同时，指定这个课题的负责人由顾明达和刘才穆担任，使用方的负责人待与武汉空军协商后再定。

听到这个消息后，顾明达与刘才穆十分兴奋。他们聚在一起商量后，觉得这个课题牵涉所内的专业很多，要进行协调的事也很多，需要请一位德高望重、学识渊博的同志担任顾问。

那么，请谁合适呢？

他们不约而同地想到了颜鸣皋。

于是，他们连夜赶到颜鸣皋家，这就出现了本节开头的一幕。

颜鸣皋听了他们的情况汇报后，认真思索着。

刘才穆诚恳地对他说：

"我们想请您当顾问，参与指导这项研究工作。"

"好！咱们共同啃下这块硬骨头。"颜鸣皋点点头说，答应得十分畅快。

第二天，颜鸣皋就早早来到了办公室，亲自参与方案研究和确定人员的组成。

很快，在北京航空材料研究所科技处的大力支持下，按照多专业配套并有机结合的原则，组建了一个由材料、工艺、测试等专业骨干组成的课题组。

课题组开展工作后，颜鸣皋就反复强调：

"研究工作的基本方式应该是宏观与微观相结合。材料、工艺、测试相结合，做到知其然，更要知其所以然，充分发挥我所多专业的综合优势。"

不久，在顾伟豪的主持下，在三机部内召开了北京航空材料研究所、西工大、北航参加的联席会，共同讨论了课题大纲及分工与进度，并决定由北京航空材料研究所去与武汉空军商讨双方合作事项。

颜鸣皋带着顾明达、刘才穆及王仁智等同志来到了武汉。

武汉，对颜鸣皋来说，太熟悉，太亲切了。他对这个江城有太多的回忆，一踏上这里的土地，一嗅到这里的气息，与这里有关的往事，就如同这里经常飘洒的濛濛细雨，点点滴滴，一古脑儿涌上心头：这里有他儿时的足迹，这里有他母校的伙伴，这里有他甜蜜的初恋……

第六章 黑白颠倒，精神错乱的年代

可是，他没有时间追寻这一切，住进武汉军区空军某部招待所后，就立即投身到课题实施方案的讨论中。

军地双方的联席会由武汉军区空军机务工程部王部长主持。

武汉军区空军机务工程部指定龙汇生同志为军方课题负责人。

"颜总，咱们开始吧？"王部长侧身问坐在他身旁的颜鸣皋。

颜鸣皋掏出笔记本，点点了头说：

"好。"

这次会议讨论得很充分，效率也很高，对一些问题做了明确的分工。

会议确定：

在武汉军区空军原补焊工艺的基础上，由北京航空材料研究所进一步完善工艺，并对焊缝断裂参数进行测定，同时研究裂纹的检测方法；

北航、西工大进行应力强度因子计算，估算寿命，确定检查周期；

武汉军区空军担任试验件的补焊方法，并派技师到北京航空材料研究所实施。补焊起落架的台架试验，由武汉军区空军联系空一所安排（后因空一所任务繁重不能安排，武汉空军改为调两架飞机直接做起降试飞）。

至此，一个完整的工作大纲形成，实施方案确定。具体计划各单位自定，但必须相互通气，做好衔接。

会议快要结束时，颜鸣皋做了发言：

"同志们，我们现在开展工作的条件已经基本具备。但是，我们这个课题关系到国防建设，关系到部队训练，关系到飞行安全，一定要慎重、慎重、再慎重。我提议，在课题进入实际操作之前，我们要立即深入到飞行部队，具体了解飞机损伤的情况，多听听飞行员和机务官兵的意见。"

王部长当场表态：

"请颜总放心。科研部门的同志要到哪里去，你们提出来，我们马上安排。"他又对龙汇生指示道，"你们要全力以赴配合好，争取早点出成果。"

于是，这次会后不久，刘才穆就带领课题组的部分同志，与北航何庆芝、张行、杨秉宪等一起，再次来到武汉军区空军所属单位及修理厂，先后去了丹阳、鲁山等地调研。同年，刘才穆又和顾明达、陈美芬等同志到了南京军区空军调研。

颜鸣皋的科研态度是非常严谨的。他知道，这个课题直接牵涉到疲劳和断裂力学，当时，疲劳和断裂力学理论、参数测定的研究在我国处于初期，虽十分兴旺，可实际应用相对落后。因此，需要对参与的一般技术人员进行这方面的基础知识补课。

什么是疲劳和断裂力学呢？这是一个司空见惯的现象，比如说对一根铁丝反复折合，就会出现疲劳，渐渐产生裂纹直至断裂。舞台上、屏幕上，我们也经常看到有扭弯或折断铁勺的表演，也是利用这种原理。但是，要对其进行准确的科学分析和数据测定，则非常深奥和复杂。

颜鸣皋想到了在这方面有所建树的葛庭燧学部委员（后称院士），就邀请他到北京航空材料研究所以《疲劳断裂机制》为题进行讲学，并商讨合作研究工作。

葛庭燧针对课题提出了两个重点：（1）可否在裂纹扩展曲线上也找到某些像 $\sigma - \varepsilon$ 曲线一样的各种临界点，供设计使用。（2）注意裂纹扩展过程中弹塑性区的交互作用，裂纹尖端的钝化与对裂纹扩张的抑制作用。这对课题的研究有很大的启发。

期间，在颜鸣皋的主持下，还共同商讨了与中国科学院金属研究所合作的内容，即通过金属内耗作用来研究裂纹形成扩展的机理。

颜鸣皋一贯主张：在科研领域，不要自我封闭。要实行多方面的合作，集思广益。

在葛老的启发下，课题组重视了塑性区的研究，课题组成员西工大郑长卿教授，在用光弹性测定塑性区开始，在细观力学方面取得了卓越成就，成为该领域内国际上几个知名学者之一。

这是一场攻坚战，这是一场合成战役。

各方面的力量齐动员，各有关单位实行大协作。

颜鸣皋对课题组重点强调：要重视断口分析，这是宏观与微观结合的桥梁。

北京钢铁研究总院引进了国内首台扫描电镜，该院孙福玉同志全力配合课题组，对断口形貌进行系统研究。断口形貌忠实地记录了断裂的历程，通过断口分析反过来可以追溯断裂产生的历史。因此，断口研究早已成为一门专门的学问。北京航空材料研究所和国内几个研究所在这方面做过大量基础性的工作。但系统地对 $a-N$ 曲线，从起始裂纹至临界裂纹，对裂纹起始、扩展、失稳扩展，至最终断裂的各个阶段的特征，直接在断口上从低倍到高倍，进行系统的研究这还是首次。

北京有色金属研究总院有台高压透射电镜，派出刘永洪、李勇等同志，大力配合课题组进行断裂与钢的组织结构的研究，虽然由于制片困难，高度微观，难于确指是否为裂纹穿越途径，而断口匹配的镶片，也因为磨削影响难以得到清晰图片，其结果不是十分理想，但这也是一种首创性的探索。

在这些首创性的探索和合作工作中，颜鸣皋从不缺席，都深入一线进行具体的工作，每次获得的照片，他都要和刘才穆等人一起反复分析、讨论，追寻最佳结果。

这些结果也为后来北京航空材料研究所陈鹦进行谱载条件下的断口反推奠定了基础。断口反推这项成果，在歼6、歼7、强5等机种的定寿上都得到了实际应用。

在课题具体研究中，颜鸣皋还不止一次对课题组的同志讲：

"我们要多向军方同志学习，重视他们提出的每一个问题。他们身处一线，实际操作装备，最有发言权。同时，我们还要时刻想到，我们研究出来的成果，要方便现场使用，不能给部队添麻烦。"

武汉军区空军方面提出：

"喷丸强化如果将漏检的残留裂纹覆盖，会不会起到反效果呢？"

王仁智1956年于哈尔滨工业大学毕业后到北京航空材料研究所工作，是著名喷丸强化与疲劳断裂专家，编著出版过《技术材料的疲劳性能与喷丸强化工艺》等专著10余部。课题组派王仁智专门前往部队，给武汉军区空军的同志作学术报告，释疑解惑。同时，还深入基层现场办公，对焊缝及热影响区表面裂纹清理做了认真处理。

郑文仪是位女同志，研究的是裂纹检测方法。

颜鸣皋对她提出了希望：

"你要想部队所想，急部队所急，把眼睛盯在实用上，拿出简便易行、适合外场的方法。"

郑文仪记住了颜总的话。她从适用渗透液的选择，到目测、放大镜、内窥镜，以及磁探方法，都一一做了研究对比，终于研究出了一套基层部队能够简便使用而且快速准确的裂纹检测方法。为了使部队官兵能够很快掌握，她还来到机场，进行现场演示并培训人员，得到广大官兵的好评。

武汉军区空军提出了要求：为了对付内孔裂纹，希望他们能够研究出一种进行内孔喷丸强化的板带。

颜鸣皋说：

"部队的要求是对我们科研工作最大的信任，我们责无旁贷，必须无条件完成。"

以郑瑞琪为首的攻关小组成立了，几个月的连续奋战，几个月的反复试验，内孔喷丸强化板带终于诞生了，并运用于武汉军区空军的飞机修理工作中。

当颜鸣皋听到部队十分满意的反馈后，十分欣慰地笑了。

实践证明，经过补焊加强化的起落架，通过试飞和损伤容限评估，寿命可达1200个起降，4次检查周期裂纹漏检概率为万分之几，有足够的安全概率，检查周期由50个起降改为200个起降。外场工作量大为减轻，飞机良好率和飞行安全系数也大为提高。

武汉军区空军把报废在仓库中的200多副起落架重新修复使用，解决了飞行训练的燃眉之急。

三机部飞机局的顾伟豪对此这样评价：这一课题是我国航空工业应用损伤容限评估寿命的首次实践，为后续歼6、歼7、强5等机型定寿提供了经验，为军机与民机的损伤容限设计做了技术准备。

后来，课题组相关成员大多继续参与上述机种的定寿工作。

应该说，这项课题研究的成功，是他们向断裂力学这门新兴学科进军征程中一场漂亮的前哨战。

对颜鸣皋来说，这是他科研道路上的一个新的航标灯。他把握准方向，开始了新的航程。

颜鸣皋非常重视断裂力学这门新兴的重要学科，他在一篇报告中这样写道：

"开展断裂力学疲劳理论的研究和应用，可以科学地确定和提高飞机、发动机的使用寿命，对保证飞机安全，确定检修周期，以及对合理选材，控制和提高生产产品质量等，都具有十分重要的意义。航空结构与部件的设计由传统的静强度设计和安全寿命设计发展为断裂设计、损伤容限设计，抗疲劳技术可推迟宏观裂纹的形成，减缓疲劳裂纹的扩展速率，提高结构或零件的使用寿命。因此，开展这方面的研究工作非常必要。"

开展断裂力学疲劳理论的研究和应用，是时代的需要，事业的需求，更是一个航空材料科学家的使命与责任。随着我国航空事业的发展，我国自行设计的一些新型战斗机，也陆续装备到部队。航空结构与部件的设计由传统的静强度设计和安全寿命设计发展到损伤容限设计。

为了保证新机种设计的需要，颜鸣皋深知开展这方面的研究工作不容再迟延。他决心对材料疲劳和断裂性能以及数据的测定发起攻关，尽快掌握疲劳裂纹的扩展规律及疲劳试验技术。

于是，颜鸣皋亲自组织和领导固体力学与物理冶金两支科技队伍，采取宏观力学和微观分析相结合的方法，开展对金属材料疲劳与断裂方面的基础研究和应用研究工作。

在此期间，虽然也曾受到过"唯生产力论"的责难，及"反击右倾翻案风"的冲击，但颜鸣皋只要一沉浸在科研的快乐之中，就什么都不在乎了。

到粉碎"四人帮"，"文化大革命"结束时，颜鸣皋及其合作伙伴们的一些创造性和系统性的科研成果，已经初见端倪。这为追赶世界航空材料的研究和应用奠定了坚实的基础。

在那个精神错乱的年代，颜鸣皋也几乎被折磨得精神错乱，但他的爱国情怀、报国理想、知识分子良知和科研精神始终没有一丝一毫错乱。他对党、对祖国的航空事业始终抱有坚定的信心和无比的热忱。

第七章　新长征，生命华章绽放异彩

疲劳与断裂研究的先行者

"十月里，响惊雷"。1976年10月，随着"四人帮"的垮台，那场史无前例的"文化大革命"也随之结束了。

以全国科学大会召开为标志，宣示着科学的春天到来了。

颜鸣皋生命的春天也来到了。拨乱反正，落实政策，泼在他身上的污水被彻底洗清，恢复名誉，冤案得以彻底平反。

人逢喜事精神爽。

颜鸣皋感到无比的轻松，愈加意气风发，斗志昂扬。他决心在祖国实现"四个现代化"的新长征中，奋力拼搏，多出成果，为国争光。

1978年，在北京航空材料研究所新一届领导班子里，颜鸣皋又被任命为技术副所长、总工程师，当选为党委委员。

"十年浩劫"后，百废待兴，困难很多，也可谓受命于危难之中。

组织上决定：为了使颜鸣皋能够更好地工作，让他到小汤山疗养院休养一段时间，以医治他在"文化大革命"中倍受摧残的身心创伤。

颜鸣皋正处在无比兴奋之中，哪能静心休息，他在进院前就已经做了精心安排，带去了一位波兰学者刚刚出版的《金属的疲劳与断裂》。他的本意是通过阅读这本理论著作，梳理一下前期的科研工作。可是，在阅读过程中，他觉得这本书内容新，可作为研究金属疲劳与断裂的参考资料，今后能用得着。于是，他就拿起笔来边看边翻译。一本40万字的著作，他竟然在疗养期间译出了初稿。

特殊材料铸人生——记中国科学院院士颜鸣皋

后来，这本书稿经他的学术秘书刘才穆同志整理，由上海科学技术出版社正式出版发行。

时光飞逝，日月如梭。颜鸣皋算算，转眼间自己竟是快60岁的人了。他着急啊，"文化大革命"耽搁了他太多的黄金时间，他要把这个时间抢回来。他对同事们说：

"我们赶超世界先进水平，就要盯住前沿，进攻世界性的尖端课题，抓住一个搞成一个。"

这话说得虽然平实，但却充分表达了老科学家的雄心壮志。

进攻世界性的尖端课题！颜鸣皋以一个战士的姿态出征了，他盯住的依然是航空材料疲劳与断裂方面的课题，因为前几年他们与武汉军区空军协作的项目——飞机起落架补焊取得成功，为这个课题打下了坚实的基础。

颜鸣皋通过对国内外大量文献资料的分析，指导题目组经过宏观力学和微观观察，其对金属材料的疲劳裂纹扩展过程、物理模型、力学方程以及各种因素的影响，都有了相当深入的认识。他对金属材料疲劳与断裂方面的应用基础研究和应用研究做了大量工作，并取得了系统性、独创性的科研成果。其中，他对第一、第二阶段裂纹扩展的物理模型，首次归纳为双滑移、裂尖钝化和再生核机制，得出了疲劳裂纹扩展的一般表达式，并阐明了组织结构、应力比、表面状态和环境介质等因素的影响规律。

他还和他的同事通过对几种合金匹配断口的仔细观察和深入分析，首次发现两个匹配断口上的微观形态，是非对称的，并呈现出十分明显的差异。通过试验证明，疲劳裂纹在构件和试样中的扩展，是一种非平坦的交替切变过程。对实际工程材料的断口形貌，根据应力状态和第二相、夹杂物以及环境影响，做出了合理的解释。

1978年，颜鸣皋根据研究成果撰写出了《金属疲劳断裂微观机制》一文，除了在全国"第一届断裂力学与断裂物理会议"上作为大会主报告之一外，还由中国航空研究院选为航空科技文献资料，以单行本出版发行。这是我国首次发表的一篇有分析、有独立见解的、系统地阐明了有关疲劳与断裂微观机制的论文报告。

"烈士暮年，壮心不已"。

进攻！进攻！颜鸣皋在这场进攻战中，取得了一个个辉煌的胜利。

颜鸣皋首次对不同晶系合金初期裂纹扩展出现的小平面位向，根据滑移方向和层错能的高低进行预测，获得了重要研究成果。

颜鸣皋完成了疲劳裂纹萌生与初期扩展的力学行为与微观机制的研究，为我国新机种选材、服役机种故障分析和延寿做出了重要贡献。

颜鸣皋应用断裂力学分析与位错模型，首次推导出了预测疲劳裂纹扩展门槛值的理论计算方程，其计算值与3种主要晶系金属及其合金的试验值相吻合，在世界疲劳界引起了广泛的关注，受到世界疲劳界学者的高度重视，产生了重大的影响。

颜鸣皋研究不同超载形式和程序对飞机结构材料疲劳寿命的影响，首次找出不同超载程序产生不同裂纹扩展迟滞效应的变化机制，根据断口变化特征采取变参数法对常用的威林伯格（Willenborg）和马尔斯（Marse）迟滞模型进行了修正，提高了对程序和随机加载寿命估算的精确度。通过与德国宇航院技术合作，对7475铝合金在程序加载下的裂纹扩展行为和寿命预测，取得一些新的成果。

颜鸣皋的研究成果太丰富了，笔者在这里仅是简单地列举了他一些开创性的成果。他作为我国航空材料疲劳与断裂研究的先行者，为了配合飞机设计部门进行损伤容限设计，对大量国产材料进行了断裂数据与成活率的测定，出版了多种手册与数据汇编，为飞机安全设计、合理选材提供了大量数据和理论依据，并建立了较完整的试验装备，培养和造就了一大批技术骨干，使后来更名为北京航空材料研究院的北京航空材料研究所，在材料疲劳与断裂应用研究方面处于国内领先地位，在国际上也享有盛誉。

颜鸣皋早就注意到，随着飞机设计由最初的静强度设计，向安全寿命设计，以及最近的"损伤容限设计"方向发展，一般机件的破坏90%以上是由疲劳断裂造成的，而构件的疲劳破坏通常是局部区域内疲劳裂纹的形成、扩展和断裂的过程。由于现代飞机结构大量地采用高强度结构材料，以及不断地提高承载应力水平和裂纹检测精度，疲劳裂纹的扩展阶段往往占据零件有效寿命的大部分。由于工程构件中疲劳裂纹扩展是一个复杂过程，它受到材料的组织结构、加载方式、载荷经历、尺寸因素、表面状态以及温度与介质环境等因素的影响而具有不同的表现行为。因此，研究材料的疲劳裂纹扩展规律及其微观机制，在理论和实际上都更具有重要的意义。

颜鸣皋是航空材料疲劳与断裂研究的先行者。他先后当选ICM4～8等"国际材料力学行为大会"的主席与名誉主席，在国际疲劳界享有很高的荣誉。

颜鸣皋于1978年发表的《金属疲劳断裂微观机制》的论文，是金属结构材料在常温与恒幅疲劳载荷下裂纹扩展的一般规律及其微观机制等方面的经典代表作。对当今我国新一代飞机和航空发动机采用先进的"损伤容限设计"原则同样具有强烈的时代意义。

颜鸣皋在分析材料疲劳裂纹扩展的断裂力学和断裂物理过程基础上，进一步考察了影响疲劳裂纹扩展的显微组织、平均应力和介质环境等化学因素对裂纹扩展各阶段的影响，为修订和定量估计出不同载荷与环境因素共同作用下各段的裂纹扩展行为提供全面的参考依据。

为了对接近实际使用条件下的材料与构件疲劳裂纹扩展的进一步研究，颜鸣皋指出迄今仍处于发展阶段，其中一些具有应变时效和相转变的复杂合金和高强度钢等的研究，还仅仅是开始。为此，他进一步提出如下几点建议：

为了促进国民经济与宇航工业的发展，加速实现我国四个现代化，建议在全国统一规划下，突出重点，合理分工，密切协作，及时交流在材料疲劳断裂研究中的进展，努力做好下列几项工作：

（1）在宏观与微观相结合的基础上，探索材料的疲劳裂纹的形成、扩展与断裂中的力学行为、物理本质和化学过程，特别是在接近实际使用条件下和接近门槛值范围内的裂纹扩展行为、断口形态和裂纹尖端范性区的应力应变场及其精细结构的研究。同时，有关单位也应开展一些在真空下和环境介质中的单晶体和大晶粒试样的基础研究，找出材料在循环载荷下范性变形的基本规律，以指导一般的应用研究与生产实践。

（2）结合设计、生产与使用的需要，开展材料的过载效应、随机加载、多向应力以及温度与介质综合作用下疲劳、断裂的研究。掌握材料在实际应用中疲劳裂纹的形成和扩展规律，为设计选材，寿命估算，改进材料与工艺提供必要的科学依据。此外，通过设计、材料与工艺相结合，解决如何对应力集中点与材料质量的控制问题。

（3）积极掌握与运用国内外先进技术，发展电子金相断口术、透射薄膜观察、高速与全息摄影、能谱分析、声发射、细聚焦X射线衍射与应力分析、程序控制力学试验、无损探伤技术，以及电子计算机的应用等，大力开展应变疲劳、低应力疲劳、高温与腐蚀疲劳，以及多轴向和变频率等试验方法的研究，为工程设计与施工提供大量的准确可靠的试验数据，并为进一步开展疲劳断裂研究创造更有利的条件。

总之，通过以上基础研究、应用研究和测试技术的研究，走出了我国解决疲劳断裂问题的发展道路。

为学术创造一个自由天地

也许是太久的压抑，一旦爆发便如山涧的飞瀑；也许是太久的禁锢，一旦挣脱便如草原的烈马。

颜鸣皋思想上摆脱了压抑，学术研究上挣脱了禁锢，科研的灵感如飞瀑般奔腾不息，科研的思路似烈马纵横驰骋。

人们常说，经过严冬的人倍感太阳的温暖。

颜鸣皋在学术问题上深受压制禁锢之苦，因此也十分渴望能够有一个自由的天地，使科研工作者毫无禁忌地解放思想，百家争鸣。

为了纠正"文化大革命"压制学术的错误，中央指示：要恢复各种学会活动。1978年，中国航空学会首次恢复活动，在天津与其他三个学会同时召开学术会议。

中国科学院院长周培源同志亲自主持会议。

航空学会的材料和结构在同一分组。

这次会议气氛非常热烈，颜鸣皋和刘才穆等同志参加了会议，他与许多多年未能谋面的老朋友互致着问候，畅谈着未来。

会上，上海冶金所副研究员黄玉朴同志宣读了一篇用热力学上"熵"推动裂纹产生的文章。这篇文章的观点不仅与传统力学相悖，而且从热力学观点看也是非常不完善的。只有同时满足动力学条件，事件的发生才具有充分兼必要条件，加上缺乏必要的试验数据，因此，这篇文章在会上引起热烈讨论。有怀疑的、反对的，甚至冷嘲热讽的，赞同的不多。再加上黄玉朴口才欠佳，回答问题不能言简意赅，有时甚至被质问得张口结舌，显得十分尴尬。

颜鸣皋对此气氛十分不以为然。他认为：学术问题争论归争论，但不能一棍子打死，全盘否定。

其实断裂问题从热力学上研究，世界上也是一个学派，以空位聚集的理论来阐述裂纹产生的也大有人在，中国也不乏其人。

会后，颜鸣皋对刘才穆发表了自己的看法：

"不同学术观点可以自由发表，采取友好讨论比较好。"

为学术创造一个自由的天地，是颜鸣皋一贯的追求。平时，无论学生发表多么幼稚的观点，他都允许人家把话讲完，然后再平等地与其讨论，并鼓励他们敢于"冒尖"，敢于发表不同意见。用他的话说，"树苗不'掐尖'，才能长成参天大树。"

刘才穆十分同意他的观点，同时也被他那宽广的胸怀和与人为善的态度所感动。

颜鸣皋又对刘才穆说：

"你一会儿找一下黄玉朴先生，就说是我的意思，如果他需要进一步试验，可以到咱们北京航空材料研究所来做。"

黄玉朴在这个困难的时期得到颜鸣皋的热情邀请，无论从精神上，还是科研课题上，都是无私的援助，感动之情溢于言表。他连声对刘才穆说：

"谢谢，谢谢！请替我感谢颜先生。有时间，我一定去看望他。"

此后不久，黄玉朴来到了北京航空材料研究所，见到了他仰慕已久的颜鸣皋。

颜鸣皋紧紧握住黄玉朴的手，连声说：

"欢迎，欢迎。"

黄玉朴被他的热情深深感染着，一时竟不知说什么好。

颜鸣皋又转身对刘才穆和顾明达说：

"你们替我好好接待黄先生，全力以赴配合他做好各项试验。"

黄玉朴在北京航空材料研究所期间，虽然课题没有取得很大的突破，但能够在这个时候，给他无偿提供疲劳试验，他已经是非常地满足了。因为某些更深层次试验，当时北京航空材料研究所也不具备条件。

后来，黄玉朴因病逝世，北京航空材料研究所与他在这一项目的合作也因此中断。据了解，核工业部兰州某所仍有同志从空位迁移和热力学原理来研究材料断裂问题并取得了进展。

诚恳待人，谦逊处事，是颜鸣皋的家风，也是他一贯坚持的原则，无论何时何地，面对何种压力，都不改变。

"他尊贵不骄佞，有荣不显奢，受辱能自恃。"这是他的同事、下属、学生以及合作伙伴对他最中肯的评价。

颜鸣皋根据自己的人生经历和工作实践，总结出这样一段话：

"人的一生不可能一帆风顺，要经得起挫折；人的一生也不可能不犯错误，但同样的错误不能犯第二次。对己要严，对人要宽，遇到不同意见，要先从别人的角度想想对不对，特别是在学术问题上不能搞'一言堂'。做人要有大胸怀，有大胸怀方能有大作为。一个斤斤计较、小肚鸡肠的人是不能干出大事业来的。"

翱翔在材料科学的天空

"大胸怀方能有大作为，大胸怀才能干出大事业。"

这是颜鸣皋的肺腑之言，也是他的人生总结。

在20世纪70年代末和80年代初，颜鸣皋又迎来了一个丰产的季节。

颜鸣皋作为北京航空材料研究所的技术副所长、总工程师，是科研工作的主要负责人。平日里他有很多的日常事务性工作，更多的是要谋划科研工作的具体实施和未来。

博智才能多谋，多谋而后善断。

他认为：北京航空材料研究所的研究工作要有相应的战略纵深。他十分赞赏将科研划分为基础研究、应用研究和发展研究几部分。他觉得通过这样一个涵盖科研纵深的战略划分，从尺度上讲可以由粒子、分子、原子层次再到工程，各个专业在其中都可以找到自己的研究方向和重点。不必去向其他部门和单位"借锅做饭"，可以改变那种出钱花力，做饭别人吃，而不落好的困境。

再往细处说，具体到变形材料有关专业应侧重于应用研究，适当兼顾材料。而那些与零件结合密切的材料，如复合材料、铸造材料等则应重点发展。

从发展的角度讲，要逐渐开展功能材料包括声、光、电、磁、热敏感材料及隐身材料等的研究，无论是金属、有机、无机都要有所发展。

这个时期，颜鸣皋除了对材料应用进行了一系列具体实践之外，还首次从理论上对材料应用研究进行了完整的阐述，使材料应用研究具有了可靠的理论基础和科学依据，明确了航空材料应用研究的地位与作用。

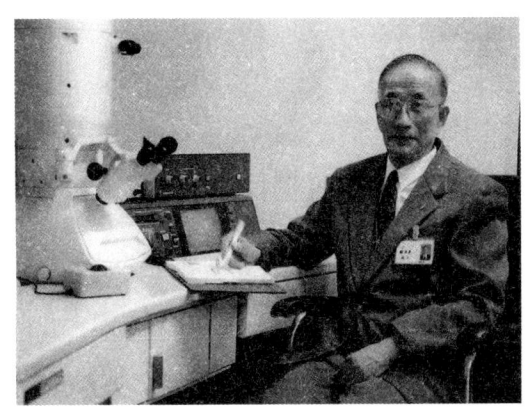
在研究室里

颜鸣皋提出的材料应用研究的基本概念和辩证思想,对所有从事航空材料应用研究的科研人员,特别是年轻科技工作者,均具有重要的指导和启发作用。

颜鸣皋基于联合国教科文组织对"应用研究"的定义即"带有特殊实际目的的科学技术知识的增长和系统创造活动"这一基本概念,结合自身多年在航空材料应用领域的辛勤耕耘和经验体会,明确了航空材料应用研究的地位,即:(一)承前启后的桥梁作用;(二)科学技术变为生产力的中心环节;(三)科学技术应用与发展的技术基础。

颜鸣皋划分了材料应用研究的五个阶段,即:一是提出对材料的要求;二是选材与合金研制;三是工艺研究;四是测试鉴定;五是使用考验。

颜鸣皋指出了材料应用研究具有的4个特征:(1)综合性。这是个多学科、跨行业的科学研究领域,研究的成果必须通过大量的综合研究才能收到实际的技术经济效果。(2)继承性。这项研究是在基础研究的基础上并充分考虑我国设计、生产、试验和使用的具体条件加以发展的。(3)创造性。在应用研究中,决不是墨守成规停留在仿制的工作方式和水平上,还必须不断解决在材料、工艺与测试中出现的新问题,包括一些基础性研究工作,因此它是一种创造性劳动。(4)实践性。应用研究过程就是一个不断认识的过程,而一切成果还要受到实际使用中的最终检验。

颜鸣皋进一步解释了应用研究与基础研究、发展研究的辩证关系，提出材料基础研究、应用研究和发展研究是研究工作中的三个重要环节，三者是相互联系、相互促进和相互衔接的统一整体。总结出了航空材料应用研究具有的"多学科、跨行业"交叉应用的基本内涵。其中，主要学科包括材料学（含材料物理、物理化学、高分子物理、连续与断裂力学等），材料加工工程（含铸、锻、焊、热处理、非金属成形等），理化测试（含物理、化学分析，无损检测），以及新兴学科（含计算机、微电子学、激光光导等）；主要行业包括产品设计、工业生产、使用维护等。

颜鸣皋为了解决航空材料为新机种设计和原有机种定寿、延寿服务的问题，早在1978年，他就提出了材料应用研究的基本规律，是三个"三结合"，即：设计、生产、使用三结合；材料、工艺、测试三结合；结构强度、材料力学、显微组织三结合。

颜鸣皋总结多年来航空材料研究与发展中正反两方面的经验教训，正确提出了材料应用研究的顺序，将其归纳为"设计是主导、材料是基础、工艺是手段、测试是保证、使用是检验"，并阐明了其相互的辩证关系：

设计是主导。材料应用研究是具有明确的实际目标，取得尽可能大的技术、经济效益目标的科研活动。因此，设计工作者首先根据产品在具体使用条件下应力、温度、寿命、环境条件的主要参数和选材的初步方案，以及对材料应用性能数据的要求，对于一些重要的结构件，通过理论分析和特殊对比试验加以验证，这些设计参数和要求是开展材料应用研究的主要依据。

材料是基础。根据设计部门的初步选材方案和对材料的要求，材料研制部门有必要对选材进一步论证和分类，哪些属于沿用现有的，哪些是仿制性的，哪些是新探索的。一般前者是大多数，是沿用现有材料，或对其成分、热处理制度作调整；或增加一些强化和防护措施，即满足要求。对于出现故障和不能完全符合设计要求的，要及时反馈给有关设计部门，使选材与设计参数更吻合实际。材料研制中，有的还应提供一些断裂力学数据和在不同环境下与变载下的材料性能数据。

工艺是手段。要得到性能合格、质量稳定、使用安全的零部件，必须大力开展工艺研究，特别要加强热工艺的基础研究，解决工艺的配套问题。以铸造空心定向涡轮叶片为例：除进行合金的成分、性能和组织的研究外，要相互配套的课题还很多，在熔铸工艺上，要解决定向凝固工艺及其成分组织的质量控制问题；型芯、蜡模、涂料及其制造工艺问题；焊接与防护材料及其工艺问题；尺寸壁厚与缺陷检验技术及标准问题；叶片力学性能试验与模拟试验等问题。复合材料零部件对于"设计、生产、使用"和"材料、工艺、测试"相结合的要求更为紧密和突出。

测试是保证。为了保证选材及零部件工艺的性能合格，质量稳定，使用可靠，必须加强测试技术与鉴定工作，其中材料与工艺的质量控制和寿命确定是测试研究的两个主要任务。测试研究的范围很广，在质量控制任务中，包括理化分析、工艺性能、金相观察（含故障分析）、无损检测以及材料与工艺的标准及技术文件的制定等。在寿命确定任务中，包括断裂性能、疲劳性能、计算模型与方程、模拟试验以及计算规范的制定等。配合先进的安全寿命与损伤容限设计，还要提供大量的疲劳与断裂性能数据。这些数据还要经过严格的数据处理，提出不同置信度、存活率及标准误差，同时还要提供在使用条件下，如多向、变载与随机载荷，不同温度和介质条件下的寿命试验及其计算模型和力学方程。为此，必须采用先进的测试技术和先进的仪器、设备。

使用是检验。航空产品设计方案、选材和工艺选择要在实际使用中得到最终的检验。材料应用研究的最终目标是实际零件在飞行中使用安全可靠，又便于维护修理，一般要求通过部件试验、台架试车、领先飞行，然后到成批生产使用中加以考验。因此，应用研究的成果也只有在实际使用中才能转化为生产力，取得技术和经济效益。还应指出，飞行器设计中为了减轻重量，提高推重比，和考虑更换零件的难易程度，在应用研究中还必须考虑其检验周期，即在设计寿命期间，如何对裂纹的监控与检验，以避免在检验周期内突发灾难性事故。

笔者在这里简单选录了颜鸣皋富有哲理的一些技术性文章，目的是使读者能从这些理论中，更加深刻地了解其重要性、指导性和开创性。

颜鸣皋在总结航空材料应用研究特点及其规律的同时，始终没有忘记如何规划应用研究的可持续发展方向和坚持的原则，并在有关场合提出了自己的建议：

制订一个"全面规划"：根据型号需求牵引、技术发展推动的原则，对一些重点项目制订出探索研究、应用研究和发展研究的全面规划和实施计划，力争在近期使一些重要航空材料的研究水平接近或达到世界先进水平。

重视"三结合"原则：在制订和实施应用研究过程中，注意材料、工艺、测试，设计、生产、使用三结合。

处理好"三个关系"：在结果和分析中，要认真处理好"继承和发展"、"宏观与微观"、"理论与实践"的关系。

抓好"四个环节"：在应用研究中要抓好资料分析、试验设计、结果分析、实践检验四个环节，创造有自主创新性的成果。

在开展材料应用研究中必须加强应用基础工作，包括材料的疲劳与断裂研究和失效分析工作，重视工艺过程的基础研究和质量控制研究，同时还必须切实做好材料的发展和工程化工作、技术队伍的建立与培养等。

可以说，颜鸣皋在航空材料应用科学研究中，逐步形成了一套全面的、系统的、科学的指导思想。这一指导思想是符合辩证唯物主义的认识论与实践论的，用它指导航空材料研究，可以避免不切实际地追求单一的"高性能"或"高指标"，是把实践作为应用研究的出发点和归宿，把实践置于首位，用实践来检验研究成果。

后来，在2000年5月，上海教育出版社专门出版了颜鸣皋所著的《翱翔在材料科学的天空》和《科学的道路》两本书，使他在航空材料应用研究的科学理论更加系统化。

推进国际学术交流和科技合作

改革开放,是一个新时代的代名词。

中国迎来了改革开放的新时代,被关闭了太久太久的国门訇然洞开,走进来许多新思潮、新信息、新技术……

颜鸣皋是一个善于接受新思想的人,也是一位勇于创新的科学家。他对国内外学术交流十分重视,积极促进北京航空材料研究所与苏联/俄罗斯、美国、英国、法国、德国、日本、瑞典、加拿大材料领域的技术合作和交流工作。

随着改革开放的日益深入,一些外国代表团陆陆续续前来考察,颜鸣皋也走出了国门,随团外出交流。他鼓励科技人员积极参与,交流文章他都要亲自过目。

20世纪80年代接待瑞典航空研究院(FFA)代表团(右二为颜鸣皋)

为了加强这方面工作,北京航空材料研究所专门组建了外事学术组,由颜鸣皋亲自领导。

特殊材料铸人生 ——记中国科学院院士颜鸣皋

当时,"解放思想"这个口号虽然喊得很响,但真正落实到实际工作中,尚有很大的差距。

人们还不适应这突如其来的变化,对颜鸣皋学术交流的步伐还有点跟不上。总师应不应该亲自下大力抓这些工作,就引发了不同的看法。

有人说:一位总师这样忙于迎来送往,其他工作还抓不抓?

有人讲:出国交流有多大用处?浪费时间,浪费财力,还不如在家多抓点生产呢。

还有的讲得更尖锐,说得更难听……

颜鸣皋听后总是微微一笑,不争辩,不反驳。他觉得对一件事情有不同看法是正常的,去争去辩才是真正的浪费时间。走出去,请进来,广泛进行国际性的学术交流,拓展视野,向先进国家和部门学习先进思想、理论、技术,只有一个目的,就是追赶世界先进水平,把"文化大革命"耽误的时间抢回来,从而把本单位的学术建设推向一个新高度。他深知加强本单位的学术建设是当务之急,如果一个学术建设很差的研究所,必然是没有后发能力的所,也就谈不上有再创新能力和持续发展。不管人们怎样说,只要自己对得起自己的良心就行了。

颜鸣皋是一位学者型的领导者。他的同事和学生也曾多次当面给他提意见,指出他的不足之处:就是在遭到反对意见时,往往不会做好如何坚持己见或者去说服别人的工作。

颜鸣皋听后非常理解也非常感谢这些同志的好意,嘴上也答应"今后一定注意,努力改"。可是,一遇实际问题,他的"老毛病"又犯了。

久而久之,同志们也理解了他,对他也不再苛求了,愈发觉得他是那样可敬又可爱。

1979年,为适应改革开放和对外宣传的需要,颜鸣皋倡导北京航空材料研究所创办了定期刊物——《航空材料学报》,并亲自担任《航空材料学报》和《材料工程》的主编。至今,这两份刊物在国内外都有一定的影响。

1980年5月,第四届钛国际会议在日本京都召开。

第七章 新长征，生命华章绽放异彩

中国派出了金属学会代表团。谁来当这个代表团的团长？毫无疑义的是钛合金研究的先行者颜鸣皋。代表团成员共8人，其中有中国科学院金属研究室主任万晓景、东北工业学院教授赖祖涵和北京航空材料研究所的曹春晓等。

春天的京都，樱花正开得烂漫，空气中飘荡着令人兴奋的芬香。

1980年在日本京都参加第四届国际钛合金会议（右五为颜鸣皋）

颜鸣皋的心情也十分兴奋。他兴奋，为自己赶上了改革开放的新时代，使他们这些科技工作者有机会走出国门与国外同行互相学习交流，并找到差距，从而加大加快赶超世界先进水平的步伐；他兴奋，放眼世界，这些年钛工业得到了迅猛的发展，欣欣向荣形势大好，不仅在世界航空工业得以广泛的运用，而且向着核电力等新领域快速地进军；同时，更令他兴奋和欣慰的是，中国在这方面的研究，通过近几年的努力，已经逐渐走在了世界前列，一批年轻的科学家迅速成长，并挑起了大梁。他的学生曹春晓就是其中的突出代表。

曹春晓是第一次赴国外参加这样的大型国际会议，并且还要在会上向各国代表宣读一篇关于《转变β组织及其结构特征对Ti6Al4V钛合金力学性能的影响》的论文，该论文由王金友、曹春晓、沈桂琴联合撰稿。

颜鸣皋逐字逐句看过论文，对其中一些富有创新性的独立见解，也颇为赞

赏。他觉得"响鼓不用重锤",相信自己的学生能够一炮打响。在曹春晓宣读论文前,他只说了一句话:

"要相信自己,大胆讲。"

曹春晓感受到了老师的信任和鼓励,信心更足了。

果然,这篇学术论文在大会上引起极大轰动和与会各国代表的广泛兴趣,纷纷向曹春晓索要论文复印件。虽然曹春晓准备了不少,但很快被索取一空。一位美国代表在拿到复印件后,还伸出大拇指赞赏道:

"你的报告很好!我支持你们的观点。"

这个场面,颜鸣皋看在眼里喜在心头。他为自己的学生感到骄傲和自豪。

回国后,颜鸣皋特意叮嘱曹春晓,把会上发表的论文中文稿交给他,之后发表在由他主编的《航空材料学报》1981年第1期上。

1980年中国航空工业代表团参观NASA兰利中心
(左三为颜鸣皋)

颜鸣皋积极参加国际学术会议,通过与国外学者的报告和交流接触,了解有关专业的国际研究热点和发展动向,为北京航空材料研究所的科研选题提供指导。

1981年，颜鸣皋参加了在瑞典召开的第一届国际疲劳大会，与欧美同行进行了面对面的学术讨论。

1983年夏，他作为中国代表团的团长，率领一支包括蔡其巩、雷廷权、章守华、钟群鹏等国内著名专家在内的10多人代表团赴瑞典斯德哥尔摩参加第四届国际材料力学行为大会ICM-4。在他的领导下，中国成功争取到了ICM-5的举办权。这在20世纪80年代初的国际学术舞台上，是非常罕见的。

也正是在这次国际会议上，颜鸣皋认识了一位正在瑞典皇家理工学院攻读博士学位即将答辩的中国留学生吴学仁。而吴学仁的导师恰是ICM-4大会主席卡尔松教授。一番交谈之后，颜鸣皋觉得这位年轻人很有思想，学术根底非常扎实，就牢牢记住了他，并且表示很希望和欢迎他完成学业后回国到北京航空材料研究所从事疲劳断裂研究。

吴学仁深深感谢颜老先生的知遇之恩。1985年初，他怀着一颗报效祖国的赤子之心回到国内，加入了北京航空材料研究所的科研队伍。20多年来，他不但在疲劳断裂领域取得了出色的研究成果，成为国家有突出贡献的中青年专家，而且挑起了总工程师领导全院科研工作的重担。

1987年，第五届国际材料力学行为大会ICM-5在北京友谊宾馆召开。颜鸣皋担任大会主席，会议取得圆满成功。ICM-5使数百位中国科研人员能有机会与各国科学家面对面交流讨论，了解本专业的最新进展，探讨合作的可能性。同时也大大提升了北京航空材料研究所的国际知名度。

1991年，在日本京都，他作为ICM执委会主席主持了ICM-6大会。

在积极开展国际学术交流的同时，颜鸣皋大力推动北京航空材料研究所与发达国家的国际科技合作。早在1980年，颜鸣皋就随中国航空工业代表团参观了美国国家航空航天局（NASA）兰利研究中心，了解NASA当时的先进航空航天技术。

1985年春，美国NASA代表团访华，与中国航空研究院联合召开了航空航天结构分析研讨会。颜鸣皋敏锐地觉察到这可能为中美合作创造机遇，便果断

特殊材料铸人生——记中国科学院院士颜鸣皋

地决定派刚从瑞典回国工作的吴学仁博士参加会议。通过深入的学术交流和现场参观，NASA提议中美第一个航空科技合作项目"疲劳与断裂力学"由兰利研究中心和北京航空材料研究所承担，在国际疲劳断裂界享有盛誉的NASA高级科学家纽曼博士和北京航空材料研究所吴学仁博士为双方课题负责人。合作研究取得了高水平研究成果。我方纠正了著名的纽曼公式，得到NASA高度评价。美方为表示对中方贡献的高度赞赏，在双方联合发表的NASA报告封面上，并排出现了NASA和中国航空研究院（CAE）的院徽。中国航空研究院副院长顾诵芬院士对此非常高兴，多次赞扬这项合作为中国航空科技界争了光。

在中欧航空材料科研合作方面，颜鸣皋更是倾注了许多心血。从20世纪80年代中期开始，北京航空材料研究所与德国宇航院（DLR）、法国宇航院（ONERA）、瑞典航空研究院（FFA）等著名科研机构的合作蓬勃发展。十几位科研人员先后到这些单位从事数月至两年的合作研究，外方人员则来华短期访问，现场交流。1993年，已是73岁高龄的颜鸣皋还应邀访问韩国机械与材料研究院（KIMM），为中韩航空材料科研合作打开了大门。

国际合作大大开阔了北京航空材料研究所科研人员的视野，提升了研究工作起点、水平和深度，培养了高水平的科研人才，同时也使国际同行更多地了解北京航空材料研究所。颜鸣皋为之付出了巨大的努力，取得了显著成效，北京航空材料研究所的国际知名度得到了空前提高。

回国的选择没有错

随着改革开放的步伐加大，一个面向现代化、面向世界、面向未来的社会主义中国阔步前进，巍然屹立在世界东方，在国际上的影响也愈来愈大。

她像一块磁石，吸引着远离故乡山河的海外游子们，纷纷扑向祖国母亲的怀抱。

颜鸣皋也听到了亲人的脚步声,听到了胞弟的呼唤声。

旅居美国的五弟颜鸣奎回来探亲了。

"三哥。"

"五弟。"

这久违的呼喊,使兄弟两人都热泪盈眶。

手足情深,分别了数十年的话语恨不能一夜间谈完。

一壶酽茶,几盘果点,灯光下,两兄弟面对面讲述着离别的往事,现今的状况。

颜鸣奎望着已是满头华发的哥哥,轻声问:

"三哥,您的身体怎么样?前些年您过得如何?"

颜鸣皋朗朗一笑,挥挥手说:

"我的身体很好,没问题,还能干上它几十年。从前的事都过去了,现在工作好、事业好、家庭好,一切都好啦。"

"三哥,我在外面听说,像您这样的回国知识分子都遭了不少罪。您呢?"

"那是瞎传,我没遭什么罪。组织上和同志们都对我很好很照顾。"

在一旁听他们兄弟谈话的倪莹,红着眼圈插话道:

"你呀,还说没遭什么罪呢,就差一点儿把命都丢了。"

颜鸣皋摇摇头说:

"说这些干什么?再苦再难的日子,咱们不都是过来了吗?"

"过来是过来了,可那段苦日子我一辈子也不能忘,也不会忘……"

颜鸣奎听了颜鸣皋在"文化大革命"中的遭遇后,沉默了良久,然后痛心地说:

"三哥,没想到我还牵连到了您,让您吃了那么多的苦头。"

颜鸣皋安慰着五弟:

"老五,和你没多大关系,你不要放在心上。真的,没事的,你看,我现在不是挺好的吗?"

特殊材料铸人生 ——记中国科学院院士颜鸣皋

1987年3月在香港与兄弟姐妹团聚合影（右一为颜鸣皋）

颜鸣奎心情依然十分沉重，他低声说：

"三哥，如果当初您不回来就好了，也就不会吃这些苦头了！"

颜鸣皋笑眯眯地望着弟弟，说：

"话不能这样说，这也许就是命运，如果我不回来，说不定比这吃的苦头还要大。"

"您选择回国这条路，后悔不后悔？"颜鸣奎追问哥哥。

颜鸣皋非常肯定地回答：

"我一点也不后悔。我始终认为，我当初回国的选择没有错。人常说，儿不嫌母丑，狗不嫌家贫。我们的民族，我们的国家需要我，我就必须回来。假使时光可以倒流的话，我还是这样的选择。"

颜鸣奎深情地望着兄长，情不自禁地又发问：

"三哥，我了解您的性格，从小就敬佩您的执著。但是，我还是有点不理解，是什么力量支撑您历经磨难尤不悔、九死一生志弥坚呢？"

颜鸣皋更加坚定地回答：

"是信仰！是忠诚！是事业！这里有我们的家，这里是我们的祖国啊，这里有我追求的理想，有我挚爱的事业。你说，受点委屈能算什么？吃点苦岂能把自己的信念动摇？受点罪岂能改变自己对祖国的忠诚？"

颜鸣奎听着兄长这掷地有声的话语，愈加敬佩。他点点头说：

"三哥，您说得对，这里是生养我们的祖国，我永远都不会忘。"

颜鸣皋为弟弟续上一杯茶，又叮嘱道：

"老五，你在外面已经这么多年，入了籍，成了家，有了自己的事业，我也不能强求你回来。可是，只要有条件，有能力，就要多为祖国做点事啊。另外，任何时候、任何情况下都不能做对不起祖国的事。"

"三哥，这一点您放心，中华民族的骨气我还是有的。只要祖国有用得着我的地方，我会竭尽全力的。"

颜鸣皋望着也已年过半百的弟弟，又动情地说：

"老五，咱们年龄都不小了，趁还能走得动，多回来看看啊。来看看年迈的父母，来看看兄弟姐妹。"

一句话把颜鸣奎说得热泪盈眶，哽咽着说：

"三哥，您放心，我会的，我会的……"

这一夜，他们谈了许多许多；这一夜，他们谈到很晚很晚……

颜鸣皋难忘那一夜，那一夜他和五弟除了谈家常，谈的最多的还是祖国，祖国在他的心中有着无与伦比的位置。

颜鸣奎记住了那一夜，那一夜他从三哥身上看到了什么是信念，什么是忠诚，什么是爱国……

时刻找准自己的位置

送走了弟弟，颜鸣皋常常思索这样一个问题：在振兴祖国大业的征程中，我的位置在哪里？在向科学进军的道路上，我的位置在何方？

颜鸣皋常对同事们这样说：

"一个人要认清自己的位置，找准自己的位置。不能盲目自大，人外有人，山外有山，这世上的能人多着呢；也不能分心，要踏踏实实干好自己的事，只有这样，才能够抵御各种各样的诱惑。"

这些天，刘才穆也正为给老师加领导的颜鸣皋如何定位而苦思冥想。

"文化大革命"结束后，中国科学院第一次扩大院外学部委员，各部门都有名额，但需要部门推荐。

时任北京航空材料研究所所长的矫世同把刘才穆找来，对他说：

"中科院要扩大院外学部委员，航空部拟报颜鸣皋。你了解颜总，他的材料由你整理和汇报。"

刘才穆一听有这好事，马上表态：

"所长，你放心，我一定把颜总的材料准备好。"

为了把颜鸣皋的材料写好、汇报好，刘才穆领受任务后就进入了状态。他反复琢磨着：颜总是知名学者，在学术上有过辉煌贡献，担任着重要领导职务。颜总的特点是什么呢？对，颜总的特点就在于担任领导的同时，继续在科研上有所贡献。

刘才穆按照这个思路，很快把颜鸣皋的材料整理了出来。

此后不久，航空工业部由科技局王若松处长（后任飞机局副局长）召集会议，专门听取了情况汇报。

听了刘才穆对颜鸣皋的情况介绍后，王若松处长在会上当场表态，给予肯定，他说：

"颜鸣皋同志的情况介绍得不错，特点突出。"

胡沛泉是刘才穆在西工大的老师，也参加了这次会议。

会后，刘才穆请老师吃饭，刚坐下来，胡沛泉就说：

"你在会上介绍颜总的情况，内容翔实，特点鲜明，介绍得很好。学部委员就是要考虑这种特点，否则就难以保持学术的权威性。"

刘才穆听了老师的夸赞，非常高兴，他觉得这次颜鸣皋希望很大。回到所里以后，他马上来到了颜鸣皋的办公室。

颜鸣皋正在翻阅一份资料，见刘才穆兴冲冲地走进来，抬头问：

"这两天干什么去了,没看到你?"

刘才穆就将参加汇报会的一些情况向颜鸣皋做了汇报。

谁知颜鸣皋听后,并没有表现出多大的兴趣。他只是淡淡地一笑,然后又淡淡地说了句"中国能人很多",又去埋头处理他的事了。

刘才穆有些不解,这么大的事他心中连点波澜都不起,无奈地摇了摇头,在心里悄悄地嘀咕了一句,"这老爷子,真拿他没法子。"

在这次学部委员评选中,颜鸣皋没有当选,但他依然淡然处之。

党的十二大科技界代表

旭日东升,改革开放的中国又迎来了一个振兴的黎明。

1982年,经过曲折探索的执政党又集全党之力,描绘民族振兴的蓝图,部署新的长征。

这年9月1日,为总结党的十一届三中全会以后取得的成就和经验,全面开创社会主义现代化建设的新局面,中国共产党第十二次全国代表大会在北京召开。

邓小平在大会上致开幕词。

胡耀邦做了题为《全面开创社会主义现代化建设新局面》的报告。

邓小平在开幕词中强调指出:"我们的现代化建设,必须从中国的实际出发。无论是革命还是建设,都要注意学习和借鉴外国经验。但是,照抄照搬别国经验、别国模式,从来不能得到成功,这方面我们有过不少教训。把马克思主义的普遍真理同我国的具体实际结合起来,走自己的路,建设有中国特色的社会主义,这就是我们总结长期历史经验得出的基本结论。"

这是邓小平同志第一次提出"建设有中国特色的社会主义"这一科学命题,也是邓小平同志对党的十一届三中全会以来开辟的新道路、创建的新理论的准确概括。这也成为党的十二大的指导思想,也是整个新的历史时期改革开放和现代化建设的指导思想。我国的改革开放和现代化建设,就是在这个思想指导下取得巨大成功的。

十二大还根据邓小平同志1979年以来的倡议,确定了从1981年到20世纪末的20年,我国经济建设分两步走的战略目标,即"小康"目标。

十二大的一个显著特点是,在提出经济建设目标的同时,提出了要努力建设高度的社会主义精神文明和高度的社会主义民主。大会确定,从1983年下半年开始,对党的作风和党的组织进行一次全面整顿。党的十二大总结了拨乱反正的经验,制定了全面开创社会主义现代化建设新局面的正确纲领,制定了新的完善的党章,是党的历史上的一次重要的代表大会。

颜鸣皋作为国务院直属机关科技界党员代表,光荣地出席了中国共产党第十二次全国代表大会。

参加党的代表大会对于每一个党员来说,既是一种无上的荣誉,又是一种特有的权利。

参加党的十二大代表证

颜鸣皋对自己能够当选党的十二大代表，在感到无比光荣和自豪的同时，更感受到了党对知识分子的关怀和信任，同时也倍感肩上的使命和责任重大。

在讨论《全面开创社会主义现代化建设新局面》的报告期间，时任中共中央主席（后根据新党章改任总书记）的胡耀邦来到了国务院直属机关代表团，与会议代表亲切握手，并进行了讨论。他还语重心长地对参会的科技界代表说：

"党在新的历史时期的总任务，团结全国各族人民，自力更生，艰苦奋斗，逐步实现工业、农业、国防和科学技术的现代化，把我国建设成为高度文明、高度民主的社会主义国家。今后，您们科学家肩上的担子更重了！"

颜鸣皋看着，听着，激动不已。

晚上，回到代表团住地，颜鸣皋依然压抑不住兴奋和激动的心情，小平同志和耀邦同志讲话的情景依然历历在目。他觉得有许多话要对党说，可又找不到表达的形式，在房间里踱着步。突然，一股诗情涌上心头，他奋笔写道：

盛会宏图挽狂澜，

共磋攀登"十八"盘，

齐心协力奔四化，

喜迎盛世两千年。

四代群英谱新篇，

雏凤声清胜当年。

六旬尤怀开创志，

愿做"人梯"学春蚕。

志向千里，甘做人梯，这是颜鸣皋在党的代表大会上向党许下的诺言。一诺千金，他要为此毕生奋斗……

愿做人梯学春蚕

党的十二大描绘了全面开创社会主义现代化建设新局面的雄伟蓝图，为我国的改革开放和现代化建设指明了正确的方向。

颜鸣皋从会议上归来，反复学习十二大报告，认真领会会议精神，积极传达和宣传会议精神。他深知，建设一个强大的国防和强盛的航空工业是多么的重要，但是，要想实现党的十二大制定的宏伟目标，就必须培养和造就一大批适应现代化需要的技术骨干和学术带头人。

颜鸣皋认为：人才资源是第一资源，人才资本是最大的资本。人是决定性的因素，这话是永恒的真理。

颜鸣皋提出：要努力做到增加人才总量、优化人才结构、提高人才质量，从而全面满足航空工业日益增长的需要。

为此，颜鸣皋将育人视作自己一生中又一方面的神圣使命，为早出人才、快出人才不遗余力，倾注了许多心血。

颜鸣皋十分重视科研人员的培养工作。国家恢复学位制以后，他就被国务院聘任为第一、第二届学位委员会冶金评议组成员。以他为主要学术带头人，北京航空材料研究所首批获得了国务院学位委员会授权的航空科研系统第一个也是当时唯一一个有博士学位授予权和多专业硕士学位授予权的单位。

这里简单做一个盘点：这些年，颜鸣皋作为北京航空材料研究所（1996年更名为北京航空材料研究院）的学位评定委员会主席，航空系统内第一个博士生导师，十分关心该所的研究生及博士后招生和培养、研究生导师队伍建设、学位点申报、学位点评估和检查、授学位、博士后出站、学位论文审阅、各种制度建设等工作。他倾毕生所学亲自培养了15名硕士、23名博士、10余名博士后。他的这些学生不乏出类拔萃者，有的已经在科研和管理工作崭露头角，并且出手不凡，成为本专业的技术骨干、学科带头人。其中半数以上担任了院领导、研究室主任、总工程师、教授、大学系主任等以上的领导职务，一批优秀的跨世纪高层次人才正在崛起。如戴圣龙院长、陶春虎副总工程师、张国庆副总工程师、朱知寿博士、李园春博士、颜悦博士、杨守杰博士、李周博士、刘绍伦硕士、朱亦钢硕士等。

颜鸣皋在科研和教学实践中，还带出了一批中青年导师队伍，为航空材料研究工作和培育人才夯实了基础，使北京航空材料研究院出现了人才辈出，科技新秀不断涌现的喜人景象。

参加授予博士硕士学位仪式

颜鸣皋是国务院学位委员会首批博士生导师之一。在他的领导和关心下，北京航空材料研究院当前有材料科学工程一级学科、固体力学二级学科专业硕士学位授予权，材料学、材料加工工程专业博士学位授予权，满足了该院的招生需求。同时，他还担任了北京航空航天大学、北京理工大学、南京理工大学、福州大学等多所高等院校的兼职教授或顾问教授，中国科学院疲劳与断裂国家实验室、先进复合材料国防重点实验室学术委员会主席等职。

1985年参加国际高温合金会议时参观GE公司研究部（右五为颜鸣皋）

1987年，颜鸣皋在北京主持召开了第五届国际材料力学行为会议（ICM），并当选为1987—1992年度理事会主席。1999年任该会名誉主席，为提升北京航空材料研究院的国际学术地位和影响做出了突出贡献。

颜鸣皋带的第一位博士后名叫陶春虎，他的每一步成长都倾注了老师的心血。

陶春虎在读硕士研究生时，虽不是颜鸣皋直接带他，但在各方面都关怀指导着他。

陶春虎是1982年初来到北京航空材料研究所读研的。他进院报到后，研究室主任、指导老师张少卿就把他带到了颜鸣皋的办公室，拜会这位科学大师。

张少卿进门就对颜鸣皋介绍说：

"颜先生，这是新报到的研究生，叫陶春虎。他在读研究生期间从事过钛合金微观组织与疲劳行为关系方面的研究。这是一个比较新的研究领域，您是这方面的专家，请您多多给予指导。"

颜鸣皋一看到年轻人就高兴，满眼欢喜地鼓励道：

"好，好，小陶啊，一定要好好学习，能上大学和研究生来之不易，要好好珍惜这个机会。"

陶春虎是第一次见到这位国内外著名的科学家，又是国家级材料研究单位的总工程师，心情非常紧张，加之他那时性格又比较内向，红着脸小声地说：

"颜总，我一定好好学习。"

颜鸣皋看到陶春虎这样老实，"哈哈"笑着，又说：

"小陶，不要紧张。往后有什么事就来找我，比如说理论上有什么弄不清的地方，科研上遇到了什么难题等。我一定尽全力帮你的。"

陶春虎听到此话，心里暖烘烘的。

颜鸣皋没有食言，他在关注着陶春虎的成长。

陶春虎在20世纪80年代中期最早与人合作发表的两篇英文论文，颜鸣皋从英文逐句地修改完善到技术上的询问和指导，都进行了最终的技术和文字把关。

陶春虎满怀深情地说：

"这一切都体现了颜总在科学研究方面的治学严谨精神，使我终身感动，受益匪浅。"

毕业后，颜鸣皋又推荐他到法国留学读博士。

陶春虎从法国学成归来之后，又拜在了颜鸣皋门下，继续攻读博士后。

颜鸣皋曾经这样说过：

"科研作风体现一个人的品格。只有无私无畏，勇于献身，才能获得真知，激励后辈。祖国的未来，科学的未来，在年轻人身上。"

颜鸣皋甘做人梯，扶掖后辈，悉心育人、无私无畏的品格影响着他的学生，也激励着他的学生。

颜鸣皋总是把年轻人往前推，往外推，想方设法为他们创造施展才能的机会。参加国际交流，他总是把在国外宣读论文的机会让给学生；年轻人向他请教、讨论学术问题，他毫无保留地把平生所学倾囊传授；他在几十年的时间里，收集了几大柜子的宝贵资料，永远都向年轻人敞开……

即便如此，颜鸣皋仍感到时间非常紧迫，利用一切机会和时间悉心向年轻人传授。

这是一个异国的夏夜，在日本京都某宾馆里，经过一天紧张的学术交流，许多人都早早休息了，可年逾七旬的颜鸣皋却没有睡意。他敲开了随他同来参加国际工程陶瓷科学研讨会的一位青年学者的门，张口就问：

"学术报告准备得怎么样啦？"

"颜老，差不多了，您怎么还没休息？"

"我不放心啊，我还要看一看你报告的内容、结构和措辞，你是代表着咱们中国，决不能有半点马虎。"

青年学者非常感动，将学术报告捧给了颜鸣皋。

颜鸣皋审核了一遍后，又让这位青年学者逐字逐句反复演练报告内容，斟酌关键用词，每当他听出年轻人在某处英语发音不准确时，就立即叫停，给予纠正，一遍不行就两遍，反反复复，直到准确了为止……

第二天，这位青年学者的报告非常成功，全场掌声雷动。

青年学者鞠躬向听众表示感谢后，又特意对微笑着向他鼓掌祝贺的颜鸣皋深深鞠了一躬……

1989年，在我国首届失效分析战略研讨会上，颜鸣皋与师昌绪等16名专家获得了"全国有突出贡献失效分析专家"荣誉称号。

1990年颜鸣皋（右四）与钛合金研究室的同志
在广州参加第七届全国钛及钛合金交流会

颜鸣皋永远不会被荣誉滞绊前进的脚步，在成绩面前永远不会满足，为了配合新型材料和高科技发展的需求，为了进一步培养航空工业的高层次人才，他依然老当益壮，亲自参与和指导了数项"863"重点项目，并取得了突破性进展，合金性能达到了国际先进水平。通过项目，他又带出了一批能够挑大梁的骨干科研人员。他们所取得的成果，再次先后获国家发明二等奖和国家科技进步二等奖。

毫不夸张地说，颜鸣皋不仅创造了科研的辉煌，还创造了育人的辉煌，实现了他"愿做人梯学春蚕"的诺言。

第八章　雄心在，生命不息奋斗不止

悲喜交集的 1991

1991 年，应该说与其他年份没什么两样。春暖花开，夏暑伏热，秋风送爽，冬寒数九。四季交替，日月轮换。

可对颜鸣皋来说，这却是个悲喜交集的年份，哪一年都没有这一年特殊。

这年 4 月，在庆祝我国航空工业建立 40 周年之际，颜鸣皋作为"为航空工业做出杰出贡献者"，荣获航空航天工业部最高奖励——"航空金奖"。

获航空金奖

第八章 雄心在，生命不息奋斗不止

李政道贺信手稿

远在美国的著名华裔科学家、曾荣获诺贝尔物理奖的李政道先生，闻讯专门发来贺信，向颜鸣皋表示最热烈的祝贺和最崇高的敬意。

颜鸣皋和李政道虽然研究的方向不同，虽然不在一个国度，但同为炎黄子孙，同为物理学家，两人性相近、心相通，互相欣赏、互相仰慕，在不断的交往中成为了挚友。

李政道先生在给颜鸣皋的贺信中还自豪地这样说：

"中国正在改革开放的大道上胜利前进，我深信在不久的将来，下一世纪初，华人科学家必将领导人类科学新潮流。"

颜鸣皋读着这封热情洋溢的来信，深深地被老朋友美好的祝福和赤诚的爱国情怀所感动。

是的，"华人科学家必将领导人类科学新潮流。"颜鸣皋被这个美好的预言兴奋着，也为这个美好的目标奋斗着。

特殊材料铸人生 ——记中国科学院院士颜鸣皋

1991年在日本京都主持第六届国际材料力学行为会议（ICM-6）并致开幕词

这一年，颜鸣皋远赴日本京都参加第六届国际材料力学行为会议（ICM-6），并作为执委会主席致开幕词，此后，又主持召开了ICM-6大会理事会。

可是，就在颜鸣皋为这预言和目标忙碌、奔波、奋斗之时，他相濡以沫数十年的妻子倪莹却不幸因病去世。

倪莹的离去，对颜鸣皋是个巨大的打击，他心中的内疚无以言表。

在采访他的日子里，颜鸣皋曾与笔者有过一次促膝长谈，他说：

"人们常讲，科学是无国界的。同样，一部好的文学作品也是超越国界的。不管现在的人们怎样看奥斯特洛夫斯基写的《钢铁是怎样炼成的》这部小说，但我始终十分喜欢，曾阅读过数遍。每次读后，我都会掩卷深思，认真想一想自己的生活和工作，想一想自己活着究竟是为什么，是否虚度了年华，是否能像主人公保尔那样，在回顾自己的一生时，可以毫无悔恨地说，把自己的整个生命和全部精力都献给了人民，献给人类最壮丽的事业。在这一点上，我没有悔恨，没有愧疚。可是，再一想，我这辈子唯一感到愧疚的是家人，特别是妻子。倪莹是大家公认的贤妻良母。她是一个对人要求甚少，而给予人甚多的人；她是一个胸中只有他人，只有丈夫儿女，而唯独没有自己的人。我们刚结婚我就出国留学，一别五六年，她身患重症独自守望。我回国后一心扑在工作上，衣来伸手，饭来张口，疏于对她和家庭的照顾。她生孩子时又旧病复发，一拖再拖，直到后来恶变，我却很少注意。'文革'中她跟着我遭罪受苦，还顶住各种压力，对我不揭发、不离弃，给了我活下来的勇气。可以说，没有倪莹的默默支持和奉献，就没有我的今天，没有那么些的科研成果。我总觉得对不起她，生活的重担和磨难拖垮了她的身体，使她年仅67岁就过早地离开了我们……"

讲到这里时，他是那样的沉痛，笔者的心也仿佛被人揪住了一般。

在为倪莹送行的那天，儿子颜士建、女儿颜颐君看到一向刚强的父亲痛苦万分，泪流满面。在他们的记忆中，这是第一次看到父亲流泪。

从父亲的泪水中，儿女们读出了老一辈人深厚而朴实的感情。父亲与母亲之间话不多，常常默默相对相守，默默无语蕴大爱啊，他们的心是相通的，一个眼神、一个形体动作就能了解对方想说什么，干什么。他们的爱从不挂在嘴边，而是爱在了心底深处。

同样，从父亲的泪水中，儿女们也读出了老一辈人心怀国家、矢志事业的无私情怀，从而进一步理解了父亲，也不再埋怨父亲。

颜士建和颜颐君从学校毕业后，服从国家分配，先后走上了工作岗位。当全国掀起"出国热"时，一些有关系、有门路的人都纷纷留洋镀金，他们也曾动过这样的念头，请父亲联系国外的学校或机构，打个电话或写封推荐信之类的东西。

颜鸣皋曾给数十人写过推荐信，送数十人出国留学，可就是没给自己的儿女写过一个字，打过一个电话，他对他们说：

"你们在'文革'时没有上好学，基础不好，没必要出去。你们踏踏实实干好自己的本职工作就行了。"

颜鸣皋说得是这样干脆，似乎有点儿绝情，儿女们当时还有点儿不理解。

1991年11月，颜鸣皋当选为中国科学院学部委员（后改称院士）。这不仅是巨大的荣誉，更是党和人民对他所做贡献的充分肯定。

获此喜讯后，颜鸣皋却深感不安，他说：

特殊材料铸人生——记中国科学院院士颜鸣皋

"我只是做了我应做的工作,党和国家已给了我很多的荣誉。现在又选我当学部委员,我感到受之不安。"

颜鸣皋论年龄、资历、职务和业绩,在生活上享受一些待遇,是应该的,谁也不会说什么,可他是低调又低调,尽量不去麻烦单位和组织。

有一天,研究生部张瑞麟老师外出办事,来到院外等公共汽车,在挤车的人群中发现了颜鸣皋。心中暗想:院里的车辆太紧张了,院士外出都要坐公共汽车。他觉得这不过是偶尔一次,也就没太在意。

谁知后来,他又看到了几次,心中不忍,就挤到颜鸣皋身边说:

"颜总,您怎么也来挤公共汽车?您这么大年纪又是院士,挤公共汽车既不方便又不安全。下次出门,千万不要再挤公共汽车了,一定要给研究生部说一下,让他们给您派车。"

颜鸣皋笑笑说:

"没事的,没事的,你放心。再说,我出门是办私事,哪能张嘴向单位要车呢?"

"怎么不能要车?你这是应该的。"

"不能这么干,不能这么干。私事和公事要分清,我办私事不能给单位添麻烦。"颜鸣皋摇着头坚持己见。

张瑞麟看说服不了颜鸣皋,也就不吭声了,但心里一直放不下。回来之后,他专门找到所长反映情况,"告"了颜鸣皋一状。

所领导对此非常重视,做出决定,为颜鸣皋配了一辆专车。

按说,有了专车,颜鸣皋可以车接车送了吧。但他除了外出办公事要车之外,上下班却整天骑着一辆老式的28加重自行车。

所领导看到后,找到他劝道:

"颜老,您这么大年纪了,整天骑自行车跑来跑去,我们心里不安呢。"

颜鸣皋笑呵呵地说:

"我家离单位又不远,骑自行车有什么不好?既为公家省了汽油,我又能锻炼身体。"

"虽然这样说,但我们还是怕您出什么事啊。"所领导有点担忧。

"你们放心,不会的。"颜鸣皋安慰着所领导。

但是,怕出事却偏出事。

1991年12月30日,天空飘起来一场雪。凛冽的寒风吹拂着京郊大地,使北京航空材料研究所所区道路的一些低洼处结起了一层浮冰。

这天下午5点多钟,颜鸣皋下班了。他又跨上了自己那辆"专车",顶着风奋力往前蹬。

研究所的职工住宅楼盖在山坡上,颜鸣皋回家时要爬一个斜坡,骑车比较费力。

颜鸣皋偏偏不服老,从搬进单位分给他的这套单元房以来,每次都把征服这一段山坡看作是对自己身心的锤炼,看作是一次挑战生命衰老的胜利。几年了,也从未出过什么事。

这天,颜鸣皋刚骑上斜坡准备转弯时,就发现路面又湿又滑,有的地方还结了冰。他准备下来推着走,谁知,偏偏就那么不巧,在那转弯的一瞬间,前轮轧在一大坨冰块上,猛地一打滑,连人带车摔倒在地。

颜鸣皋暗叫一声"不好",眼一黑就什么也不知道了。

万幸的是,当时正是下班时间,人来人往,发现得及时。

人们迅速地把颜鸣皋送往医院。

一检查,他的左髋骨臼被摔成粉碎性骨折。

1991年最后的几十小时,命运给颜鸣皋这位老人开了一个大玩笑,并在他的身体上留下了一道深深的印痕……

架起世界合作交流的桥梁

在躺倒在病床上那段日子里,颜鸣皋着急啊,非常的不习惯,有许多课题等着他去做，有许多学生等着他去指导，有许多国际学术交流活动等着他去主持和协调……

然而，颜鸣皋的身上处处闪耀着生命的奇迹！历经那场大灾难之后，他竟奇迹般地站立了起来。如他的性格一样，他的骨头也是硬的。

起初，他还需拐杖帮助，到后来拐杖竟成了摆设。

颜鸣皋在中国航空材料科研领域，论学识、论资历、论成果，他都堪称泰斗和先驱。同时，他在国际材料领域也享有盛誉，得到世界同行们的认同和尊重。

随着国家改革开放的力度加大，颜鸣皋更忙了，参加国内外学术交流活动日益增多。他曾多次应邀赴美国宇航局及美国纽约理工大学、美国弗吉尼亚州州立大学、德国宇航研究院、法国宇航研究院、瑞典皇家理工学院、加拿大多伦多大学、加拿大蒙尼托瓦大学、日本京都大学、日本九州大学、韩国机械与材料研究院以及中国台湾工业技术研究院等院所，进行讲学或学术交流及洽谈合作。1993—1994年，他还被新加坡科委聘任为该国的国际顾问七人小组成员。

颜鸣皋参加或主持国际学术会议的次数更多，他曾10多次担任各种国际学术会议的国际委员或执行委员。早在1987年，就由他主持召开了第五届国际材料力学行为会议，并当选为理事会主席，后连续参加主持5届。同年，他被推选为远东国际断裂力学会议执行委员。1990年，他又被国际断裂力学会议推选为联络委员会委员。1999年，他被国际材料力学行为会议推选为名誉主席，当年国际疲劳大会授予他"终身荣誉会员"。

颜鸣皋非常珍惜到国外进行学术交流的机会，每次出国，他都是满载而归，不仅带回来崭新的科学信息和学术成果，有时还会带回来一些国际合作项目。

颜鸣皋和其同事们在与德国宇航研究院的技术合作中，对铝合金在系统变化高、低载和卸载序列下的裂纹扩展行为进行了深入、细致、系统的研究，提出

1993年与韩国机械与材料研究院签订合作协定（右为颜鸣皋）

了根据疲劳条纹推算出的改进模型，较现有的线性累计法与恒张开应力法更符合实际结果。他们的这项成果得到了德国同行的认同和好评，上述模型已应用到了飞机结构部件的寿命估算中。

中美航空航天领域的第一个科研合作项目"疲劳与断裂力学－高强度铝合金的小裂纹效应"，由北京航空材料研究所和美国国家航空航天局（NASA）兰利研究中心联合承担。在小裂纹的断裂力学分析方面，颜鸣皋参与的三维裂纹权函数法研究取得重要成果。其计算结果不但和 NASA 兰利研究中心采用改进后的有限元法在巨型计算机上得到的结果十分吻合，而且还发现和修正了国际断裂学术界广为采用的三维应力强度因子的著名纽曼公式。

在中美科学家的共同努力下，这个合作课题所研究的权函数法已经成功应用于三维裂纹的应力强度因子分析，取得了具有国际影响的重要成果。这个项目先后获得航空航天工业部科技进步一等奖和国家自然科学三等奖。中美双方的课题负责人还在 2000 年获得国际材料研究学会联盟（IUMRS）的首届索米亚国际合作奖。

特殊材料铸人生——记中国科学院院士颜鸣皋

颜鸣皋已至耄耋之年，硕果累累，已无须受名利所累、生活所劳，可他依然为增进中外科学交流与技术合作，不辞辛苦东奔西走，依然孜孜不倦地在航空材料领域南征北战。在他忙碌的身影上，在他攻关的脚印中，我们看到他以他特殊的身份与地位，发挥着特殊的作用，使中国航空材料研究快速发展；使北京航空材料研究院的国际知名度日益提高；为进一步加强国际合作疏通了渠道、架起了友谊的桥梁……

枝繁叶茂励后生

在北京航空材料研究院院内以及外侧的山岗上，生长着许多棵枝繁叶茂的松树。松树的旁边及周围，一代一代的树木茁壮地成长着，形成了一片林海。微风吹过，涛声阵阵，宛如奏响着一曲曲和谐而又美妙的音乐。

夕阳西下，天边的晚霞慢慢地铺展，将树林、山岗、院舍镀上了一层合金般的殷红。

这是1993年的一个傍晚，留学法国的陶春虎沐浴着霞光归来了。在航班降落在北京首都国际机场的一刹那，在他踏上祖国土地的那一刻，脑海中就浮现出老师颜鸣皋的笑容。他甚至打定了主意，要继续拜在老师的门下，攻读博士后。

陶春虎从法国学成归来之后，担任了金属物理室和失效分析中心的副主任。他边工作边在老师的指导下向更高的层次攀登。

为了使陶春虎能够快速而又健康地成长，他不仅处处严格要求，还想方设法给学生压担子，在实践中进一步锤炼。

1996年年底，师昌绪、柯俊院士组织了国外材料科学与工程方面学术文集翻译出版工作，共计23卷。

颜鸣皋负责其中的《材料的塑性变形与断裂》一书，约95万字的翻译，时间节点定在1997年7月底交付出版社。

颜鸣皋领受任务后，立即组织人员，并让陶春虎具体负责。由于参与翻译的人员基本上是刚工作不久的几名博士，当大多数章节翻译初稿出来后，许多负责审校的老专家看到翻译的专业技术问题较大，就不愿审校。

陶春虎看到这个情况，考虑到责任重大，就产生了"打退堂鼓"的想法。

1997年2月底，陶春虎把自己负责的18万字翻译稿交给颜鸣皋审校时，试探性地对老师说：

"颜总，我3月份要去埃及访问，4—7月还要到党校学习，您是否能另找个人负责全书的审校和统稿呢？"

颜鸣皋似乎看出了陶春虎的心事，没有表态，只是说：

"我看看你翻译的稿件再说。"

大约过了一周，颜鸣皋把陶春虎叫到办公室。他拿出了陶春虎翻译的稿件，上面附着北京航空材料研究院另外两位在翻译和专业领域都非常著名的专家审稿意见，笑呵呵地说：

"春虎啊，两位审稿专家都认为你翻译得很好，完全可以胜任全书的审校和统稿工作。"

陶春虎心中完全明白了，老师已经看穿了自己的心事，索性就明说了：

"颜总，这事责任重大。我怕自己挑不起这个担子，耽误出版发行不说，还丢您的人，丢咱们院的人。"

"你就不要再担心了，这也是锻炼你组织协调能力、提高专业水平、拓宽专业领域的好机会。"

陶春虎还是有点犹豫。

颜鸣皋又风趣地说：

"出国和党校学习任务虽然也很重，但翻译可以作为业余时间修心养性的事情来干，你说是不是这个理儿？我相信你一定能干好。"

"业余时间修心养性"，这话说得是这样轻松和风趣，望着老师鼓励的目光，听着老师风趣的话语，陶春虎的顾虑被打消了，忍不住笑了，表态道：

"老师，我听您的。"

"好，光听我的不行，走，咱们还要听听柯俊院士怎么说。"

说走就走，颜鸣皋带着陶春虎找到柯俊院士，向他汇报了翻译的进展情况和可能存在的问题。

柯俊院士提出了自己的看法和意见，并提出了下步工作的建议，使陶春虎的信心更足了。

此时的颜鸣皋已年近八旬，可他依然和年轻人一样精神头十足，浑身就像安装上了一台强大的涡喷式发动机，干起工作来风风火火，仿佛不知什么是疲倦。这让陶春虎十分佩服。特别是当他看出了陶春虎的担心之后，并没有用简单的方式要求陶春虎非得去完成不可，而是用非常巧妙的方式激励学生。这更令陶春虎深受感动。

在颜鸣皋的指导下，北京航空材料研究院按节点、高质量地完成了学术文集翻译工作。

严师出高徒。

枝繁叶茂励后生。

现如今，陶春虎已经成长为一名航空材料研究的领军人物之一，任院副总师、检测研究中心主任。2010年初，陶春虎被评为中国航空工业集团公司力学性能表征和失效分析领域的首席技术专家。

陶春虎曾经这样动情地说：

"在获得这些荣誉的时候，我在感激院内外很多领导和老专家悉心培养的同时，由衷地感激颜总在我科研工作中始终不渝的指导、支持和信任。可以说，没有颜总亲切的关怀，不可能有我的今天。"

"颜鸣皋院士，也就是大家亲切称谓的颜总，是我的博士后指导老师。我从清华大学博士毕业后进入北京航空材料研究所博士后流动站工作。15年来，我一直在颜总的悉心指导下学习和工作，始终沿着颜总从事的晶体学

第八章 雄心在，生命不息奋斗不止

指导研究生

织构、航空钛合金材料、疲劳断裂、损伤容限等专业方向探索前进着，在航空材料技术研究和人生成长方面受益匪浅。"

这是中航工业钛合金材料技术首席技术专家朱知寿博士谈到老师颜鸣皋院士时，发自内心的真实感受。

颜鸣皋与朱知寿的结识是在一个偶然的场合。也正是这一个偶然的相识，从此改变了朱知寿的人生轨迹，奠定了他今后的研究方向。

他至今还清楚地记得：

那是1994年10月的一个阳光明媚的早晨。

颜鸣皋来到清华大学，应邀参加一位学生的博士学位论文答辩会。

这位学生是朱知寿的学长，为了感受答辩会的气氛，当时他也跟着他的博士生导师陈南平教授来到现场。

陈南平对颜鸣皋介绍说：

"这是朱知寿同学，现从事钛合金材料晶体学织构方面的研究，马上也面临博士论文答辩了。他学的这个专业挺对你们北京航空材料研究所的口，如能到你们单位，也许能发挥点专业作用呢。"

朱知寿心中明白,这是教授在有意推荐他。他有点儿紧张,生怕颜鸣皋当场拒绝,或者是北京航空材料研究所当时没有博士后流动站,那就难有机会从事航空钛合金研究了。

没想到陈南平的话音刚落,颜鸣皋马上就对朱知寿说:

"不错,钛合金在我们单位现在搞得很红火,不但在航空上应用日益广泛,而且在医疗器械和高尔夫球头等民品开发方面效益明显。好吧,你毕业后就申请到我们所来吧,会有你的用武之地的。"

朱知寿听到颜鸣皋这番话,顿时如沐春风,有了一种归属感。因为当时他正面临着博士毕业后的工作去向选择,虽然当时已经联系了两所高校博士后流动站,但都因它们偏重于相图计算或材料物理等理论研究而没有最终确定。北京航空材料研究所是以理论与实际相结合的应用研究单位,特别是航空钛合金材料还是这个所的主要研究方向之一,这里应该是他的最佳选择。

朱知寿没有想到,颜鸣皋居然这么爽快地答应了。

答辩会后,陈南平对朱知寿说:

"我想啊,聘请颜总作为你的博士论文校外评阅专家,是最合适不过的了。因为他既是早期晶体学织构研究专家,同时又是钛合金材料专家。你的钛合金晶体学织构研究毕业论文还可以作为一份你进站的申请书。"

朱知寿马上明白了老师的良苦用心,这是为了能让颜鸣皋顺利地录取他。

于是,朱知寿提交的第一份"申请材料",就是他的博士研究论文。

应该说,朱知寿是很幸运的。他遇到了几位识才、惜才、荐才的好老师。每每提起,他都心存感激。他很幸运地进入了北京航空材料研究所博士后流动站,成为该所博士后流动站正式建站后的第一位进站博士后。

颜鸣皋给朱知寿特意安排了三位钛合金行业知名的、具有丰富理论和实践经验的、长期从事航空钛合金应用研究的指导老师。他们是:现为中国科学院院士的曹春晓研究员、时任北京航空材料研究所钛合金研究室主任马济民研究员和现任北京市人大代表的高扬高级工程师。

朱知寿就是在这样一个阵容强大的博士后指导小组指导下工作。出站后，他留在了北京航空材料研究所，一直从事航空钛合金材料研究工作。

1996年初，为了协助院士完成繁重的日常工作，北京航空材料研究院决定为颜鸣皋配备兼职学术秘书，帮助他处理学术论文、学术报告和学术活动等有关事宜。

当领导征求他的意见时，颜鸣皋挑上了朱知寿。他对朱知寿说：

"兼职秘书不会太占用你的日常科研工作时间的，只当有事情时才通知你。平时的日常事务我都可以自行处理。"话语中透露着亲切和鼓励。

朱知寿虽然觉得能够担任颜鸣皋的兼职学术秘书是一件十分光荣的事，但他还是担心自己能力有限，不能胜任这一工作。他的脸上透出了一丝丝犹豫。

颜鸣皋已经看出了他的顾虑和担心，又对他说：

"小朱，你不用担心。我的日常工作由院办工作人员负责处理，你只是重点在学术方面辅助些工作就可以了。"

朱知寿被老师谦和的态度、处处为别人着想的言行深深感动了。他在心里暗暗下决心，一定尽自己的最大努力，协助老师做好工作。

就这样，朱知寿做颜鸣皋的兼职秘书工作一直到今天。在这10多年里，颜鸣皋在工作上更加关注他的科研进展和发展，在研究思路和研究方向上给予他更多的指导和帮助。

他们一起外出参加国家年度科协大会、专题学术会议以及各类邀请学术报告等活动时，颜鸣皋经常在繁忙的会议日程安排和接待客人谈话之后，不忘与朱知寿谈谈工作上和生活上的事情，为型号攻关、预先研究和专业团队建设等方面提出细致的要求和建议。

朱知寿在与颜鸣皋一起的日子里，通过整理颜鸣皋的学术论文、研究报告、研究成果、个人事迹与简历等资料，通过参加颜鸣皋与许多老朋友、国内外著名教授和科学家们的座谈会，通过协助媒体接受采访、对外讲学等活动，进一

特殊材料铸人生 ——记中国科学院院士颜鸣皋

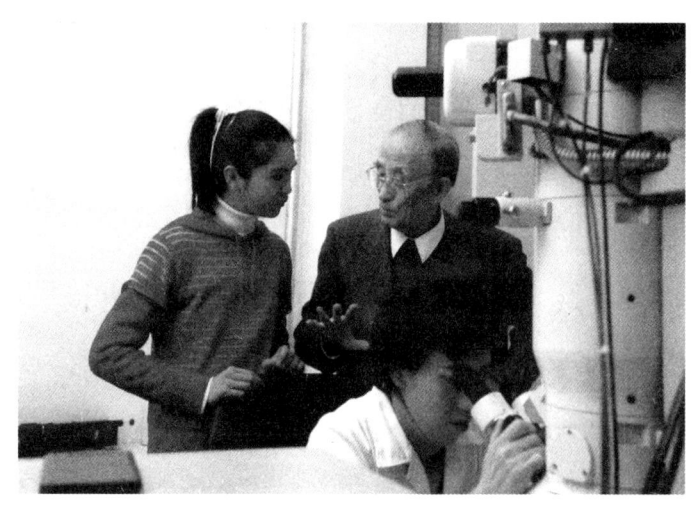

接受小记者采访

步了解了颜鸣皋、认识了颜鸣皋,正如他自己所说:

"所有这一切,让我在不断增进见识、扩大接触面的同时,内心也在一次次地受到了极大震撼,从而更加深刻体会到了像颜总一样的无数中国老一辈科学家的广阔胸怀和无私奉献精神。这种精神也在时时刻刻激励着像我这样的年轻一代不断努力奋进,攀登科技高峰!"

是的,颜鸣皋呕心沥血培育着年轻一代,用无私奉献的精神教育激励着年轻一代。

颜鸣皋为年轻一代的茁壮成长感到欣慰和高兴,为年轻一代取得的成绩感到自豪与骄傲。

同时,为了航空材料事业持续良性的发展,颜鸣皋身体力行地为"新生代人才"的健康成长奔走操劳。

他多次在航空工业发展咨询报告、航空百年特邀报告以及航空材料发展建议等场合大声呼吁:

"重视航空材料科技队伍的建设和稳定工作,要特别注意培养和造就一批新世纪技术骨干与创新型学术带头人,满足航空科技日益发展的需要。"

1999年6月8—12日,由北京航空材料研究院、中国科学院金属研究所和中国材料研究学会疲劳分会联合举办的第七届国际疲劳大会在北京隆重举行。

来自34个国家和地区的420余名中外专家、学者（其中国外代表300余名）参加了本次盛会，交流国际疲劳领域的最新成果，探讨并提出疲劳学科跨世纪的发展方向。

会议期间，里奇、米勒、纽曼等国际疲劳界的著名学者分别就传统和先进材料的疲劳，金属疲劳发展的历史回顾与展望及21世纪面临的问题，飞机结构大范围疲劳损伤的预测等重要专题做了大会特邀报告；50多位中外著名科学家应邀做了基调报告。400多名专家学者分别在7个分会场进行专题报告，就材料与结构疲劳的基本理论与机制、宏观力学建模与寿命预测、疲劳与损伤容限设计、各种材料的疲劳行为、疲劳理论的应用等，进行广泛与深入的学术交流。大会总结了疲劳领域从基础研究到工程应用的成果，提出了21个世纪的发展方向。

1999年国际疲劳大会（IFC）授予颜鸣皋（右一）荣誉会员奖牌

颜鸣皋在疲劳研究方面的成就和贡献得到了国际学术界的高度评价。在这次跨世纪的学术盛会上，他又一次获得了殊荣。

特殊材料铸人生——记中国科学院院士颜鸣皋

国际疲劳执委会对在疲劳研究方面做出突出贡献的英国谢菲尔德大学的米勒教授和中国北京航空材料研究院的颜鸣皋院士授予国际疲劳界的最高荣誉称号——"国际疲劳大会终生荣誉会员奖"。

隐去某些色彩的彩虹

新世纪的霞光绚丽多彩。

地球不停地旋转着,迎来了人类又一个新千年。

2000年的鲜红太阳,被绚丽多彩的霞光烘托着冉冉升起。

这一年,北京航空材料研究院专门为颜鸣皋院士举办了从事国防科研50周年和80寿辰庆祝会。

颜鸣皋面对着簇拥的鲜花、热烈的掌声、诚挚的赞誉,却并没有陶醉。他朝各级领导、科技界同仁和单位里的同事频频拱手,说出的话依然那么谦逊,依然那么朴实:

"同志们,今天研究院专门为我举办这样一个盛大的庆祝会,我既感动又不安。感动的是这么多的领导、同事和朋友们到场,又给了我这么高的评价,我此生值矣。不安的是我只不过做了一些应该做的本职工作,干了一些应该干的事,组织上却给了我这么高的荣誉,又占用了大家的时间,劳累各位。我唯有继续努力,再创佳绩,以此报答祖国、单位和同志们的厚爱。谢谢!谢谢!"

大家都知道,颜鸣皋说这番话,并不是故作谦虚,而是他一贯的性格和生活态度。

颜鸣皋常说:"谦虚就是实事求是。唯有谦虚的人,才能实事求是地评价自己,才能实事求是地评价他人。"

在外人看来,颜鸣皋成果丰硕、贡献卓越,无论是航空材料研究,还是培育人才；无论是国际学术交流合作，还是理论研究，他都是一个应该大书特书的人物。

2000年颜鸣皋院士从事国防科研50周年和80寿诞庆祝会领导来宾合影

仅从著作一项来说，就令人信服。颜鸣皋出版过《镍基高温合金的强化》、《金属疲劳与断裂》、《金属疲劳损伤》等专著和译著，先后发表各种科学论文200余篇。他还曾任全国《材料科学与测量》丛书副主编，主持编撰《航空材料学》、《中国航空材料手册》、《第五届国际材料力学行为会议论文集》等专业图书和多种力学性能手册，为生产、科研、教学等提供了有价值的数据、资料，为传播新材料、新技术做出了出色的成绩。另外，前面已写到过，他还曾担任过《材料工程》、《航空材料学报》等杂志的主编，《金属学报》、《航空学报》、《国际航空》等杂志的编委。

可颜鸣皋自己总是认为工作一般、成果一般，需要努力、努力再努力。已逾古稀之年，他依然给自己不断地加压、加压再加压。

在那次庆祝会上，颜鸣皋的讲话有一段非常精彩和浪漫，他说：

"每个人的生活都是一道七色的彩虹。为了国家的需要，为了共和国的航空工业，我愿意隐去其他的色彩，在某一个波段里发射出一束光芒，给这个世界增添一分亮色。"

特殊材料铸人生 ——记中国科学院院士颜鸣皋

这段如抒情诗般的话是颜鸣皋带着情感、带着忠诚、带着憧憬从内心发出的,也是一位老科学家生活的真实反映。他要隐去的色彩是他自己的一些爱好和生活需求,唯有留下的单色调是殚精竭虑地拼命工作,在航空材料领域爆耀眩目的激光。

颜鸣皋的业余爱好非常广泛。他爱好游泳、摄影,喜欢踢球、爬山,还对古典音乐有着浓厚的兴趣等。然而,许多与他共事多年的老同事,都无缘一睹他的这些特长,看到的是他废寝忘食地投入工作,看到的是他年愈古稀依然在科研战线上奋斗拼搏。

随着颜鸣皋年龄的增大,特别是爱妻倪莹去世之后,在北京钢铁学院工作的五妹颜梅仙、六妹颜蓉仙,看在眼里急在心上,非常担心三哥的身体,牵挂三哥的晚年生活。

颜鸣皋却反过来安慰妹妹们。他说:

"你们放心,我只要能工作,身体就不会倒;我只要在工作,我的晚年生活就丰富多彩。"

工作,他把工作置在了第一的高度,把其他都置之脑后。他年龄虽大,但跨出的步子似乎也增大了幅度,对时间愈加珍惜,对科研课题愈加紧迫。他更加密切地关注着世界航空材料科学研究的前沿,默默而执著地耕耘在国防高科技领域里,不遗余力地探索着我国航空材料技术发展体系和发展平台。

进入新世纪之后,颜鸣皋撰写了一篇题为《航空材料技术的发展现状及展望》的文章。他的思维依然那么活跃,视角依然那么敏锐,心态依然那么高昂,他在文中写道:

材料是现代科技发展和国民经济建设的重要支柱。航空材料是材料科学中富有开拓性的一个独立分支,是航空工业现代化的物质基础,决定着航空工业的发展速度。航空材料集中了材料科学的精华,反映着一个国家工业和科技的综合水平,并推动着整个材料科学与工业的发展。

我国航空工业创建50余年来，航空材料的发展取得了长足的进步，取得了不少成就。但是，从整体上看，我国的航空材料研究水平与先进国家相比仍有较大的差距。那么，世纪之交，我国应加快航空材料的发展速度，使之走在设计和生产的前面，当前应抓好以下几项工作：

（1）根据"型号需求牵引，技术发展推动"的原则，提出符合我国国情的切合实际的航空材料中长期发展规划，确定不同阶段的发展目标，制定出新材料的基础研究、应用研究和开发研究的统一规划与经费概算，以及实现规划的具体措施，争取在2010年使主要的关键的航空材料和工艺水平达到或接近国际先进水平。

（2）飞机结构材料的重点是研制和推广应用高比强度、高比模量金属，非金属和复合材料及与其相关的热工艺技术，进一步减轻飞机结构重量，提高隐身性能，延长使用寿命。为此，需要扩大新型铝合金、钛合金、超高强度钢及复合材料的应用范围和品种，增加新材料在飞机结构重量中的比例，并进一步改进和提高这些材料的性能。

（3）发动机结构材料及热工艺技术重点是研究和扩大应用热端部件（涡轮和燃烧室等）和转动件（风扇、压气机和涡轮等）等重要零部件的关键材料及热工艺技术，高温钛合金、新一代粉末高温涡轮盘、定向和单晶叶片等材料及热工艺技术，并努力发展金属间化合物基复合材料、金属基复合材料、耐300℃以上高温聚合物基复合材料，同时探索新型耐热陶瓷材料和新型耐高温碳/碳复合材料等，以进一步提高涡轮进口温度和发动机推重比。

（4）加强航空用新型功能材料的研制及应用，以提高机载设备、武器火控系统的性能及飞机的性能、寿命和生存能力。航空用功能材料品种繁多、性能各异，应组织各有关科研单位分工协作。航空用关键新型功能材料应在航空工业内部进行材料及应用研究。例如，特种功能涂料形状记忆材料、导电高分子材料、耐高低温橡胶、密封材料、高温涂层和绝缘材料等，并扩大减阻、阻尼减振、隔热和防弹材料的应用。

可以预见，在航空材料由传统向先进材料的转变过程中，将会使科研、生

特殊材料铸人生 ——记中国科学院院士颜鸣皋

产和人才结构发生一系列重大变化。因此,要加强全局观念,系统规划,在全行业的支持下,迎接航空材料的大发展。

"迎接航空材料的大发展!"从这些文字中,我们可以看出颜鸣皋对航空材料事业的真情与热爱。我们还可以看出他的信心是那样的坚定,血脉的律动是这样的强劲,雄心壮志又是何等的豪迈……

真情无疆闪耀细微处

颜鸣皋对祖国航空材料事业有着无限的真情,对后辈和他的学生寄予了深切的厚望。但他却从不浮躁,而是脚踏实地工作着,并且将其体现在他处事待人的每一个细节,体现在他生活中的时时刻刻。

2002年初冬的一个傍晚,夜幕悄悄地笼罩了大地,把远山近水拢在怀里。路灯陆陆续续亮了起来,闪烁出一道道昏黄。

在人力资源部门工作的刘世兴,收拾好东西准备下班。当他路过颜鸣皋的办公室门口时,看到里面的灯还亮着,心中暗想:"颜总还没下班,他在干什么呢?"

他敲了敲门走进去。

颜鸣皋的办公桌上摊开着新的一期《航空材料学报》杂志的清样,他正伏案费力地一字一字地校阅。

刘世兴走上前去,催促道:

"颜总,天这么晚了,大家都下班了,你也该回去了。"

颜鸣皋抬头一看是刘世兴,笑了,乐呵呵地说:

"小刘,是你啊。这就走,看完这遍就走。"

刘世兴看到清样上面的字很小,特别是中英文对照的论文摘要字体更小,遇到写得不对或不好之处,他都用红笔标校出来,或耐心地给改正过来,连标点符号都不放过。他忍不住劝道：

"颜总，您年龄大了，看东西不方便，找其他人帮忙审阅一下就行了，还非得自己看不可？"

"这可不行，谁让我是主编呢？既然在这个位置上，就应当负这个责任，如果确实审阅不了，那就不能占着位置不起作用。小刘，你说对不对啊？"颜鸣皋双手一摊，反过来问刘世兴。

刘世兴点点头，但还是不忍心，又劝：

"颜总，您说得都对。但您也应该注意身体，明天再看不行吗？"

"行，行。我这个位置责任重啊，不看完我心里不踏实。小刘，你先回去吧，放心，我一会儿就走。"

刘世兴回去了，他走下办公楼并没有马上离开，而是对着颜鸣皋办公室亮着灯光的窗口位置，久久凝望着……

张彦仲等中航一、二集团领导慰问看望颜鸣皋

2003年的夏天，岳麓山畔的长沙。一位女生站在橘子洲头，眺望着滔滔湘江奔腾北去的气势，心潮也浪推浪涌。她即将硕士毕业，面临人生的又一次重大选择，是毕业后参加工作，还是继续深造？她考虑再三，怀着对科研工作的一股质朴的热情，再一次选择了继续攻读博士学位。

这位女生叫张坤。

特殊材料铸人生——记中国科学院院士颜鸣皋

到哪里去读？选择什么专业？报考哪位导师？这天，她打开电脑，在 Google 中输入"北京"、"材料研究院"、"博士生导师"几个关键词，点击之后，"北京航空材料研究院、颜鸣皋院士"就赫然跃入眼帘。

"对，到北京去，就报考颜鸣皋院士的航空材料专业。"她暗暗拿定了主意。

她拿起了电话，心里却有点胆怯，甚至说是有点战战兢兢。在她的心目中，院士、博士生导师一定很威严，这样冒昧地打电话合适不合适？可当她拨通颜鸣皋家中的电话时，电话那头传来的声音是那样的慈祥，这让她忐忑的心顿时轻松了不少。她鼓足勇气说道：

"颜院士，我叫张坤，是一个即将毕业的硕士研究生，想报考您的博士生，您看行不行？"

"好啊，好啊。"颜鸣皋简单问了一下张坤的情况，并约她 10 月 10 日来北京面谈。

颜鸣皋的语气中透着一种亲切和关切，张坤从电波中感觉到了，紧张的心又轻松了许多，一种对院士的敬意也油然而生。

10 月 10 日 10 时 30 分左右，张坤如约来了。

事隔多年，张坤对这次见面还记忆犹新，借用她的话说：

"门开后，我才发现这位 83 岁的老人竟然是这样矍铄硬朗，特别是眼神那么睿智，而整洁得体的西装又显出这位老人的翩翩君子风范。"

颜鸣皋客气地把张坤让进屋，先是简单地介绍了院里的组织机构，在了解了她的专业和研究方向后，鼓励她说：

"现在铝合金专业需要人，你只要好好复习备考，就一定能考得上。"

张坤点点头，如饥似渴地捕捉着老师发出的信息。时间过得真快，转眼一个多小时过去了，她站起身告别：

"颜院士，我已经买好了返程票，回去后我一定好好复习，一定考出好成绩。"

颜鸣皋听后关切地问：

"你是一个人来的吧？什么时候的票？在哪里上车？"

"我是一个人来的，买的是今天下午的票，在北京西站上车。"

"你知道怎么坐车去西站吗？"

张坤摇了摇头说：

"不知道，我出去问问就行了。"

"现在百望山爱堵车。你一个女孩子，又是第一次过来，路不熟，别耽误了时间。"颜鸣皋有点担心。他想了想对张坤又说，"你坐330路或346路公交车到百望山下，然后穿过马路到斜对面转特6路公交车到西站。"他生怕张坤记不住，又反复嘱咐了好几次。

真情无疆闪耀在细微之处。

张坤在感慨这位老人真有意思的同时，心底也升起了一股暖流。这暖流发自内心，汩汩流淌是那样的亲切温柔，这暖流透彻着一种大爱，蔚然盘旋而上是那样的细心周到……

当天，张坤顺利地赶回了长沙。

当年，张坤顺利地考上了博士生，几乎成为了颜鸣皋的关门弟子。

2005年底，张坤的父亲罹患肺癌去世。当时她只有29岁，父亲的去世对她是一个非常大的打击。在后来近一年的时间里，她的情绪非常低落，每天只是用繁重的工作排解自己内心的痛苦。

颜鸣皋把这些看在眼里，记在心上，盼着学生能够早一天走出痛苦。因此，每每遇到张坤到他那里作工作汇报时，他都会像慈父一般地关心着张坤的个人生活、家庭情况，给她一些安慰和鼓励。

张坤被老师这无疆的真情深深感动了，把这份感动永远铭记在心。

2009年，张坤做了妈妈。年底，她去武警总医院看望颜鸣皋时，看到他虽然瘦了一些，但精神还好，就把这个喜事告诉了老师。

颜鸣皋非常高兴，喜盈盈地问：

"宝宝好吗？男孩、女孩？"

在得到张坤的回答之后，他又看了看张坤说：

"嗯，你胖了点！不过，胖了好。我就是太瘦了！呵呵！"

这笑声透着温暖。

这笑声透着关爱。

这笑声更透着坚强。

颜鸣皋的笑声撞击着张坤的心扉,訇然启动了她思绪的闸门,多少往事涌上了心头……

张坤望着病床上的老师,像突然才发现似的,老师确实老了。她多么盼望老师那不倦的身影,那亲和力极强的笑声能够常伴自己的身边啊。她心中有千言万语要说,但却没有说出来。在她的心目中,颜鸣皋是一座令人仰慕的学术高山,是一位治学严谨却又温柔的严师与长辈。

颜鸣皋对北京航空材料研究院科研新生力量的培养注入了无垠的真情。每次顺利通过一名研究生答辩;每当看到青年一代取得的研究成果和发表的独立见解……他在祝贺的同时自己先乐得合不上嘴。

人若无求情自高

心地最柔软,感情最丰富,对尊严最敏感,对名利最看轻,对事业最执著,对信仰最忠诚……与颜鸣皋接触久了,这是他在笔者心目中最终定位的形象。每次见到他,我都觉得他的目光像智叟,而心灵却如孩童,十分佩服他浑身散发的青春活力,曾经向他请教,是什么使他历经磨难,依然保持青春不老?

颜鸣皋笑眯眯地告诉笔者一个"秘密",只是简单的两句话:

"人若无求情自高,人有追求寿亦长。"

这个"秘密"听来简单,细细品味,"无求"与"追求",看似矛盾却富有哲理,折射的内涵无比丰富,深刻而又精粹。这也是颜鸣皋一生处世为人及做事的基点。前一句讲的是生活态度,对名利无求,情操高尚;后一句说的是事业标准,要有所追求,自然寿命和科研寿命方能长久。

颜鸣皋之所以创造了科研的奇迹和生命的奇迹,就是把这两个看似矛盾的基点实现了统一和一致。

这是颜鸣皋最具魅力的地方。

这是颜鸣皋作为一名科学家实现人生辉煌的最完美的注解。

这是颜鸣皋作为一个忠诚的共产党人对民族美德最直接的传承。

参加学雷锋活动

颜鸣皋作为学位评定委员会主席,十分重视学位评定委员会的工作,主持每次的博士后出站报告会和中期报告会、每年的学位评定委员会会议、研究生开学暨毕业典礼等;只要可能,每年的博士研究生入学面试他也都参加。

在北京航空材料研究院,大家都知道颜鸣皋有这样一个习惯或者说是规矩:在没有特殊情况下,他还一定非常高兴地参加所有北京航空材料研究院的研究生的论文答辩。

刘世兴调到人力资源部任副部长后,主管研究生、博士后的招收、培养和管理工作,与颜鸣皋接触的机会渐渐多了起来。

颜鸣皋经常与刘世兴一起讨论研究生和博士后招生、培养和管理方面的事情,并经常询问他指导的研究生和博士后的各方面情况,有问题时总是乐于出面帮助解决。两人共事10余年,合作得十分愉快。

也许是一个偶尔的因素突然触动了刘世兴。他发现:颜鸣皋几乎都能参加学位评定委员会的各项工作，但在外兼职和参加评审会却很少。

在当今社会，在外兼职和参加评审会少，不言自明，这在名利方面有着很大的区别。以颜鸣皋的名望、成就、资历和资源，这不应该啊。

有一天，刘世兴在向颜鸣皋汇报了本年度的研究生、博士后的招收工作之后，好奇地问他：

"颜总，现在的院士都参加了大量的评审会，并在外边兼职。而您却为什么很少呢？"

颜鸣皋一听刘世兴问这个，就笑了，掰着指头给他说了这样几个主要原因：

"一是不懂的专业评审会我不参加；二是不符合自己做人做事原则的评审我不参加；三是考虑到自己年龄、身体和性格的原因，我尽量少参加类似活动。但是，一些学术活动，如学术报告、博士生答辩、博士后报告、学术会议等，只要有时间就尽可能参加。"

刘世兴听后，陷入了沉思：

这就是颜鸣皋，这就是科学家性格、院士风骨！颜鸣皋有自己的性格，做人的底线，他决不会因区区小利而玷污了自己一世英名。

在当代中国，住房是个敏感话题。不知有多少人，为能拥有属于自己名下的一间房而朝思暮想；不知有多少家，为了几平方米的房屋所有权，争得不可开交，闹得兄弟姐妹反目；还有什么贪官豪宅；还有什么越压越涨的房价，等等。

前一阵子，一部名为《蜗居》的电视剧在全国热播，说的就是房子问题的酸甜苦辣。

在本书的前几章，读者都已知道，颜鸣皋的父亲颜余庆生前在故乡慈城镇曾经购买了一处院落。现在这房屋虽然已经老旧，但它的位置和面积，如果在经济发达的浙江宁波出售，那价格肯定不菲。

然而，颜鸣皋及其亲人们却做出了一个令人意想不到的决定。

2003年，正当慈城镇被列为浙江省"千年古县城"之际，颜鸣皋和在世的直系亲属八人共同商议决定将在慈城400余m^2的祖居上交慈城人民政府，并提出了委托书。

宁波市江北区慈城镇人民政府：

家父颜余庆生前在慈城镇购置日新路24号（原向御史房）住宿一栋，经在世直系亲属八人：

二子　颜鸣谦　　　六子　颜鸣鹤
三子　颜鸣皋　　　四女　颜杏仙
四子　颜鸣岐　　　五女　颜梅仙
五子　颜鸣奎　　　六女　颜蓉仙

共同商议决定将该宅拥有房屋上交慈城镇人民政府管理使用，请按慈城镇统一规划全权处理，此据。

委托人：颜鸣皋

2003年2月1日

2008年6月6日宁波慈城颜鸣皋祖居修缮揭幕仪式

2007年之初,慈城镇通知,根据规划已将颜鸣皋祖居400余米^2,全部重修完毕并命名为"慈城院士陈列馆",里面将陈列慈城两院院士谈家桢、冯定、李庆达、朱祖祥、颜鸣皋、魏敦州、李梅烈等人的人生经历和先进事迹。

现在,该祖居已被列为慈城镇文物保护单位,并作为青少年教育活动中心之一。

侨界骄子壮志凌云

2009年7月14日,第八次全国归侨侨眷代表大会在北京人民大会堂隆重开幕。胡锦涛、吴邦国、温家宝、贾庆林、李长春、习近平、李克强、贺国强、周永康等党和国家领导人到会祝贺。

来自全国各地的1100多名归侨侨眷代表和来自世界各地的340多位海外侨胞特邀嘉宾出席大会。中共中央政治局委员、全国人大常委会副委员长王兆国代表中共中央发表了题为《在实现中华民族伟大复兴中充分发挥广大归侨侨眷和海外侨胞的重要作用》的祝词。

王兆国在祝词中说,新中国成立60年来特别是改革开放30年来,广大归侨侨眷和海外侨胞始终与祖国同呼吸、共命运,为实现国家富强、民族振兴、人民幸福做出了突出贡献,发挥了独特作用;各级侨联认真贯彻党的侨务政策,积极开展形式多样、富有特色的活动,充分发挥了党和政府联系广大归侨侨眷和海外侨胞的桥梁纽带作用。

他希望广大归侨侨眷和海外侨胞继续发扬爱国爱乡的光荣传统,主动投身全面建设小康社会伟大实践,在推动中国现代化建设方面充分发挥重要作用,在推动祖国和平统一大业、维护各族人民大团结方面充分发挥积极作用,在传播中华文化方面充分发挥独特作用,在增进中国人民同各国人民相互了解和友谊方面充分发挥桥梁作用，为实现民族复兴伟业建立新功绩。

开幕式上，中国科协副主席、书记处第一书记邓楠代表各人民团体向大会致贺词。国务院侨务办公室主任李海峰、人力资源和社会保障部部长尹蔚民分别宣读《中国侨联、国务院侨办关于表彰全国侨界"十杰"和归侨侨眷先进个人的决定》、《人力资源和社会保障部、中国侨联关于表彰全国侨联系统先进集体和先进工作者的决定》。

在热烈的掌声中，胡锦涛等党和国家领导人向全国"侨界十杰"等受表彰的先进集体和个人代表颁奖。

"侨界十杰"的名单中赫然写着"颜鸣皋"的名字。这是对他毕生报国爱党的肯定，也是全体航空材料科技工作者的自豪与光荣。

可惜的是，这一天，颜鸣皋因患严重的老年骨质疏松病住在武警总医院，未能出席大会，未能亲自接受胡锦涛等党和国家领导人的颁奖。这令老人十分遗憾。

为了弥补这个遗憾，9月3日，中华全国归国华侨联合会副主席乔卫专程来到武警总医院为颜鸣皋院士颁发"侨界十杰"奖杯和证书。

这天，颜鸣皋早早就起了床，还特意穿上了北京航空材料研究院党委书记王亚军为他选购的一件红色中式外衣。他的笑脸在这件外衣的映衬下，愈发显得容光焕发。

2009年9月3日乔卫为颜鸣皋颁发"侨界十杰"奖杯和证书

乔卫走上前来，握着他的手表示祝贺。

颜鸣皋此时脸色微红，显得有些羞涩，连声说着"感谢"。

乔卫与中国侨联文化交流部部长陈迈、国资委群工局副局长张相红、中央企业侨联副秘书长孙洁、中航工业企业文化部副部长蔡二雨以及北京航空材料研究院党委书记王亚军等人坐下后，与颜鸣皋就航空材料发展等话题进行着交谈。

乔卫亲切地对颜鸣皋说：

"颜先生，'侨界十杰'是从全国3000多万归国华侨中选出来的，是归国侨眷的杰出代表，您是其中之一。您在建国初期放弃了在美国的优越生活和工作条件，毅然回国参加新中国建设，潜心钻研技术，一生默默耕耘，注重培养和造就一批新世纪技术骨干和学术带头人，推动了航空材料事业的发展。"

颜院士听着领导的评价，十分谦虚地说：

"我能为祖国航空事业的发展做一点事情，感到很光荣，也是应该的，而国家却授予了自己如此高的荣誉，这是鼓励，也是鞭策。飞机的发展是一个国家先进的标志，一代材料，一代装备，当今新型战机发动机发展，材料所占位置至关重要，需要大力发展。"

颜鸣皋三句话不离本行。他又谈起了飞机、发动机和航空材料。

告别时，大家都劝他：要好好休息，安心养病，早日康复。

可是，当你瞄一眼他的病房，看到那些堆放在床头、案头上的资料与书籍，就知道他依然是病而不休，依然关心牵挂着科研工作。

北京航空材料研究院党委书记王亚军感叹道：

"我们的颜老永远不服老啊！"

世上万物都会老，这是自然规律。

颜鸣皋的人生已经跨过了90岁高峰，可他却似乎忘记了自己的年龄。

颜鸣皋是棵"不老松"，他有一颗青春的心，心不老人也不会老。

在采访颜鸣皋期间，他和他所在单位的领导与同事们，用不同的语言和方式，向笔者描绘着同一个心愿和目标，这就是我国航空材料发展的远景和航空事业光辉灿烂的未来。

在病房里的颜鸣皋急切地对笔者这样说：

"'航空报国，强军富民'是我们肩负的光荣历史使命。党和国家领导人多次给予我们极大的关怀和鼓励，也寄予我们极大的期望。我们航空材料基础研究，是我国航空事业腾飞的基础。我要为此尽点微薄之力。"

院领导向笔者介绍：

"'发扬科学求实精神，坚持自主创新，攻坚克难。'这是中共中央总书记、国家主席胡锦涛对我们所有航空人的期盼。他多次视察我们航空系统，并做出了重要指示。他说，国家意志'要体现在我们每个科技人员和工人的辛勤劳动上'。意志和精神只有转化为实实在在的行动才能产生非凡的创造力和成就。当前，我们承担着国家重点型号的研制工作，使命在身，责任在肩，这需要我们每一个科研人员立足自身岗位，以钢铁般的意志和百折不挠的精神，以攻坚克难、超常拼搏的实际行动去实现我们对祖国、对人民的庄严承诺！颜鸣皋是我们院的骄傲，是航空人的骄傲！他的精神，他的品德，他的意志，他的修养，以及他所取得的科研成果，都是我们的宝贵财富。"

一些科研人员表示：

当前，我们站在新征程的起点上，科研攻关正面对着技术台阶陡峭、不确定因素众多的困难，对我们提出了前所未有的挑战。我们要向颜鸣皋等老一辈科学家学习，发扬科学求实精神，坚持自主创新，做好走艰巨探索之路的充分准备，做好迎接各种挑战的充分准备。

这一切，对颜鸣皋来说，是赞誉也是鼓励。在新时期新阶段，他雄心犹在，他将生命不息，奋斗不止！

颜鸣皋曾经动情地对笔者说：

"我是一个黄皮肤的华夏子孙，我的脉管里流淌的是黄河长江倾注的血液；我是一个共产党人，我的灵魂里点燃的是信仰的火炬！我知道自己担承的责任，只有为我们的祖国和人民'鞠躬尽瘁,死而后已'!"

好一个"鞠躬尽瘁,死而后已"!

这正是对继续奋进在航空材料科研战线上的颜鸣皋的最生动、最恰当的写照!

第九章 人们眼中的颜鸣皋

我心目中的颜鸣皋恩师

北京航空材料研究院　曹春晓院士

1956年，刚毕业于上海交通大学的我，高高兴兴地赴北京航空材料研究所报到。魏祖冶所长让我当颜鸣皋教授的助手，参加钛合金实验室的筹建工作。当时颜鸣皋教授担任北京工业学院（现北京理工大学）的系主任，部分时间借调至我所负责筹建钛合金实验室。我从魏所长介绍的情况中得知，颜教授在美国耶鲁大学获得博士学位后，又在纽约大学与尼尔森先生一起组建了该校的钛合金实验室，开展了钛合金加工织构、性能和平衡相图等方面的研究工作，从而成为最早研究钛合金的中国学者，并在1951年冲破美国阻挠回到祖国。这一光彩夺目的历程立刻让我对颜教授肃然起敬，并为自己能有机会做颜教授的学生和助手感到无比喜悦。

我对第一次与颜教授见面的情景记忆犹新。当我既兴奋激动又忐忑不安地等待着他的到来时，他却悄然无声地走进了办公室。我的眼睛一亮：噢，原来这位爱国归侨学者如此年轻（当时他36岁），如此英俊，如此儒雅！他面带笑容地与我寒暄一番后，亲切感很快取代了我原先的紧张感。紧接着他对我说："实验室工作刚起步时，收集阅读国内外资料非常重要，我打算成立科技资料组，并由你担任组长，你觉得怎么样？"我欣然接受了颜教授的这一安排。现在回想起来，颜教授提出了实验室筹建阶段一手抓设备、一手抓资料的思路是完

特殊材料铸人生——记中国科学院院士颜鸣皋

全正确的。对当时在钛合金方面一无所知的我来说,恩师的这一安排也是一种很有效的培养方式。

恩师培养我们这些年轻人的另一有效方式是举办《钛及钛合金》系列讲座。为了讲好课,让实验室全体人员学好钛合金的基本知识,他每堂课都做了非常认真的准备,讲课内容系统、简明,条理清晰,深入浅出,取得了很好的学习效果。不久前得知"明明白白做人,老老实实做事"是慈城颜氏家族代代相传的家训时,我才恍然大悟,噢,原来恩师是慈城颜氏家族中遵循该家训的典范啊!怪不得恩师当年的每堂课都能讲得这么好,这与他学风严谨,做什么事都老老实实下功夫是分不开的。《钛及钛合金》讲座共分六次,包括:引言,提炼,熔炼,工艺性能与加工,物理、化学、力学性能,金相检验与热处理。每次讲座我都认真听,并做好详细的笔记,有问题就提请恩师答疑,而他总是耐心地回答。例如有一次我问:"为什么钛合金中大多要添加铝呢?"颜教授简明地回答说:"铝的添加不仅能通过固溶强化而显著提高钛合金的室温强度和高温强度,而且还可使钛合金变得更轻、更廉价。铝的添加还可以显著提高钛合金的弹性模量,从而改善刚性。"总之,恩师的讲授和答疑满足了我如饥似渴的求知欲。我从心底感谢这位把自己领进钛合金大门的启蒙老师,并永远铭记在心。

作为颜教授的学生和助手,通过工作和学习中的朝夕相处,我对颜教授的了解日深。他不仅是一位热爱祖国的归侨和学者,而且是一位热爱中国共产党的共产主义理想信仰者。他执著地要求入党,并处处以实际行动争取早日成为一名光荣的共产党员。在党的教育和自身的努力下,党组织很快把颜教授确定为发展对象,并让魏所长和我做他的入党介绍人。我起初觉得做颜教授的入党介绍人不太合适,但继而又想,在党内都是同志关系,不分地位高低,况且我对颜教授较熟悉了解,应该愉快地担当起介绍人的责任。通过与颜教授的联系和交谈,我进一步感受到他那爱党报国之心和领略到他那为人行事之道。1957年10月,颜鸣皋教授光荣地加入了中国共产党。

1959年颜教授调任第四研究室(理化室)主任,我与他接触的机会就较少了。直到"文化大革命"期间他被关进"牛棚"后，他的遭遇和命运又成为我脑海中挥之不去的关注点。只是因为他在苏联访问期间与一个偶遇的加拿大人寒暄了几句，就被打成了"美国特务"，真是欲加之罪何患无辞啊。恩师原本要求自己"清清白白做人"，但树欲静而风不止，身欲净而墨强加。有一天，一个声称代表"组织"的人找我谈话，要我揭发颜鸣皋不满党和社会主义的言论以及损害国家利益的可疑行为。我实事求是地回答说：我与颜鸣皋之间只谈工作或生活上的事，没有什么可揭发的事。后来，又有人让我准备一下批判颜鸣皋的发言，也被我婉言拒绝了。当看到会场上被批斗的颜鸣皋已瘦成皮包骨，脸色也灰暗得让人惊骇时，我难受极了，非常担心恩师生命的安危。后来才知道，颜老师在"牛棚"生活中几乎神经错乱，又因为胃出血过多而危及生命，最后胃被切掉了五分之四。值得庆幸的是颜老师居然奇迹般地被从死亡线上拉了回来，并在1971年被宣布"解放"出来，在1978年重新被任命为技术副所长和总工程师。此后，始终投身于钛合金科研工作的我又有了与颜老师沟通交流的机会。从交谈中最让我感动的是，颜老师虽然在"文化大革命"期间受到那么大的冤屈和折磨，甚至濒临死亡的边缘，但他始终无怨无悔，坚信自己当年冲破重重阻挠回归祖国的决心是完全正确的，他仍将一如既往地热爱党和祖国，为航空事业做出新的贡献，以此向党表示自己的忠诚。他这样想了，也是这样做的，而且做得很好。也正由于他的杰出贡献，他在1991年当选为中国科学院院士和荣获航空工业系统的最高奖——航空金奖。

前些日子在庆贺颜鸣皋恩师九十寿诞之际，我情不自禁地以感恩和敬仰的心情，

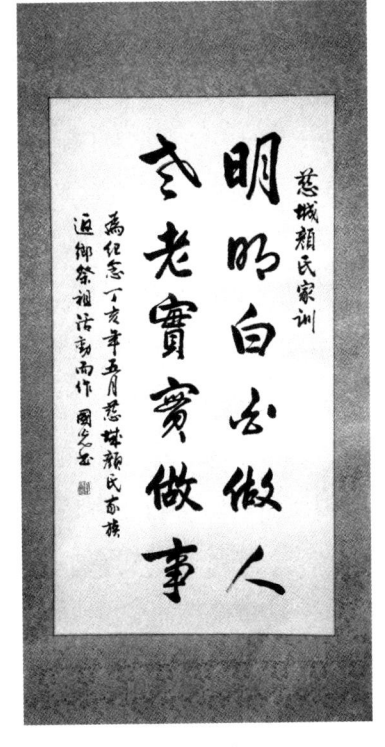

慈城颜氏家训

借颜氏家训提笔写了一幅如下的祝寿挂幅敬赠恩师：

鹤鸣声声明明白白做人

寿皋久久老老实实做事

值此《特殊材料铸人生》即将作为《中国航空工业院士丛书》之一出版之时，我衷心祝愿颜鸣皋恩师健康长寿和度过一个快乐的晚年。他那"一生一世爱国，一心一意爱党"的精神支柱是与他"明明白白做人，老老实实做事"的为人行事之道紧密结合在一起的，而这正是我一辈子要学习的最宝贵的东西。

广角镜下的颜总

原中国航空工业总公司科技局材料技术处处长　刘才穆

前　言

我在北京航空材料研究所（1996年更名为北京航空材料研究院）工作了21年，其中有4年是和颜总共同做课题研究，有9年多是在他直接领导下工作的。他既是我的上级，又是导师，14年的接触中，我们彼此之间都是坦诚相待。这段历史是我一生中难以忘却的记忆。

颜总是一位德高望重的学者，也是一位慈祥和蔼的长者，他博学多才又谦逊好学，从做事做人上讲都是比较完美的。

中国航空材料学与工程的研究，自建国后就不断得到发展，特别是改革开放之后，更为它的发展提供了社会条件和物质条件，加上几代人的奋斗和努力，创造出了一个崭新发展的局面。但唯物辩证法告诉我们，在承认群众伟大作用的同时，也要承认带头人的作用。颜总所处的地位和贡献，以及个人素养，决定了他正是这样的人物。

颜总对北京航空材料研究院的贡献

颜总在北京航空材料研究院工作了多半个世纪，贡献是多方面的：

1. 重视学术发展，推动了研究院学术水平的提高

20世纪80年代初，美国一个航空代表团来中国参观访问，访问了若干个航空研究所，北京航空材料研究所也是参加访问单位之一。回国后写出的报告中，认为北京航空材料研究所是一个最为成熟的研究所，对一个研究所而言，成熟就意味着该所成果丰硕，学术水平高，设施完善，人才辈出，管理有序。

应该肯定，颜总为北京航空材料研究所的成熟和成长奉献了毕生的心智。研究所的两个定期刊物——《航空材料学报》、《材料工程》，颜总是亲自抓的，这两个刊物在国内外都有一定的影响。

颜总对国内外学术交流也是十分重视的。他鼓励科技人员积极参与，交流文章他都要亲自过目。为了加强这方面工作，北京航空材料研究所组建了外事学术组，由颜总亲自领导。究竟总师应不应该亲自下大力气抓这些工作，也引发了不同的看法。但是，如果一个学术建设很差的研究所，必然是没有后发能力的所，也就谈不上有再创新能力和持续发展。据我的观察，这点恰恰是某些研究所容易忽视的地方。我考察过国外许多研究所，有国家的、公司的、工厂的，他们标志性的区别也在于此。

当然，颜总在其领导研究所的技术工作中，并没有忽视解决生产中、飞机使用中出现的实际问题。

2. 要适时调整研究所某些专业的研究方向

颜总十分赞赏将科研划分为基础研究、应用研究和工程研究。他认为这是一个涵盖科研纵深的战略划分，从尺度上讲可以由粒子、电子、原子层次，到工程的尺度，北京航空材料研究所的研究工作要有相应的战略纵深。各个专业在其中都可以找到自己的研究方向和重点。不必去向其他部门和单位"借锅做饭"，必须改变这种出钱花力，做饭别人吃，而不落好的困境。具体讲变形材料有关专业应侧重于应用研究，适当兼顾材料。

而那些与零件结合密切的材料，如复合材料、铸造材料等则应重点发展。

从发展的角度讲，要逐渐开展功能材料（声、光、电、磁、热敏感材料及隐身材料等）的研究，无论是金属、有机、无机都要有所发展。在讨论"六五"规划时，科技委中很多同志是支持上述意见的，然而也有一部分人强烈反对。

由于北京航空材料研究所是苏联在"一五"期间援建的重点项目之一，它是根据苏联航空材料研究院模式建立的。它设计内容中实际上都包含了上述的各个专业方面，而整个技术支撑系统也是按这个模式建立的。由于政治和经济原因，北京航空材料研究所没有完全形成那种模式。其实无论是西方的或是苏联的模式，只要形成系统，其运转都是有效的。而颜总在20世纪80年代初所做的这些工作，都是在"十年浩劫"之后带有恢复性的工作。这些工作和意见能否适应后来改革开放的变化还很难说，但研究所要以科研为中心这是亘古不变的真理。

3. 管理机构要适应变化了的情况

为了适应改革开放的形势，颜总认为日常指挥权应适当下放，所领导应集中研究方向性、战略性的问题。具体地说，是成立三个分部，即金属、非金属、测试分部，使日常指挥更接近第一线。这对于一个有70多个专业，数十个研究室，几个生产车间的大型研究所而言是十分必要的，这有利于发挥基层的积极性，使措施更切合实际。这种变革的大方向是应该肯定的。

然而，在党委中心组学习扩大会上遭到了否定。

颜总是一位学者型的领导者，其不足之处，也许就是在遭到反对意见时，往往不会做好如何坚持己见或者去说服别人的工作。不过，话又说回来，这正好表明专家型领导还需要有知音型的领导相辅衬。为什么人们现在依然怀念着20世纪50年代初那批从战争中走上建设岗位的老领导，正是因为他们知人善任，认真地而不是敷衍地倾听专家的意见。

参与和指导歼 6 起落架补焊问题的研究

1. 背景情况

20 世纪 70 年代初，发现歼 6 飞机起落架不断出现裂纹，裂纹概率呈正态分布，峰值在 70~120 个起降之间。当时，我国所有机种和关键零部件并无寿命期，苏联说明书中只有返修期，而歼 6 起落架的返修期是 500 个起降，按裂纹出现概率和返修期折算的话，每架飞机最少需配备 4 副主起落架。但起落架的生产是当时航空工业部的瓶颈之一，备件供不上成了当时最突出的问题。于是出现了飞机大量停飞的状况，这是涉及国家安全的重大问题。为此，空军只好采取保证一线的措施，这样二、三线基本上得不到备件。

武汉空军在不得已的情况下，采用补焊方法来缓解备件不足的问题。但按苏联规范，超高强度钢是不允许补焊的。为了对此问题有一个科学的回答，武汉空军的龙汇生同志和顾明达同志商议，并在 1974 年初南宁断裂力学会上初步达成意向，共同研究这一问题。顾回所后与我商量，后来我们找了王仁智同志商量。当时我手头有一份 F-111 枢轴损伤容限评估的资料，我们研究后，觉得虽然起落架属单通道传力结构，不能完全满足损伤容限评估的条件，但其敞开性很好，容易监控裂纹扩展，技术措施得当还是可以保证安全的。如果在焊缝及其热影响区采取喷丸强化和表面完整性处理，还可以进一步延长起落架寿命。我们三人意见完全一致，并且认为某些涉及构件寿命问题，已超出我所研究范围，需要找高校或设计部门参与，但首要问题还是部里能否同意列题。为此我们到部里找到飞机局顾伟豪同志汇报，立即得到他的大力支持，认为采取结构、材料、使用结合的方式非常好，进行损伤容限评估也是国内创举。表示列题问题不大，各种协调工作由他负责。不久，顾伟豪同志回答说：北航、西工大飞机系都愿意参与此项工作，并与他们商定半月后将各方提出的初步方案到部里汇报，并指定课题负责人由顾明达和我担任，使用方待与武汉空军协商后再定。顾与我商量后觉得所内专业很多，需请一位德高望重、学识渊博的同志担任顾问，当时我们认为颜总最合适。当晚，我们至颜总家汇报情况，并请他参与指

特殊材料铸人生——记中国科学院院士颜鸣皋

导研究工作,颜总十分畅快地答应我们的邀请。其后又亲自参与方案研究、人员组成。在所科技处的大力支持下,很快组成了一个多专业骨干组成的课题组开展工作,初步实现在一个课题组内由材料、工艺、测试配套的,有机结合的研究组。工作中,颜总反复强调研究工作的基本方式应该是宏观与微观相结合。材料、工艺、测试相结合,做到知其然,更要知其所以然,充分发挥我所多专业的综合优势。

不久,在顾伟豪同志的主持下,在三机部由北航、西工大、北京航空材料研究所共同讨论了课题大纲及分工与进度。由北京航空材料研究所去与武汉空军商讨双方合作事项。颜总亲自出马,与顾明达和我及王仁智等同志到武汉空军讨论方案。武汉空军工程部王部长主持讨论,确定在武汉空军原补焊工艺的基础上,由北京航空材料研究所进一步完善工艺,并对焊缝断裂参数进行测定,同时研究裂纹的检测方法。北航、西工大进行应力强度因子计算,估算寿命,确定检查周期。武汉空军担任试验件的补焊方法,并派技师到北京航空材料研究所实施。补焊起落架的台架试验,由武汉空军联系空一所安排。后因空一所任务繁重不能安排,武汉空军改为调两架飞机直接做起降试飞,武汉空军工程部指定龙汇生同志为军方课题负责人。至此,一个完整的工作大纲形成,实施方案确定。具体计划各单位自定,但必须相互通气,做好衔接。开展工作的条件已经具备。

为进一步摸清情况,我与北航何庆芝、张行、杨秉宪等同志和北京航空材料研究所部分同志再次至武汉空军所属单位及修理厂调研。我们去了丹阳、鲁山等地。同年,我又和顾明达、陈美芬同志至华东空军调研。

通过颜总的邀请,葛庭燧学部委员(院士)到北京航空材料研究所对疲劳断裂机制为题进行讲学,并商讨合作研究工作。他提出两个重点:(1)可否在裂纹扩展曲线上也找到某些像 $\sigma - \varepsilon$ 曲线一样的各种临界点,供设计使用。(2)注意裂纹扩展过程中弹塑性区的交互作用,裂纹尖端的钝化与对裂纹扩张的抑制作用。在颜总主持下商讨与中国科学院金属研究所合作的内容,即通过金属内耗作用来研究裂纹形成扩展的机理。其后不久,葛调到合肥应用物理所担任所长,行政领导任务很重,但一直没有忘记双方约定。大约 1982 年夏天,他邀我到合肥应用物理所参观,并谈双方的合作。我和郭洪全看到了合肥应用物理所初建时期的情况。后来他来北京,我陪他到部里找到顾伟豪,他表示顾愿为工业部门解决实际问题。1989 年,我在青岛与应用物理所孔庆平同志相遇,他说葛老对与我们的合作非常重视,但因互通信息较少,未能发挥效能,但通过几次接触,双方都互有启发。

颜总一贯主张在科研领域,不要自我封闭。要实行多方面的合作,集思广益。在葛老的启发下,课题组重视了塑性区的研究,课题组成员西工大郑长青教授,在用光弹性测定塑性区开始,进一步发展在细观力学方面取得卓越成就,成为该领域内国际上几个知名学者之一。

2. 重视断口分析,强调这是宏观与微观结合的桥梁

断口形貌忠实地记录了断裂的历程,通过断口分析反过来可以追溯断裂产生的历史。因此断口研究早已成为一门专门的学问。北京航空材料研究所和国内几个研究所在这方面做过大量基础性的工作;但系统地对 $a-N$ 曲线,从起始裂纹至临界裂纹,对裂纹起始、均匀扩展、失稳扩展,至最终断裂的各个阶段的特征,直接在断口上从低倍到高倍,系统的研究还是首次。这首先要归功于北京钢铁研究总院引进了国内首台扫描电镜,和该院孙福玉同志的全力配合。

在断裂与钢的组织结构的研究方面,在利用北京有色金属研究总院高压透射电镜上,在该院刘永洪、李勇同志大力配合下,做了许多工作。但由于制片困难,高度微观,难于确指是否为裂纹穿越途径,而断口匹配的镶片,也因磨削影响难以得到清晰图片,其结果不是十分理想,但这也是一种首创性的探索。

这些工作都是在颜总亲自指导下进行的。每次获得的照片,我都和颜总一起分析、讨论。

这些结果,也为后来北京航空材料研究所的陈鹦同志进行谱载条件下的断口反推奠定了基础。断口反推在歼 6、歼 7、强 5 等机种的定寿上得到了实际应用。

3. 要重视军方提出的问题

在课题研究中,颜总再三强调要向军方的同志学习,重视他们提出的每一个问题,研究出来的成果要方便现场使用,当时武汉空军方面问题主要是以下几个:

（1）喷丸强化如果将漏检的残留裂纹覆盖，会不会起到反效果。为此，王仁智同志专门给武汉空军同志作了学术报告，同时也对焊缝及热影响区表面裂纹清理做了认真处理。

（2）郑文仪同志研究裂纹检测方法。颜总提出，希望她拿出简便易行、适合外场的方法。她从适用渗透液选择，到目测、放大镜、内窥镜到磁探方法一一做了研究对比，并到现场演示和培训人员，得到武汉空军的好评。

（3）武汉空军要求为了对付内孔裂纹，研究一种进行内孔喷丸强化的板带。为此，郑瑞琪同志用了几个月研制出来，并用于武汉空军修理工作中。武汉空军十分满意。

（4）成果丰硕，意义重大。

①经过补焊+强化的起落架，通过损伤容限评估，寿命可达1200个起降，将检查周期定为200起降，4次检查周期裂纹漏检概率为万分之几，有足够的安全概率，检查周期可由50起降改为200起降。由此外场工作量大为减轻。

顾伟豪与何金柱同志回忆说，此后，武汉空军把报废在仓库中的200多副起落架重新修复使用，解决了燃眉之急。

②顾伟豪同志认为，这一课题是我国航空工业应用损伤容限评估寿命的首次实践，为后续歼6、歼7、强5等机型定寿，提供了经验，为军机与民机的损伤容限设计做了技术准备。后来课题组相关成员大多继续参与上述机种的工作。

课题被评为航空科技进步二等奖，空军记二等功。

③课题组的实践证明，在解决重大问题时，需要多学科、多专业的结合，互相渗透，相得益彰。要做到这点，必须提倡无私奉献的精神，开放的态度，功利主义是有害于科学发展的腐蚀剂。科研的发展需要像颜总这样的专家，同样需要甘于默默奉献的管理人员如顾伟豪同志。

颜总的为人和品格

1. 学术问题一定要自由讨论

"文化大革命"后中央指示要恢复学会活动，首次活动由周培源同志亲自主持由航空等四学会同时在天津开学术会议。航空学会材料和结构是同一分组。

会上，上海冶金所副研究员黄玉朴同志宣读了一篇用热力学上"熵"推动裂纹产生的文章。这篇文章的观点不仅与传统力学相悖，而且从热力学观点看也是非常不完善的。只有同时满足动力学条件，事件的发生才具有充分兼必要条件。加上缺乏必要的试验数据，因此，这篇文章在会上引起热烈讨论。有怀疑的、反对的，甚至冷嘲热讽的。加上黄口才欠佳，会上显得十分尴尬。

其实断裂问题从热力学上研究，世界上也是一个学派，以空位聚集的理论来阐述裂纹产生的也大有人在，中国也不乏其人。

颜总会后对我说"不同学术观点可以自由发表，采取友好讨论比较好"，并让我向黄先生转达如需要进一步试验，可以到北京航空材料研究所来做。不久，黄到北京航空材料研究所来，颜总让顾明达同志和我接待他，并为他无偿提供疲劳试验。某些更深层次试验，当时北京航空材料研究所也不具备条件。以后因黄先生辞世，此一问题也因此中断，但核工业部兰州某所仍有同志继续在这方面进行研究并取得进展。

颜总平等待人给我的印象很深。我第一次认识他是 1968 年末。当时，我正在 26 室金相室和沈绳德同志做 GC-19 与 H-11（美钢牌号）金相对比。颜总与王峥南同志下来检查工作，颜总亲自观察显微镜，在马氏体的认知上我们意见有些不同。他坐下来，和气地与我们讨论起来。后来，我们就两种钢的组织均匀性差别请教他。他说，除冶炼外，还要注意变形问题。后来，我在欧洲和美国看到他们十分注意开坯变形工艺和坯料表面的完整性。颜总是一位知名学者能与下属讨论问题，可以无拘无束地让人发表不同意见，实属难能可贵。后来我们接触多了，才知道这是他的一贯作风，并非"文化大革命"运动的临时效应。他要做什么事总是用征询的口吻说话。平时找他请教的人，不管事前是否约定，只要来了就是客人，热情接待。有时普通技术人员与领导产生矛盾找到颜总，他总是实事求是地进行处理。由此也给他带来一些麻烦，但他能理解并无任何责怪之意。总之，我觉得颜总是那种很有涵养的知识分子。

2. 淡泊名利，活得很有尊严

记得中国科学院"文化大革命"后第一次扩大院外学部委员，各部委都有名额，需要部门推荐。当时矫世同所长让我整理颜总材料，不久部里由科技局王若松处长（后任飞机局副局长）召集会议，由曹传钧教授、胡沛泉教授和我，分别介绍沈元、季文美、颜总三位同志。三位都是知名学者，都在学术上有过辉煌贡献，也都担任着重要领导。而颜总的特点就在于担任领导的同时，继续在科研上有所贡献，我的介绍突出了这一点。会上王若松同志也肯定了这点。会后，胡沛泉（我在西工大的老师）一起吃饭。他认为，我在会上对颜总的介绍很好，院士就是要考虑这种特点，否则就难以保持学术的权威性。回所后，我将这些情况向颜总做了汇报，最后，他只是淡淡地说了句"中国能人很多"，又去埋头处理他的事了。

据我所知，按当今之说法，他完全有条件通过"关系"谋取这一荣誉。然而，他没有这样做，而是淡然处之。

不争权又是颜总为人的另一个特点。"文化大革命"后，组织上安排他担任副所长、总工程师之职，委以重任。"十年浩劫"后，百废待兴，困难很多，也可谓受命于危难之中。但颜总信心很足，积极性很高，但其后时间不很长，情况渐变。领导科技处的工作，本来就是颜总职责范围的事，我到他那里工作任务之一是参加科技处领导层的例会，使他能了解科技处的工作，并转达他的意见。大约一年之后，颜总告诉我今后不必再去参加科技处的例会了。我意识到科技处已不再是颜总领导的范围了。后来，发展室也撤销了。发展室的职能之一是总师办公室。更使我意识到颜总的领导权被缩水了。不久，所里一位主要领导人找我做了一次长时间谈话，主要是治所的想法。我也很理解这位领导的想法，委婉地提醒他决定北京航空材料研究所的关键在航空工业部，同时要注意知识分子政策的落实。

颜总从委以重任到主要领导权的缩水全过程我都看到了，但他在这种得失之间似乎都无所谓,看得很平常。他也不是那种"一朝权在手,便把令来行"的人,他是一个很单纯的知识分子,是一个诲人不倦的教师型人物。他的领导不是通过权力来体现,更多地是通过知识的引导来体现。

"文化大革命"中他受到不公正待遇,也受到了许多屈辱。对他有不尊行为的人,他都以宽容的态度待之。他的大半生中经历了尊贵荣辱的体验。他尊贵不骄佞,荣不显奢,辱能自恃。

结束语

据我看,颜总是一个普通而又纯粹的人,历史造就了他,他也回敬了那份该回敬的贡献。功也好,过也好;是也好,非也好;荣也好,辱也好;他都能以平常心看待,这是他极赋哲理的修为和境界。他既是有传统伦理道德观念和勤奋向上的知识分子,又是有民主与科学精神的知识分子。他和我们民族一起经历了那场八年抗战的民族灾难和浩劫,从而孕育出强烈的爱国主义情怀;在几十年的建设社会主义的实践中,为在中国实现共产主义崇高理想的奋斗中,他历练自己,在更高的境界上看待事物和对待人生。也正是这盏明灯,照亮他不断求索的漫漫人生。

在颜总的熏陶下成长

北京航空材料研究院副总工程师　陶春虎

2010年初,我有幸被评为中国航空工业集团公司力学性能表征和失效分析领域的首席技术专家,不久又被授予航空报国金奖,在获得这些荣誉的时候,我在感激院内外很多领导和老专家悉心培养的同时,由衷地感激颜总在我科研工作中始终不渝的指导、支持和信任。可以说,没有颜总亲切的关怀,不可能有我的今天。

特殊材料铸人生——记中国科学院院士颜鸣皋

治学严谨，从严要求

我是十年动乱后首批进入北京航空航天大学的学生，所学专业是金属腐蚀与防护，得知颜总是国内外金属物理和疲劳断裂领域著名的科学家，1981年秋天研究生报考时，我毫不犹豫地报考了金属物理研究室的研究生，希望得到颜总的指导。

当时，我院担任研究生导师的很少，颜总已经带了很多研究生，就把我安排给金属物理研究室主任张少卿指导。记得1982年初进院报到后，张少卿主任把我带到颜总办公室，介绍了研究生期间会从事钛合金微观组织与疲劳行为关系方面的研究，并说这是一个比较新的研究领域，颜总会在技术上给予指导。颜总鼓励我好好学习，能上大学和研究生来之不易，要好好珍惜。第一次见到国内外著名的科学家，又是国家级材料研究单位的总工程师，我的心情非常紧张，加之我那时生性胆怯，性格内向，只是表达了一定好好学习。

在研究生期间，相关的疲劳试验研究部分都是在谢济洲老师指导下完成的，张少卿老师和谢济洲老师经常谈起颜总要求严格、治学严谨，要求我每一个阶段试验小结都要认真。那时的总结、绘图等完全靠手工完成。颜总作为院里的总工程师，尽管工作很忙，但每次提交给他的东西他都很认真审阅，从计量单位、图表到文字内容等都一一核对，并对其中一些异常点进行询问。我亲身体验到颜总在科学研究方面的严谨和工作上的一丝不苟。

我在80年代中期最早合作发表的2篇英文论文，颜总都进行了最终的技术和文字把关，从英文逐句的修改完善到技术上的询问和指导，都体现了颜总在科学研究方面的治学严谨精神，我终身受益匪浅。

1993年我从法国读博士回国后，有幸成为颜总的博士后，那时我已经担任了金属物理室和失效分析中心的副主任。博士后研究论文涉及金属间化合物基复合材料的燃烧合成。由于工作忙，我在博士后研究中投入的精力不够，加之自己认为博士后研究报告不是学位论文，只是一个研究报告，急于想早一点出站,因而交给颜总审阅的出站研究报告水平不高。颜总审阅后,指出了存在的问题,并要求认真提炼,总结提高。尽管我的博士后出站推迟了3个月,但看到自己的出站报告比前期有了质的提高,心中充满了对颜总的敬意和感激。

对年轻人充分信任并全力培养

1996年底,由师昌绪、柯俊院士组织了材料科学与工程共计23卷书的翻译,其中由颜总负责《材料的塑性变形与断裂》一书约95万字的翻译,要求在7月底交付出版社。参与翻译的基本上是刚工作不久的10余名博士,颜总安排我来具体组织。当大多数章节翻译初稿出来后,许多负责审校的老专家看到翻译的专业技术问题较大,就不愿审校。我考虑到责任重大,产生了退缩的想法,2月底,当我把自己负责的18万字翻译稿交给颜总审校时,就以1997年3月要去埃及、4—7月要在党校学习为名,提出另找他人负责全书的审校和统稿。颜总当时只说了看看我翻译的稿件再说。过了大约一周,颜总找到我,拿出了我翻译的稿件以及我院另外两位在翻译和专业领域两位著名专家的审稿意见,并说到两位审稿专家都认为你翻译得很好,完全可以胜任全书的审校和统稿工作。你就不要再担心了,这也是锻炼你组织协调能力、提高专业水平、拓宽专业领域的好机会;并且风趣地说,出国和党校学习任务虽然也很重,但翻译工作可以作为业余时间修心养性的事情来干,相信你一定能干好。随后,又带我向柯俊院士汇报了翻译的进展情况和可能存在的问题。这件事使我深受感动,颜总看出了我的担心,并没有用简单的方式要求我去完成,而是用非常巧妙的方式激励我。在颜总的指导下,我院按节点高质量地完成了翻译工作。

在90年代末期,我多次产生了不想从事科研工作的想法。颜总就经常鼓励我加强专业水平的提高。尤其在1999年,颜总最后一次出国,要求我跟他一起去加拿大参加第八届材料力学性能表征国际会议。在此期间,颜总给我讲了他许多亲身的经历,特别是从美国回国过程中所受到的迫害和艰辛,使我深受感动,坚定了自己在科研事业上奋进的决心。

特殊材料铸人生——记中国科学院院士颜鸣皋

时刻惦记金属物理专业的发展

在20世纪末期到21世纪初期，由于国内研究院所一度重视产值、效益，忽视材料的基础研究，作为材料基础研究的金属物理研究室，面临非常困难的境况，人员大量缩减，经费难以支持。2006年以来，年近90高龄的颜总多次找到我，语重心长地和我谈，"材料的微观结构分析以及组织结构与力学性能的关系研究，是高性能材料研制和工程应用最重要的基础，作为国家级的北京航空材料研究院，金属物理研究室没有多少研究工作，长期下去，高性能的材料研制如何进行。""我也会找领导谈，希望你能带领金属物理研究学科尽快走出困境。"我从1997年底就离开了金属物理研究室，总觉得困难重重，面对颜总的多次鼓励，心中虽不愿挑起这个管理重担，但总觉得不能辜负颜总的殷切希望。2009年初，在院领导的决策和支持下，终于进行了机构重组，自己并担任了失效分析与物理检测研究室的主任，新进了电子探针和扫描电子显微镜等先进的仪器设备。尽管目前距金属物理研究走出困境的目标尚有很大距离，但颜总时刻惦记金属物理专业发展，为高新材料的研制和工程应用奠定基础的谆谆教导时刻在我耳边回响。我和我的同事们一定会努力工作，加快金属物理研究专业的发展。

作为颜总的学生，颜总渊博的学识，谦虚谨慎而扎扎实实的学风，对学生严格要求而又尽心辅导的胸怀，对事业兢兢业业和永无止境的追求，都会使我永远为之敬仰，永远是我事业和前进的榜样。

我眼中的颜总
——慈城颜氏家训的践行者

北京航空材料研究院计量中心党支部书记　刘世兴

我认识颜鸣皋院士还是在1990年北航上研究生的时候，受导师陈昌麒委派给他送一本铝合金国际会议论文集,与他接触较多却是在2000年后到人力资源部后主管研究生、博士后的招收、培养和管理工作,因为他是学位评定委员会主席。

我一直称呼他为颜总,原因之一是他曾经担任过我院的总工程师,另一个原因是第一次见他时随其他人就称呼他颜总,到人力资源部任副部长工作后,他称呼我为老刘,据说称呼"老"是尊称。

颜总与我共事10年,与他共事时他已经80岁高龄,他给我的总体感觉是思维敏捷,淡泊名利,对人和蔼可亲、平易近人,对工作一丝不苟、严格要求。在我所知道的并与他有过接触的研究生和博士后,均对他从心底里尊敬和爱戴,这种尊敬和爱戴不仅仅是他作为一个长者和院士,最重要的是他做人、做事和待人的品格,处处体现了他"人若无求情自高,人有追求寿亦长"的做人、做事和待人风格,以及他处理三者辩证统一关系的境界和高度。

工作方面的几件小事:一次我去他办公室,作为主编的他正在审阅一期《航空材料学报》刊物的清样,上面字很小,且是中英文对照,他审起来很费力。但他还是一字一句地看,遇到写得不对或不好之处,他都耐心地给改过来。我劝他说年龄大了看东西不方便,找其他人审阅一下就行了。他说,既然在这个位置上,就应当负这个责任,如果确实审阅不了,那就不能占着位置不起作用。在培养博士和博士后方面,他对每一个博士和博士后,从开始的培养方案确定、论文题目确定、论证、论文大纲和计划、中期汇报,到最后的论文撰写和修改,他都亲自主持讨论并把关,尤其是在学位论文的修改时,他都逐字逐句地审阅,确保论文在学术水平、结构和形式上达到学位论文要求。作为学位评定委员会主席,他十分重视学位评定委员会的工作,主持每次的博士后出站报告会和中期报告会、每年的学位评定委员会会议、研究生开学暨毕业典礼等。只要可能,每年的博士研究生入学面试他也都参加。虽然院里没要求他每天上班,即使上班,也希望他上午10点钟就可回家,但只要有工作,他都坚持到结束,甚至经常坚持一整天。有时怕他太累了让他提前回去,他从来没有中途离开过。

在为人处世方面,虽然颜总是我院最早的一名院士,他从不搞特殊,将自

特殊材料铸人生 ——记中国科学院院士颜鸣皋

已当成一名普通的职工来看待。已退休的研究生部张瑞麟老师说起一件事,给我的印象很深。在20世纪90年代,颜鸣皋当时已70多岁了。院里因为车辆紧张的原因,没有为当时的唯一院士配车。张老师有几次去乘公共汽车时,遇到颜总也在挤公共汽车,觉得他这么大年纪又是院士,挤公共汽车既不方便又不安全。就对他说,如果下次出门,千万不要再挤公共汽车了,给研究生部说一下,给他要车。他说都是办私事,不能给单位添麻烦,坚持不能这么干。后来,还是张老师给院长反映情况后才将此事解决了。

每次找他汇报工作或讨论问题,他总是和颜悦色,从来没有认为自己是领导或院士而摆出点架子,请教他问题时他总是耐心地给你讲解,他不清楚的也能仔细听你讲,而且思路很清楚,思维很敏捷,很快就能抓住重点和核心。他几乎都能参加学位评定委员会的各项工作,但在外兼职和参加评审会却很少。有一次我问他,现在的院士都参加了大量的评审会,并在外边兼职,而他却很少。他说主要有几个原因,一是不懂的专业评审会不参加,二是不符合自己做人做事原则的评审不参加,三是考虑到自己年龄、身体和性格的原因,尽量少参加类似活动。但是一些学术活动如学术报告、博士生答辩、博士后报告、学术会议等他却尽可能参加。在担任学位评定委员会主席期间,他十分关心学位评定委员会的相关工作情况,经常与我讨论研究生和博士后招生、培养和管理方面的事情,并经常询问他指导的研究生和博士后的各方面情况,有问题时总是乐于出面帮助解决,共事10年中合作十分愉快。

另外,给我感触较深的是他对后辈和年轻人的培养和期望方面,他的有些博士生在走上领导岗位后,他经常勉励他们一定不要荒废了自己的专业,在当前的形势下能兼顾则尽量两不误。他培养的博士后、博士、硕士已有很多成为我院的学术骨干和带头人,如戴圣龙院长、陶春虎副总工程师、张国庆副总工程师、朱知寿博士、李园春博士、颜悦博士、杨守杰博士、李周博士等。

作为院士,他的学术水平已得到国家和社会承认,作为公民和职工,他做人、做事和待人的品格也得到人们的认可,我不知是他的学术水平高促进了他品格的提高,还是品格高尚促进了学术水平的提高,但有一点可以肯定的是,二者是相互促进的，形成了良性循环，以至于他的学术水平和品格均达到常人无法企及的境界和高度，真正很好地践行了"明明白白做人，老老实实做事"的慈城颜氏家训。

我的导师颜鸣皋院士

北京航空材料研究院钛合金研究室　朱知寿博士

颜鸣皋院士，也就是大家亲切称谓的颜总，是我的博士后指导老师。我从清华大学博士毕业后进入北京航空材料研究所博士后流动站工作，15年来，我一直在颜院士的悉心指导下学习和工作，始终沿着颜院士从事的专业方向在晶体学织构、航空钛合金材料、疲劳断裂、损伤容限等方面探索前进着，在航空材料技术研究和人生成长方面受益匪浅。

知遇之恩，促成一生追求

1994年10月的一个阳光明媚的早晨，中国科学院院士颜鸣皋教授应邀赴清华大学参加我师兄的博士学位论文答辩会。就在这个答辩会上我认识了德高望重的颜院士，并从此改变了我的人生轨迹，确定了我一生的研究方向。

记得在当时的博士论文答辩会上，我的博士生导师陈南平教授向颜院士介绍说："这是朱知寿同学，现从事钛合金材料晶体学织构方面的研究，马上也面临博士论文答辩了。钛合金是一种航空材料。他如能到北京航空材料研究所，也许能发挥点专业作用呢。"让我一辈子不能忘记的是，陈南平教授的话音刚落，颜院士马上就对我说："不错，钛合金在北京航空材料研究所现在搞得很红火，不但在航空上应用日益广泛，而且在医疗器械和高尔夫球头等民品开发方面效益明显。你毕业后就申请到北京航空材料研究所来吧，会有你的用武之地的。"听了颜院士的话，我如沐春风，有了一种归属感。因为当时我正面临着博士毕业后的工作去向选择，虽然当时已经联系了两所高校博士后流动站，但都因它们偏重于相图计算或材料物理等理论研究而没有最终确定，而以理论与实际相结合的应用研究单位北京航空材料研究所应该是我的最佳选择。特别是航空钛合金材料还是北京航空材料研究所的主要研究方向之一，所以，我博士毕业后就真的来到北京航空材料研究所工作了！

　　回想当时我的心情是既紧张，又感激。紧张的是，如果颜院士当时拒绝了，或北京航空材料研究所当时没有博士后流动站，那就难有机会从事航空钛合金研究了。感激的是，颜院士居然这么爽快地答应了。为了能让颜院士录取我，我提交的第一份"申请材料"就是我的博士研究论文了。记得陈南平教授对我说，聘请颜院士作为我的博士论文校外评阅专家是最合适不过的了，因为颜院士既是早期晶体学织构研究专家，同时又是钛合金材料专家，我的钛合金晶体学织构研究毕业论文可以作为一份进站的"申请书"。就这样，我很幸运地进入了北京航空材料研究所博士后流动站。当时，颜院士还特意安排了三位钛合金行业知名的、具有丰富理论和实践经验的、长期从事航空钛合金应用研究的指导老师，他们是现为中国科学院院士的曹春晓研究员、时任钛合金研究室主任马济民研究员和现任北京市人大代表的高扬高级工程师。我就在这样一个阵容强大的博士后指导小组指导下工作，出站后留在了北京航空材料研究所，一直从事航空钛合金材料研究工作。

秘书工作，加深师生情谊

　　1996年初，为了协助院士完成繁重的日常工作，所里决定为颜院士配备兼职学术秘书，帮助颜院士处理学术论文、学术报告和学术活动等有关事宜。颜院士又一次挑上了我作为他的兼职学术秘书，并亲切地鼓励我说，兼职秘书不会太占用我的日常科研工作时间的，只当有事情时才通知我，平时的日常事务他都可以自行处理。尽管如此，我当时仍认识到，虽然担任颜院士的兼职学术秘书是一件十分光荣的事，但还是担心自己能力有限，不能胜任这一工作。颜院士已经看出了我的顾虑和担心，又说，自己日常的工作由院办工作人员负责处理，我只是重点在学术方面做些辅助工作就可以了。颜院士谦和的态度、处处为别人着想的做法深深地感动了我。我心里暗下决心，一定尽我的最大努力，协助颜院士做好工作。

就这样，在 10 多年的兼职秘书工作中，颜院士在工作上更加关注我的科研进展和发展，在研究思路和研究方向上给予我更多的指导和帮助。例如，在与颜院士一起外出参加国家年度科协大会、专题学术会议以及各类邀请学术报告等活动中，颜院士也经常在繁忙的会议日程安排和接待客人谈话之后，不忘与我谈谈工作和生活上的事情，为型号攻关、预先研究和专业团队建设等方面提出细致的要求和建议。在与颜院士一起的日子里，我有时需要整理他的学术论文、研究报告、研究成果、个人事迹与简历等资料，有时参加颜院士与他的许多老朋友、国内外著名教授和科学家们的座谈会。例如，2000 年 11 月在北京香山召开的庆祝师昌绪、肖纪美、颜鸣皋三位院士 80 寿辰会议，2002 年在成都召开全国科协大会期间颜院士与老朋友陈能宽院士的亲切座谈会等，有时阅读或与电视台一起采访颜院士在海外求学经历、在建所时期的艰苦创业、在"文化大革命"期间的蒙难与坚守、在改革开放时期的发奋图强、在人才培养和国际交流方面的呕心沥血、在住院疗养期间对研究院的发展念念不忘等。所有这一切，让我在不断增长见识、扩大接触面的同时，内心也在一次次地受到极大震撼，从而更加深刻体会到了像颜院士一样的无数中国老一辈科学家的广阔胸怀和无私奉献精神，这种精神也在时时刻刻激励着像我这样的年轻一代不断努力奋进，攀登科技高峰！

在生活上，颜院士给予了我无微不至的关心和理解。记得我博士后进站时刚刚从学校宿舍搬到研究所，颜院士就来到了我家里了解我的搬家情况。当颜院士看到我家的许多生活设施还没有购置到位时，很是着急，我说大部分家具都已经订好了，一周之内可以到位。颜院士这才放下心来。从此，颜院士在晚饭后散步时，经常来到我家里看望，询问我在生活和工作中还有没有困难，要多注意身体，劳逸结合，等等。有时，还带来颜院士浙江宁波老家的海鲜特产与我分享，让我也常有回到自己家乡的感觉。

特殊材料铸人生——记中国科学院院士颜鸣皋

应用研究，辩证思想指导

颜院士在自己的科研生涯中，为我国航空工业和材料技术发展提供了丰硕的科研成果，为我国航空关键材料技术立足国内实现自主保障做出了突出的贡献。其中，对我影响最深、体会最切的是颜院士提出的开展应用研究"三结合"辩证科研指导思想。颜院士是在1978年为了适应我国航空工业由最初的仿制阶段向自行设计阶段转变，为解决航空材料为新机种设计和原有机种定寿、延寿服务的问题，正确提出了航空材料应用研究的定义、地位、内容和四大特征等，并指出了开展应用研究要实行三个"三结合"的指导思想，即"设计、生产、使用三结合"，"材料、工艺、测试三结合"，以及"结构强度、材料力学、显微组织三结合"。

2005年11月，颜院士应邀参加贵阳院士大会，我有机会帮忙整理一篇《关于加强航空材料应用研究和宏微观相结合的几点体会》的PPT会议报告，于是就对颜院士提出的三个"三结合"的思想和相关文献进行了认真的学习，结合自己10多年从事航空材料应用研究的体会，让我更加意识到，航空材料应用研究的三个"三结合"指导思想是多么的精辟，多么的具有哲理性，同时也具有十分重要的时代意义。颜院士在报告中采用了大量的实际科研案例，从金属晶体学织构形成机理开始，到金属门槛值测试计算；从晶体取向对定向合金性能影响，到疲劳寿命预测和修正等，深入浅出地论述了应用研究的"三结合"中的宏观–微观相结合的核心思想，而所有这些例子涉及的方法和思路，对开展航空材料应用研究具有非常实际的指导意义，对我本人启发颇大。我也推荐给研究生和有关协作单位开展认真学习，以便更好地开展航空材料应用研究，少走弯路。

人才培养，倾注毕生心血

颜院士的爱才和惜才之心人人皆知。在多次的航空工业发展咨询报告、航空百年特邀报告以及航空材料发展建议等场合，颜院士大声呼吁"重视航空材料科技队伍的建设和稳定工作，要特别注意培养和造就一批新世纪技术骨干与创新型学术带头人，满足航空科技日益发展的需要。"在颜院士的努力下，以他为主要学术带头人，北京航空材料研究所于1981年首批获得了国务院学位委员会授权的硕士和博士学位授予单位，1995年经全国博士后管理委员会正式批准，北京航空材料研究所材料科学与工程一级学科建立博士后科研流动站，研究所的硕士和博士学位授予单位、博士后科研流动站均是航空工业的第一个授予单位和流动站，满足了航空材料研究的招生需求。至今，颜院士已经培养了15名硕士、23名博士、10余名博士后，而且均已成长为北京航空材料研究院和航空工业的技术骨干和带头人。

作为北京航空材料研究院的学位评定委员会主席，每次院学术报告、博士生答辩会、博士后出站报告、研究生开题报告以及其他学术会议，颜院士都几乎没有缺席，积极参加。

记得在我做博士后研究期间，颜院士经常打电话询问我的研究进展情况。需要分析具体试验数据时，到颜院士办公室讨论，经常过了吃饭的时间，我怕影响颜院士下午的休息，想到第二天再讨论，但颜院士常说，有问题随时到他家里讨论。

还有一次，2006年1月我的硕士研究生王新南临近毕业论文答辩，想邀请颜院士参加答辩会，并邀请作为硕士论文的评阅专家。当时，我担心颜院士时间忙，也担心影响颜院士的休息。没有想到，颜院士一听到这一消息，不但爽快答应，而且非常重视，认真评阅了论文，提出了许多中肯的评价和建议，认为这次答辩会标志着"航空钛合金材料研究第三代人才梯队已经形成"。颜院士对我院研究生新生力量的培养寄予了多么深切的期望，每次顺利通过一名研究生答辩，看到青年一代取得的研究成果和发表的独立见解，颜院士是多么的欣慰。所以，颜院士在没有特殊情况下，一定非常高兴地参加我院所有研究生的论文答辩。

老骥伏枥，壮心不已

颜院士因骨质疏松住进了医院，坚强地与疾病作斗争，时刻挂念着北京航空材料研究院的发展，时刻惦记着科研攻关和人才培养情况，关心着航空工业"十二五"计划和2030年规划，关注着国内外时事发展和国家战略政策。武警总医院干部病房的310房间时常成为专题学术讨论的场所，成为青年学生和团员学习院士精神的教育基地，成为颜院士与院内外专家和各级领导研讨重大事项的会议室……武警总医院主治医师和值班护士着急了，经常不忍心和非常耐心地提醒我们，要注意颜院士的休息，要注意每次来医院探视的时间规定，要注意每次来访的人数限制，要注意讨论时间不要太长……

可是，颜院士还是与往常一样，说说笑笑，和蔼可亲，乐观豁达！除了颜院士身躯消瘦外，根本看不出骨质疏松病痛给他带来的行动不便，看不出卧床休养带来的心理影响，每次看到颜院士这样，我心里很高兴，大家心里也很高兴。每次当颜院士坚持要拄着拐杖走出病房送看望他的人到电梯门口时，我的脑海里情不自禁地会浮现1994年颜院士拄着拐杖走在清华大学西主楼门前的潇洒身姿，想起2003年航空百年研讨会等无数次学术报告会上的侃侃而谈，想起在2006年参加研究院印尼巴厘岛疗养团活动期间，颜院士纵身跃入海湾与汹涌海浪搏击的魄力与勇气！颜院士在我的心里一直是那么一位充满惊险神奇、潇洒豁达、严谨慈祥、德高望重的科学家！颜院士已经克服和经历了无数的磨难和艰辛，那么，我和大家坚信，在航空工业大发展的今天，还会有什么样的困难和病痛是颜院士不能克服的呢？！

在此，衷心祝愿我的导师早日康复！衷心祝愿颜院士健康长寿！

我心中的颜院士

北京航空材料研究院铝镁合金研究室　张坤博士

我作为颜院士的学生，认识颜总的时候他已经83岁了，我也因此几乎成为他的关门弟子。在我心中，颜院士是一位治学严谨却又温柔的严师与长辈，我对他的敬仰来自于我与他的每一次交谈。

第一次见到颜院士是 2003 年 10 月 10 日上午 10 点半左右，我对他的第一份感觉是亲切。当年我即将硕士毕业，面临人生的又一次重大选择。怀着对科研工作的一股质朴的热情，我再一次选择了继续攻读博士学位。Google 中输入"北京"、"研究院"、"博士生导师"几个关键词，"北京航空材料研究院、颜鸣皋院士"赫然跃入眼帘。我想象中的颜院士一定是位威严的学者，战战兢兢地拨通了颜院士家中的电话，而电话中的声音是那么慈祥，让我忐忑的心顿时轻松了不少，对院士的敬意也油然而生。我一个人如约在 10 月 10 日上午登门拜访颜院士，我们的第一次接触也就这样平凡地开始。门开后我才发现这位 83 岁的老人竟然是这样矍铄硬朗，特别是眼神那么睿智，而整洁得体的西装又显出这位老人的翩翩君子风范。颜院士向我简单介绍了院里的组织机构，在了解我的专业和研究方向后向我肯定了铝合金专业需要人，鼓励我好好复习备考。更有意思的是，颜院士看我一个女孩子第一次过来，很担心我回程不顺，在百望山遭遇堵车，反复嘱咐我坐 330 路或 346 路公交车到百望山下，然后穿过马路到斜对面转特 6 公交车到西客站。我感慨这位老人的温柔，也因此顺利地当天赶回长沙。

我对颜院士的第二份感觉是严谨。博士开题一年后，我第一次请他审改我的专业论文，他一口答应。我以为以他当时的工作繁忙程度和身体情况，肯定要花费一段时间。谁知第二天下午他就先在电话中告诉我文中存在的问题和解决的方法，让我随后去办公室拿修改稿。只见他用铅笔对我的文章做了密密麻麻的修改，有接近 20 处之多，包括遣词用句甚至英文拼写错误、标点符号也不放过，对个别数据也进行了新的分析，希望我能从另一个角度完善研究方案。在颜院士面前，我惭愧到脸红，感慨万千，对以颜院士为代表的第一批归国学者的治学态度深深敬佩，在以后的学习、工作中，我也再不敢马虎。

弹指一挥间，转眼到了博士论文答辩的时候，颜院士以一如既往的严谨态度审改了我的博士论文，并指导我完成答辩。还记得在答辩现场，颜院士明确要求我站着进行博士论文汇报，以示严肃与尊重。陈述完毕后，答辩委员会主

特殊材料铸人生——记中国科学院院士颜鸣皋

席曹春晓院士刚问了我一个问题,我就急于回答,并且向曹院士解释。颜院士坐在我旁边用很严厉的目光制止了我,我第一次见到导师用这么强烈的情感表达,又一次认识到学术来不得半点虚假,来不得半点狡辩,而这也将成为我未来工作生活中永远的财富。

我对颜院士的第三份感觉是慈爱。2005年底我的父亲罹患肺癌去世,当时我只有29岁,父亲的去世对我是一个非常大的打击。在后来近一年的时间里,我情绪非常的低落,每天只是用繁重的工作排解自己。每每到颜院士那里作工作汇报,他都会像慈父一般地关心我的个人生活、家庭情况,我不善言辞表达,但这份感动永远铭记在心。2009年我做了妈妈,年底去武警总医院看望颜院士时,颜院士瘦了一些,但精神还好。他仔细看了看我说:"宝宝好吗?男孩、女孩?嗯,胖了点!不过,胖了好,我就是太瘦了!呵呵!"

光阴荏苒,从我认识我敬爱的导师至今已过去7年。在我人生短短的30多年,能够遇到这样一位可敬可亲的学者、长辈,幸甚至哉!学为人师,行为示范,颜院士以他严谨的治学态度、亲和的为人改变了我的一生,同时也改变或影响着他身边许许多多的人。

我的爷爷

颜 茜

我的爷爷是个安静而内向的人。

小时候,总是奶奶在操持家务和处理方方面面的事务,体贴周到地照顾着爷爷以及家里的每一个人。

而爷爷,则"总是在工作"。无论是去上班,还是在下班之后。

对于儿时的我来说,爷爷给我最深的印象,就是在书房灯光下阅读和书写的背影。

科技兴国，是爷爷始终不忘的追求。

爷爷喜欢读书。无论去什么地方，总是会习惯性地带上一两本书。而家里、办公室里的书，则占满了整整的一面墙。

后来有了电子书，爷爷就会经常让爸爸帮他下载一些中外名人的传记，重大历史事件的回忆录等。

虽然看书越来越吃力，但爷爷对书籍的阅读和喜爱从未停止。在爷爷面前，如果聊天时说起吃穿玩乐，都只是一时的话题；唯独说起哪篇报纸上爷爷很关注的文章，爷爷都会尽力去找来阅读。又或是听到家中有人提起某一本书很好，爷爷就会立刻说道："去买书吧！"

爷爷对新鲜事物一向都充满好奇。虽然年岁大了，但却依然学习使用电脑，还常常上网浏览各种新闻资讯和科学报道，有时兴趣来了还会在笔记本上玩一会儿游戏，而且思路清晰，反应迅速。一些记忆逻辑相关的小游戏，我们这些晚辈都比不过他。

音乐是爷爷另外的一个爱好。他喜欢听一些中外名曲和老歌，有时还会一边听音乐、一边跟着哼唱。据说当年爷爷还曾是学校唱诗班的成员呢！

爷爷的工作和生活非常规律，饮食起居也很有条理。由于"文化大革命"中做过胃部大部分的切除手术，少食多餐成了他一贯的传统，而且每餐都会注意荤素搭配。每天坚持喝牛奶、番茄汁；还经常吃些生菜、燕麦、南瓜等健康的食品，而且无论多喜欢的东西也从来不暴饮暴食。

爷爷还很注意锻炼身体和保健，直到80多岁的时候依然坚持每天步行去办公室上班，指导学生完成课题。因病住院后，也依然每天坚持多次在楼道中走步锻炼。而且每天早中晚还会各给自己做20分钟的头部按摩和健身操，从不懈怠。

良好的生活习惯和健康规律的作息，正是爷爷健康长寿的秘诀。

爷爷是浙江人，虽然离开故乡多年，但依然对家乡、对记忆中的家乡风味充满了喜爱和怀念。醉蟹、醉泥螺、水磨年糕、酒酿圆子、"臭冬瓜"等家乡的食品，总是能让他吃得格外开心。甚至一边吃，一边向旁边的人津津乐道地解说菜品的来历，乃至回忆起小时候的情形，格外开怀。

如今爷爷虽然生活在北京，但始终挂念着家乡故土。为此还特意经常阅读《宁波日报》，以便能及时了解家乡的消息。

爷爷冷静、理性；言语不多，但很有条理；爷爷不擅社交，不谙"人情世故"。属于适合埋头做学问，也喜欢整日埋头做学问的人。

从小到大，爷爷没给我讲过什么大道理，也不喜欢说教什么。他虽然关心我的学业，却从来没给过我"望子成龙"或者"望女成凤"之类的压力。既鼓励我求学，也同样支持我在课余时间读书、看报、集邮、运动等。在他看来，获取知识，开拓视野，提升自我，才是学习的本质；愿意去学，掌握学习方法，切实地学到知识，比追求成绩更加重要！

2007年5月，我有幸陪同爷爷回到老家浙江慈城镇。慈城镇有着2400多年的历史积淀，古来就有"鼎甲相望、进士辈出、举人比肩、秀才盈城"之誉。爷爷此次回到家乡，是将祖居捐赠与慈城镇。颜氏祖居已被正式列为慈城镇文物保护单位。经重修后，正式成为慈城院士陈列馆，并作为青少年教育活动中心之一。陈列馆中展示了爷爷及其他7位从慈城走出的两院院士的文献、图片和陈列物品。

从故乡回京之后，爷爷特意请人撰写了一幅颜氏家训：

明明白白做人，老老实实做事。

我知道，爷爷一直笃行于此。

第十章　颜鸣皋主要学术思想选萃

为了满足各层次读者的不同需求，这里单独列出一章刊登《颜鸣皋主要学术思想选萃》，供专业人员学习参考。

镍基合金的强化

1. 合金化理论

首先，颜鸣皋与合著者陈学印根据镍和合金元素的原子半径、晶体结构和电子层构造，分析了各种合金元素的存在状态及强化序列，指出原则上能够与镍形成连续或有限固溶体的元素都有可能成为固溶强化的元素，是依靠加入原子引起晶体点阵的畸变实现合金强化的，所以合金元素的强化顺序与其点阵常数的增加顺序是一致的（图1～图3）。但是为了提高合金的热强性必须考虑到形成固溶体时的一些不利的因素，如开始熔化温度与再结晶温度的降低，低熔点共晶体与不稳定化合物的形成等。经过研究和分析，初步确定出可以用来强化镍的合金元素主要有铍、碳、铝、硅、钛、钒、铬、锰、铁、钴、铌、钼、钽、钨等10余种元素（图2）。

如何充分利用固溶析出相又是当时高温合金研究的关键技术。当合金元素的加入量超过溶解度以后，铝、钛、铌、铍等能够与镍形成金属间化合物：Ni_3Al，Ni_3Ti，Ni_3Nb，Ni_3Be 或复杂的 $(Ni, Cr)_3(Al, Ti)$ 等。在固溶分解过程中析出的这些化合物可导致基体的强化。其中以 Ni_3Al 或 $Ni_3(Al, Ti)$ 型的

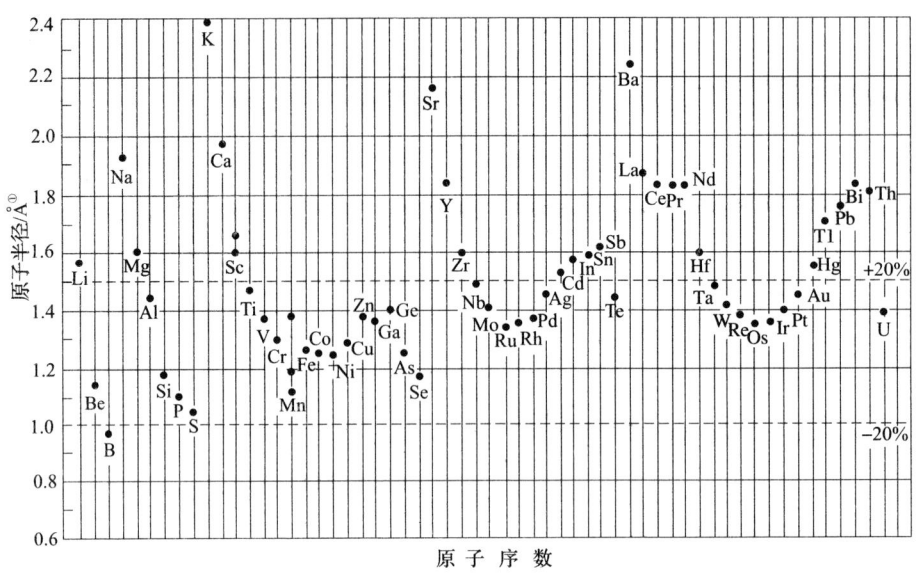

图1 镍以配位数为12的原子半径所处的位置

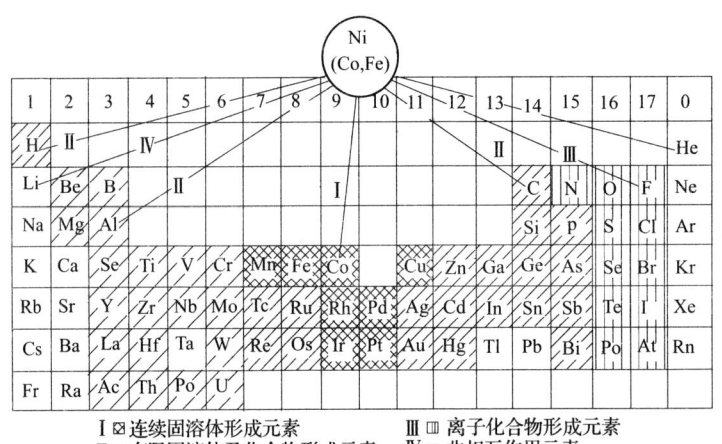

Ⅰ ⊠ 连续固溶体形成元素　　Ⅲ ▥ 离子化合物形成元素
Ⅱ ▨ 有限固溶体及化合物形成元素　　Ⅳ □ 非相互作用元素

图2 与镍形成固溶体的合金元素周期表

沉淀相（通称为γ'相）具有最优良的强化效果。

对镍基合金René 41相结构的研究发现共有九种相如$Ni_3(Al,Ti)$，Ni_3Ti，Ni_3Al，TiC，$(Nb,Ti)C$，$M_{23}C_6$，M_6C，σ，μ或Laves相等。但是其中具有最

---

① 1Å = 0.1nm。

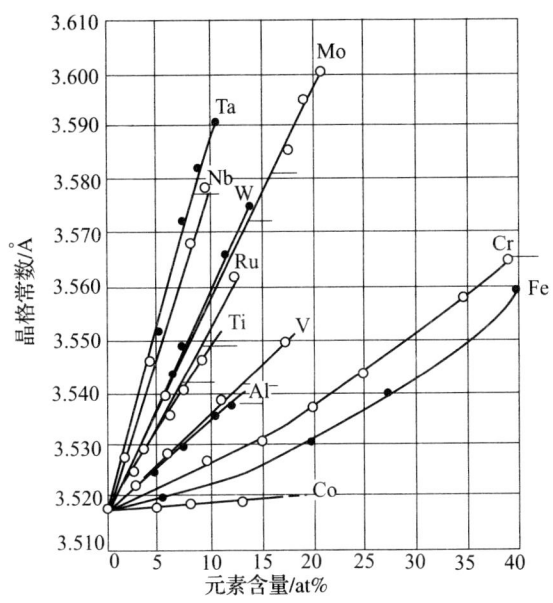

图 3　第二组元对镍基二元合金点阵常数的影响

高强度并保持有相当的成形与焊接性能的合金仍然是以 $Ni_3(Al,Ti)$ 为其强化相。像 Hägg 化合物（TiC，NbC）一般属于夹杂物性质对合金的强化作用不大，而 Laves 相主要是在一些铁镍基合金中长期时效的产物，对一般镍基合金的强化意义也不大，对一些复杂碳化物，如 $M_{23}C_6$，M_6C 等，主要存在于晶界附近，对提高合金的热强性具有重要作用。颜鸣皋在文章中进一步指出，基于当时的研究背景，硼化物相结构及其对合金热强性的影响还需进一步开展研究。

颜鸣皋总结和梳理出的上述镍基高温合金化思路，对当时开展镍基合金材料研究具有重要的参考价值，并指明了下一步研究的总体方向。

2. 固溶强化

在"固溶强化"章节，颜鸣皋清晰地归纳出在镍基合金中利用钴、铬、钨、钼、铌等元素固溶强化的三大作用：

（1）提高基体的再结晶温度，减缓基体中元素的扩散及基体与强化相之间的扩散过程；

（2）产生能够支持较高温度的原子集群，降低堆垛层错能，使大量溶质原子有可能在分解位错中集聚，使位错难以在晶体点阵中运动；

（3）通过加入多种元素使合金复杂化，充分发挥元素的强化效应，增强基体在应力下各阶段中的热稳定性及其对位错的阻碍作用。

通过总结国内外研究结果发现（图4），在合金扩散系数与扩散激活性的变化与其热强性的变化有着对应关系这一物理因素影响的结论基础上，颜鸣皋进一步指出还应加强研究合金的结构因素（如显微组织、各种缺陷及第二相的形态与分布等）对控制高温合金热强性的作用。并引用大量研究数据，从结构的观点指出了固溶强化对提高合金的抗蠕变性能的三种作用机理：

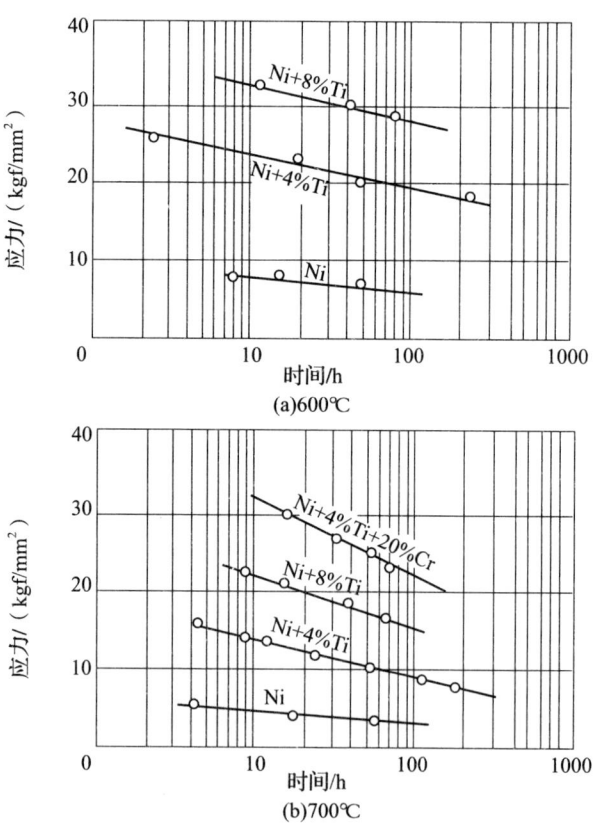

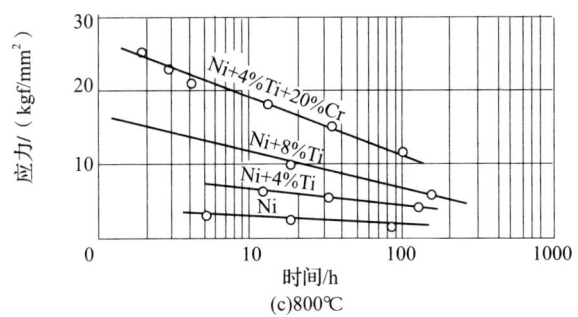

图 4　镍及其合金的持久强度曲线

(1) 减少位错的活动性；

(2) 溶质原子气氛对位错的钉扎作用；

(3) 阻止位错的攀移，稳定位错列阵，减弱合金的回复。

3. 沉淀强化

在"沉淀强化"章节，颜鸣皋总结了当时世界上对镍基合金时效析出 $Ni_3(Al,Ti)$ 沉淀相的结构与形态及其对合金性能的总体影响，并指出以下三大发展趋势：

(1) 尽可能地提高铝与钛的总含量，增加 γ' 相的数量及其溶解温度，如近 10 年来铝与钛的总含量已由 3% 提高到 10% 左右。

(2) 调整 γ' 相与基体的成分，减少两相之间的失调度，以保持低的界面能与更大程度的共格性。

(3) 通过 γ' 相与基体的复杂合金化，增强二者之间的结合强度，降低两相之间的扩散过程，以阻止沉淀相的凝聚长大与提高 γ' 相的溶解温度。

同时，归纳了 γ' 相沉淀强化的位错理论，如 Mott 和 Nabarro 理论适合于沉淀相与基体呈共格状态的时效初期，Orowan 与 Fischer，Hart 和 Pry 理论则适合于时效后期与弥散质点强化。但是这些理论对质点本身的性质与它们和基体间界面性质考虑得还不够充分，如沉淀相有序化、热稳定性、边界状态等因素的影响。

进一步总结了当时世界上对镍基合金除了以 γ' 相强化以外的氧化物质点弥散强化的研究新进展。如高碳镍基合金的碳化物可以显著地提高合金在 1000℃ 以上的热稳定性与拉伸强度；在蠕变过程中沉淀出的新质点对降低第二阶段蠕变速率较形变前存在的质点更为有效；在铁基合金中利用连续析出两种以上的强化相作用；以及在沉淀发生的温度下形变，即所谓加工热处理，促使质点分布更为均匀等。

4. 晶界强化

在"晶界强化"部分颜鸣皋指出研究晶界微量相形态及其局部合金化对提高镍基合金高温性能的重要意义。并在总结大量的文献资料后得出（图5），晶界状态及其邻近区域内微量元素的吸附，微量相的形态与分布等对镍基合金高温持久强度与塑性有着较大影响的三大原因：

（1）在高温与低速形变下往往出现晶界断裂。利用微量相，如碳化物与 γ′ 相质点等，在晶界上作均匀分布可以提高晶界强度。

（2）某些微量元素硼、锆与稀土元素等吸附在晶界附近造成局部合金化，减缓晶界附近的扩散过程及稳定晶界微量相形态，以阻止相的凝聚与长大以及晶界附近贫区的形成。

（3）一些低熔点杂质如铅、锑、铋、锡等，或气体吸附在晶界上将促使晶界在高温下强度与塑性的降低。

通过归纳总结合金晶界断裂空穴形成与集聚的三种机制（Zener 型；陈志文和 Machlin 型；Gifkins - McLean 型）（图6）以及空穴类型与蠕变断裂（图7）

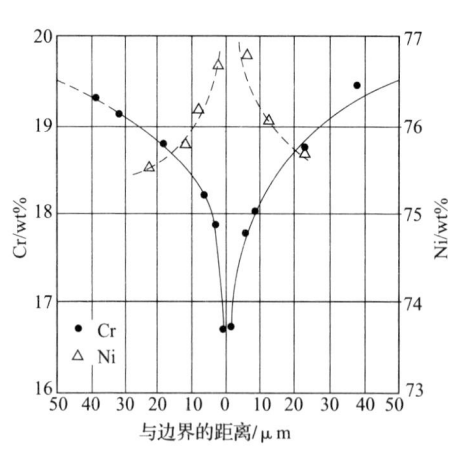

图 5　Nimonic 80A 的晶界附近铬与镍的分布　　图 6　晶界上形成空穴的机制示意图

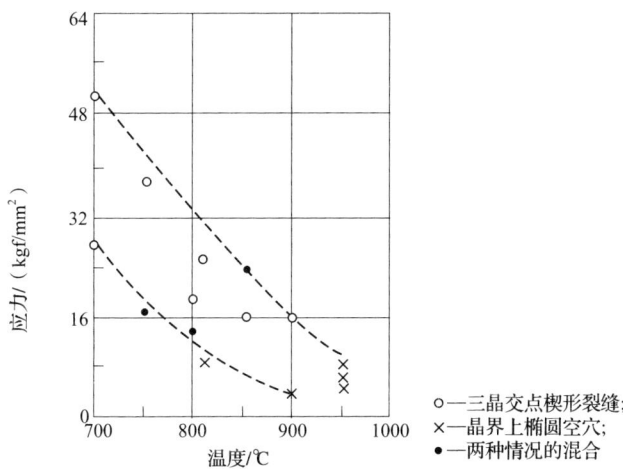

图7　Nimonic90合金在不同应力与
温度条件下蠕变出现的空穴类型

的关系，指出采用加入一定量的硼和微量锆等来阻止晶界微量相与空穴的聚集与长大，从而强化了晶界，提高抗蠕变与持久性能等积极作用；同时指出像铅、锑、铋、锡低熔点杂质元素因弱化晶界强度应严格控制在十万分之几以内的含量等指导思路。

（节选自《镍基合金的强化》，颜鸣皋，陈学印，《金属学报》，7/3，1964，307）

疲劳裂纹扩展的微观机制

颜鸣皋在文章中首先论述了金属疲劳裂纹扩展的四阶段或三阶段扩展过程特点。对薄板试样，裂纹扩展速率 da/dN 与应力强度因子幅值 ΔK 的半对数曲线中曾出现一转折点，该转折点一般位于 $10^{-3} \sim 10^{-4}$ mm/周的范围内，并在断口上出现剪切唇，即可以根据由平面断口（平面应变状态）向剪切斜断口（平面应力状态）过渡的边界加以划分。对厚板试样的裂纹扩展可分为①结晶学扩展（第Ⅰ阶段）；②宏观平断口（第Ⅱ阶段）；③宏观斜断口（单边或双边）；④最终断裂（平面或斜断口）等四个阶段。

同时指出，典型的疲劳裂纹扩展宜分为三个阶段：即在极低的扩展速率下，$da/dN < 10^{-5}$ mm/周，为非连续扩展区，呈现一种结晶学形态的小平面型的显微断口；当 $da/dN > 10^{-5}$ mm/周时，为连续扩展区，断口形态以疲劳为主；当 $da/dN > 10^{-3}$ mm/周时为"静力"型扩展区，断口形态则以韧窝、晶间断裂或纤维状断裂为主。整个 $da/dN - \Delta K$ 曲线可以近似地以 S 形连续曲线描述之。

在此基础上，颜鸣皋进一步全面总结了疲劳裂纹扩展的切应变型与正应变型两大物理模型。

对切应变型（第Ⅰ阶段）扩展机制，又可大体上分为持续滑移、范性钝化和再生核三种物理模型。其中，①持续滑移模型主要以持续滑移带集中滑移、滑移带内具有较高应变幅值、高密集位错胞状组织、沿持续滑移面解理断裂等为主要特征；②范性钝化模型主要以裂纹扩展限制在一个晶粒大小量级、每一加载周期中的裂纹延伸是以滑移带的加宽来实现、是一种范性弛豫过程等特征；③再生核模型则以裂纹尖端前方塑性区内出现的一些滑移带裂纹的连续再生核过程或位错交叉滑移机制为特征。

对正应变型扩展机制，又可以归纳为双滑移、范性钝化与脆性－范性交替等三种模型。其中，①双滑移模型则以裂纹成长或疲劳条纹形成是由于裂纹尖端位错的流入或滑出为成因；②范性钝化模型则以第Ⅱ阶段裂纹扩展反复钝化与锐化交替为特征，每一个钝化－锐化过程中，裂纹前端不断向前延伸并在断口上留下一条痕迹，即所谓疲劳条纹。后来 Wanhill 和 Tomkin 又提出了多次流变带形成和切变过程模型，从而形成疲劳条痕间的亚条痕形成；③脆性－范性交替模型则以主裂纹前方显微空隙或微裂纹逐渐形成空洞并与裂纹尖端金属逐渐减薄，最后与主裂纹连接为特征，这一模型很好解释了存在夹杂物、脆性相以及一些高应力集中区等缺陷时裂纹扩展的韧窝、穿晶与晶间断裂等现象。

除上述切应变型和正应变型裂纹扩展的物理模型外，也有从裂纹尖端的能量平衡观点来考虑裂纹扩展临界值问题的。

根据上述疲劳裂纹扩展切应变型和正应变型的六种物理模型来看，可基本上归纳为三大类别：即滑移机制、范性钝化机制与再生核机制。颜鸣皋带领刘才穆和欧阳杰等为代表的研究团队成员通过大量研究，总结出了疲劳裂纹扩展的微观机制（见表1）。

表1 不同应变幅下金属疲劳裂纹扩展的机制

	范性疲劳		弹性－范性疲劳	弹性疲劳	
	自由状态	约束状态		自由状态	约束状态
H（高应变幅）	交叉滑移胞状	晶格状态	混合型显微组织的碎化	剪切与拉伸断裂	应变抗阻断裂
	混合型宏观裂纹			混合型宏观裂纹	
F（中等应变幅）	表面微裂纹	抗阻断裂	混合型裂纹	无滑移剪切断裂	剪切与晶间断裂
	滑移微裂纹的集聚			剪切裂纹的成列	
S（低应变幅）	扩散滑移	单个点缺陷	单个缺陷	点缺陷阵列	单个剪切裂纹
			无宏观裂纹		

1. 疲劳裂纹扩展的力学方程

颜鸣皋通过分析自20世纪30年代以来世界上曾经采用的疲劳裂纹扩展半经验公式及其适用性，并在人们所熟知的工程设计寿命估算中应用较多的Paris公式基础上，提出发展和完善疲劳裂纹扩展的力学方程需要具备两个重要条件：一是需要一个能够确切描述裂纹扩展的真实模型；二是需要有一个数学方程来表达该模型的分析方法，从而可以推导出一个定量的关系。为此，自从60年代中期以来，人们利用上述一些物理模型，采用位错连续分布理论和连续弹－塑性力学的分析方法，曾推导出一些半经验式和解析式的数学方程（见表2）。

表2 疲劳裂纹扩展的力学方程

模型	力学方程	内涵与适用范围
BCS模型	$\frac{da}{dN} = \frac{\pi(1+\nu)}{24\mu^* \sigma_u^3 E} \cdot (\Delta K)^4$	其中 σ_u 为材料的拉伸极限强度
Walker连续弹－塑性力学模型	$\frac{da}{dN} = C\left[K_{max}(1-R)^n\right]^m$	n 为与材料有关常数，当 $n=1$ 时，即Paris公式，对于2024－T3铝合金，$n=0.5$；7075－T6铝合金，$n=0.425$；304型不锈钢，$n=0.667$。并引入了 $K_{max}(1-R)^n$ 为"有效应力强度因子"

续表 2

模 型	力学方程	内涵与适用范围
Nicholson 方程	$\dfrac{da}{dN} = B\left[\dfrac{\Delta K - \Delta K_{th}}{K_f - K}\right]^a$	当 $\Delta K \to \Delta K_{th}$ 时，$da/dN \to 0$，$K \to K_f$ 时，$da/dN - \Delta K \to \infty$；该方程已成功描述了 $da/dN - \Delta K$ 关系曲线两端的极限条件
Duggan 简化方程	$\dfrac{da}{dN} = \dfrac{\pi}{4}\left[\dfrac{1}{\varepsilon_f^2 E K_c}\right]^2 \Delta K^4$	相当于 ΔK 的指数为 4 的 Paris 公式
Schwalbe 方程	$\dfrac{da}{dN} = \Delta W\left[\dfrac{2\sigma_y}{E\varepsilon_f}\right]^{1+n}$	ε_f 为断裂的真应变；ΔW 为循环载荷下的范性区
Weiss 方程	$\dfrac{da}{dN} = a\left[\dfrac{a_N}{a_{FF}}\right]^{\frac{n+1}{2}} - \dfrac{\rho^*}{2}$	基于无限宽板材中缺口尖端的几何形式推导出一个疲劳裂纹扩展公式
Chereponov 方程	$\dfrac{da}{dN} = AF\,(\dfrac{K_{lt}^2}{K_{l0}^2})^a - \beta\left[\dfrac{K_{lmax}^2 - K_{lmin}^2}{K_c^2} + \ln\dfrac{K_c^2 - K_{max}^2}{K_c^2 - K_{lm}^2}\right]$	认为在空气中裂纹扩展速率可以看作是在真空下试验结果与氢脆作用相互叠加所造成的

为了进一步描述和解释航空材料疲劳裂纹扩展机理，颜鸣皋综述了几个典型的并取得一些试验验证的疲劳裂纹扩展的解析方程实例，应用在航空材料疲劳和寿命预测的实际应用中。并指出，这些疲劳裂纹扩展方程都是以位错理论和连续力学为基础发展起来的，从推导的方法来划分，可分为半经验式和解析式两大类。其中半经验方程大部分是由 Paris 公式和 Forman 公式引申出来，由于上述方程形式较简单，在扩展中考虑了平均应力的影响，也联系到一些材料的断裂性能，在工程设计中得到较为普遍的采用。解析式方程的特点在于结合一些材料的基本性质，如 E，G，σ_y，σ_u 等，较为密切，并根据采用不同的物理模型和解析途径，方程中的 ΔK 或 K 的指数为 2 或 4，目前在描述裂纹扩展的全过程方面也取得一些初步成果。

2. 影响疲劳裂纹扩展的一些因素

颜鸣皋在分析材料疲劳裂纹扩展的断裂力学和断裂物理过程基础上，进一步考察了影响疲劳裂纹扩展的显微组织、平均应力和介质环境等断裂化学因素对裂纹扩展各阶段的影响，为修订和定量估计出不同载荷与环境因素共同作用下各段的裂纹扩展行为提供全面的参考依据。

为了对接近实际使用条件下的材料与构件疲劳裂纹扩展的进一步研究，颜鸣皋指出迄今还仍处于发展阶段，其中一些具有应变时效和相转变的复杂合金和高强度钢等的研究，还仅仅是开始。为此，他进一步提出如下几点建议：

为了促进国民经济与宇航工业的发展，加速实现我国四个现代化，建议在全国统一规划下，突出重点，合理分工，密切协作，及时交流在材料疲劳断裂的研究中的进展，努力做好下列几项工作：

(1) 在宏观与微观相结合的基础上，探索材料疲劳裂纹的形成、扩展与断裂中的力学行为、物理本质和化学过程，特别是在接近实际使用条件下和接近门槛值范围内的裂纹扩展行为、断口形态和裂纹尖端范性区的应力应变场及其精细结构的研究。同时，有关单位也应开展一些在真空下和环境介质中的单晶体和大晶粒试样的基础研究，找出材料在循环载荷下范性变形的基本规律，以指导一般的应用研究与生产实践。

(2) 结合设计、生产与使用的需要，开展材料的过载效应、随机加载、多向应力以及温度与介质综合作用下疲劳、断裂的研究。掌握材料在实际应用中疲劳裂纹的形成和扩展规律，为设计选材、寿命估算、改进材料与工艺提供必要的科学依据。此外，通过设计、材料与工艺相结合，解决如何对应力集中点与材料质量的控制问题。

(3) 积极掌握与运用国内外先进技术，发展电子金相断口术、透射薄膜观察、高速与全息摄影、能谱分析、声发射、细聚焦 X 射线衍射与应力分析、程序控制力学试验、无损探伤技术，以及电子计算机的应用等，大力开展应变疲劳、低应力疲劳、高温与腐蚀疲劳，以及多轴向和变频率等试验方法的研究，为工程设计与施工提供大量准确可靠的试验数据，并为进一步开展疲劳断裂研究创造更有利的条件。

（节选自《金属疲劳裂纹扩展规律及其机制》，颜鸣皋，第一届断裂力学与断裂物理会议论文集，武汉，1978，179）

应用研究的三个"三结合"指导思想

随着我国航空工业的进一步发展，我国航空工业已经由最初的仿制阶段向自行设计阶段转变，为了解决航空材料为新机种设计和原有机种定寿、延寿服务的问题，颜鸣皋早在1978年，就正确地提出要实行三个"三结合"的指导思想，即"设计、生产、使用三结合"，"材料、工艺、测试三结合"，以及"结构强度、材料力学、显微组织三结合"。

为了进一步阐明"三结合"的思想与作用，颜鸣皋结合实际体会，分别在"金属加工织构形成机制"、"金属疲劳门槛值（ΔK_{th}）的预测"、"晶体取向对定向合金性能的影响"、"加载程序对疲劳寿命的影响"和"过载模型修正及其应用"等论文中进行了详细的微观与宏观相结合的精辟分析，为如何开展材料的应用研究和应用基础研究提供了典型范例。

1. 金属加工织构形成机制

表3为不同晶体结构的加工织构类型。

表3 不同晶体结构的加工织构

晶型	拉伸	压缩	轧制
面心立方（FCC）	[111]＋[100]	[110]＋[100]	(110)[$\bar{1}$12]＋(112)[11$\bar{1}$]
体心立方（BCC）	[110]	[111]＋[100]	(100)[011]
密排六方（HCP）	[10$\bar{1}$0]，[11$\bar{2}$0]	[0001]	(0001)[10$\bar{1}$0][①]

① $c/a \approx 1.633$，如Mg。

（1）织构形成机制分析

对具有FCC晶型的金属，拉压织构遵循Schmid & Wever的滑移、晶体转动机制；例如，铝合金压缩织构可按 Taylor 的"最小变形功"原理进行计算，Boas & Schmid 的晶体滑移、流动（减薄）更加适合，以及 Pickus & Mathewson 的"有效分解切应力"FCC 机制（$\cos\chi \cos\lambda \cos\phi$）。

（2）宏观与微观相结合分析

上述机制存在的主要问题是，虽然可适用于 FCC 结构的拉、压和轧制变形，但不均匀变形如"形变带"、晶体转动（压50°，变90°）的情况就不一定适用。

为此，需要结合微观分析：分析晶体转动的最终稳定位置，晶体对称性（不转动）的情况是立方晶体一般 [100]，[110]，[111]，而六方晶体一般为 [0001]，[10$\bar{1}$0]，[11$\bar{2}$0] 等。结合图 8（a）和图 8（b）确定理想拉伸与压缩及轧制变形45°锥体的位置预测，最终可以验证实际理想织构类型（见表4和表5）。

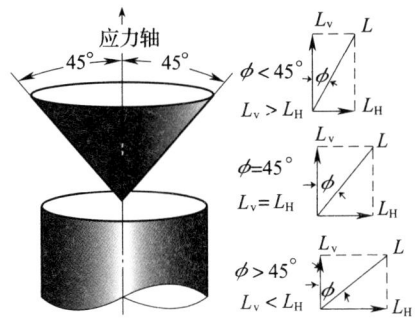 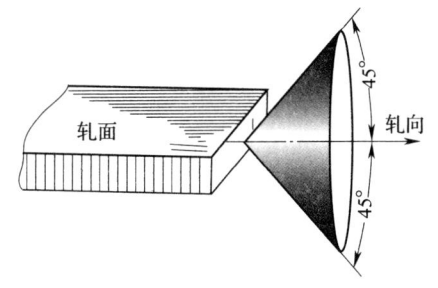

(a)确定拉伸与压缩的45°锥体的位置　　(b)确定理想轧制织构的45°锥体的位置
（$\phi<45°$，有利于拉伸；$\phi>45°$，有利于压缩）　　（$\phi<45°$，有利于轧制）

图 8　金属拉伸、压缩和轧制等变形条件下理想45°锥体稳定位置图

表 4　验证最终的拉伸与压缩织构类型

晶型	拉伸（$\phi\leqslant 45°$）		压缩（$\phi\geqslant 45°$）	
	计算	试验	计算	试验
FCC	<111>+<100>	<111>+<100>	<110>+<100>	<110>+<100>
BCC	<110>	<110>	<111>	<111>+<100>
HCP	<11$\bar{2}$0>，<10$\bar{1}$0>	<11$\bar{2}$0>，<10$\bar{1}$0>	<0001>	<0001>

表5 验证最终的轧制织构类型

晶 型	滑移向与轧向角度 ϕ	有效分解切应力 ($\cos\chi\cos\lambda\cos\phi$)	计算值	试验值
FCC	30°	0.354	(110)[$\bar{1}$12]	(110)[$\bar{1}$12] + (112)[11$\bar{1}$]
	35°16′	0.224	(112)[11$\bar{1}$]	
	45°	0.289	(100)[001]	
			(110)[001]	
BCC	35°16′	0.332	(110)[011]	(100)[011] + (111)[01$\bar{2}$]
	19°28′	0.257	(111)[11$\bar{2}$]	
	35°16′	0.224	($\bar{1}$11)[110]	
HCP	15°	0.931	(0001)[10$\bar{1}$0]	(0001)[10$\bar{1}$0]
	30°	0.749	(0001)[11$\bar{2}$0]	(0001)[11$\bar{2}$0]

2. 金属疲劳门槛值(ΔK_{th})的预测

在材料损伤容限设计原则和破损安全设计等先进长寿命设计思想中，材料的疲劳裂纹扩展门槛值ΔK_{th}是决定设计计算的关键材料参数之一，如何计算和测试ΔK_{th}值是材料应用研究的难点之一。颜鸣皋在研究中，结合"宏观与微观"相结合的原理，进行了理论与实际分析，是典型例子之一：

首先，通过宏观分析，Rice 提出的裂纹尖端塑性区 ω（见图9）

$$\omega = 1/2\ \pi(\Delta K/\sigma_y)^2$$

按 Antolovich 等人的应变分布计算后得到ΔK_{th}的计算值

$$\Delta K_{th} = 2\varepsilon_y\ [(E\varepsilon_t)/2\sigma_y]^{(1+n)/2}\ (2\pi\rho_{min})^{1/2}$$

Weiss 的近似解，取 $n \approx 1$ 时，可得到ΔK_{th}的计算值

$$\Delta K_{th} = E\varepsilon_y\ (2\rho_{min}\pi)^{1/2}$$

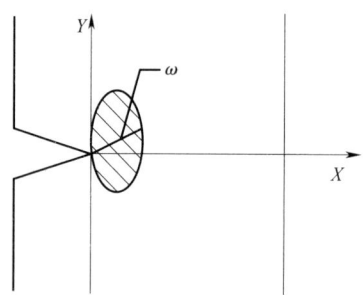

图9 疲劳裂纹裂纹尖端塑性区

然后，通过微观分析，根据裂纹尖端根部范性钝化机制和不同晶体的柏氏矢量关系，对上述的计算结果进一步优化条件如下

$da/dN\ (\Delta K_{th}) \approx 10^{-7} \sim 10^{-8}$ mm/周；

范性钝化机制（见图10）；

ρ_{min} 极限取 $|\boldsymbol{b}|$（柏氏矢量）（见图10）。

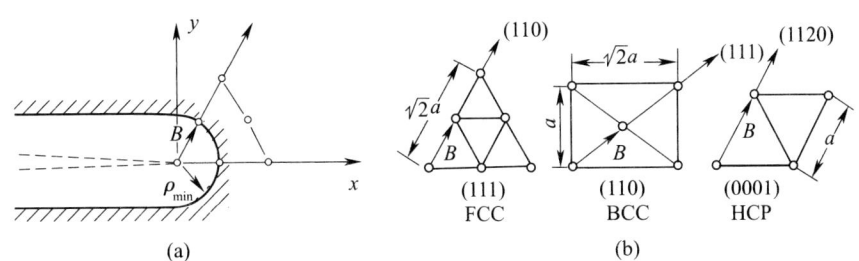

图10 裂纹尖端根部范性钝化和不同晶体的柏氏矢量示意图

由此可以得出，ΔK_{th} 值的试验与计算值见表6。

表6 ΔK_{th} 值的试验与计算值（$MN \cdot m^{1/2}$）

	E/GPa	ε_f	ρ_{min}	ΔK_{th} 计算值	ΔK_{th} 试验值
低合金钢	206	0.78	2.84	6.35	6.6
18/8 不锈钢	206	0.78	2.58	6.46	6.0
Al	69	0.69	2.86	2.01	1.7
Al-4.5Cu	71	0.78	2.86	2.35	2.1
Cu	98	0.69	2.56	2.72	2.5
6/4 黄铜	98	0.92	2.55	3.61	3.5
Ni	196	1.05	2.49	8.16	7.6
Monel 合金	177	0.92	2.51	6.74	7.0
Inconel 合金	206	0.92	2.50	7.51	7.2

由表6可知：（a）计算值与一般结构钢和简单合金试验值相符合较好。（b）后期发现考虑应力比（R）时，得到

$$\Delta K_{th} = E\varepsilon_y (2\rho_{min}\pi)^{1/2} (1-R^2)$$

按上述计算公式，其计算值与试验值也取得较好的吻合结果。

3. 过载模型修正及其应用

飞机起降、突风等造成过载，产生"过载延迟效应"，使一般采用线性叠加法（LAM）计算结果过于保守，图11示出不同过载程序对铝合金裂纹扩展速率和总寿命的影响。

（1）过载模型

过载模型分类：

①残余压应力：Wheeler，Willenborg。

②裂纹闭合效应：Maarse，Matshuoka。

（2）宏观和微观相结合分析

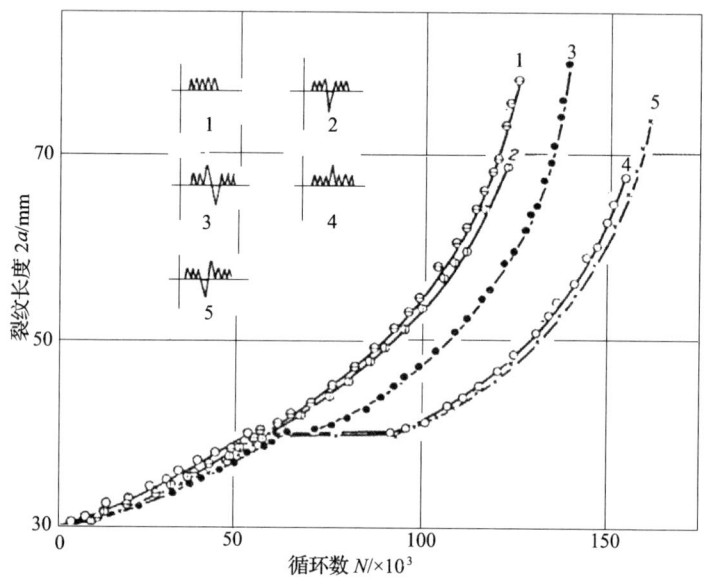

图11 不同过载程序对裂纹扩展速率和全寿命的影响

1—恒幅加载；2—压缩过载；3—拉—压过载；

4—拉伸过载；5—压—拉过载

图12示出不同过载下的裂纹闭合形貌图。图13示出了拉—压过载（左）和压—拉过载（右）下的裂纹尖端和塑性区的变化。图14示出不同过载下的塑性区尺寸和应变分布图。

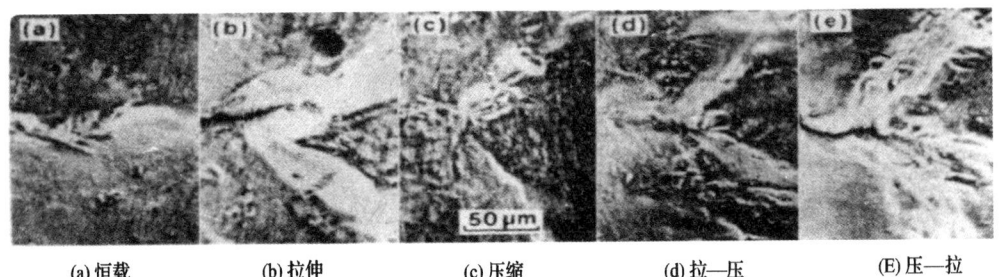

(a) 恒载　　(b) 拉伸　　(c) 压缩　　(d) 拉—压　　(E) 压—拉

图 12　不同过载下的裂纹闭合形貌图

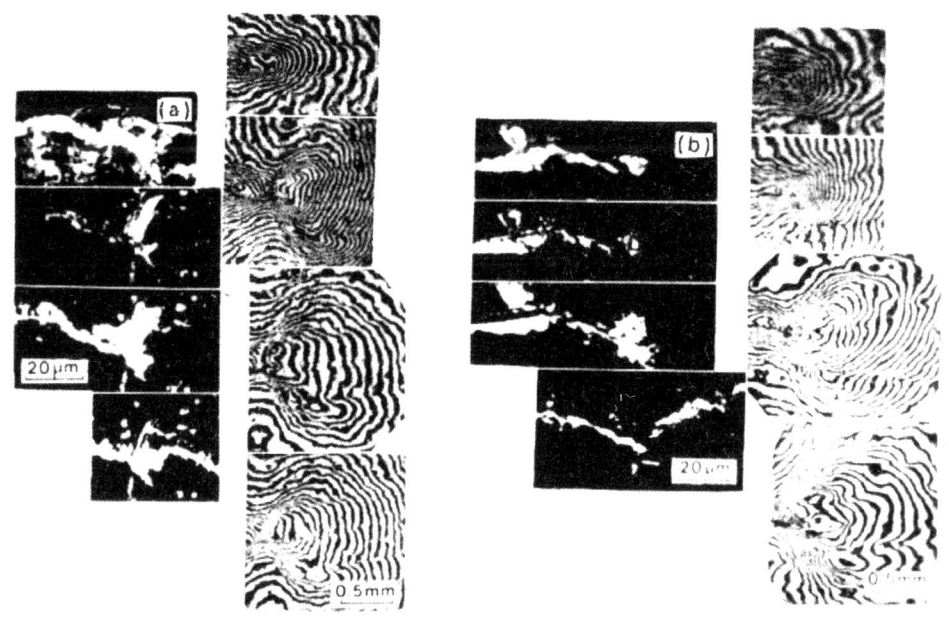

(a) 拉—压过载　　　　　　　　　　(b) 压—拉过载

图 13　拉—压过载和压—拉过载下的裂纹尖端和塑性区的变化（$\varepsilon_p = \Delta Z/2 = n\lambda/2$）

主要影响因素分析：

（1）过载塑性区：阻止裂尖延伸；

（2）尖端闭合效应：阻止裂尖张开；

（3）塑性区应变：影响裂纹扩展速率。

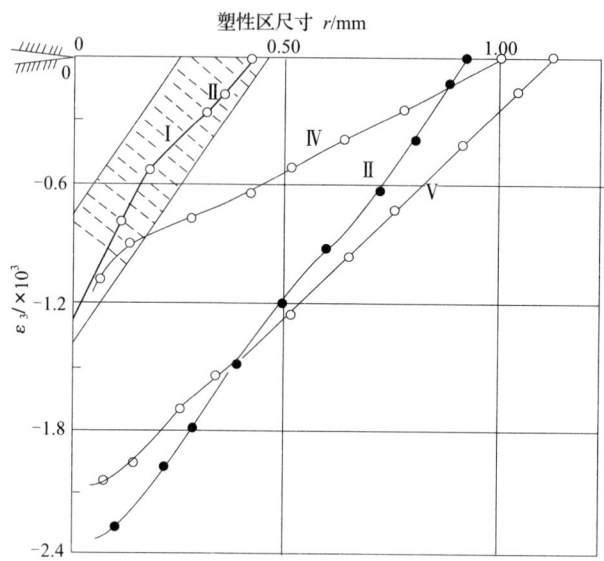

图 14 不同过载下的塑性区尺寸和应变分布图（应变分布：$\varepsilon_3 = \Delta Z/2 = n\lambda/2$）

以上模型需要大量数据，未曾考虑到裂纹起始扩展到最终断裂塑性区与应力状态的变化（即由平面应变到平面应力）。

- 塑性区：$r_p = 1/\frac{1}{(\pi\alpha)}(\Delta K/\sigma_y)^2$；
- 平面应变：$\alpha = 6$；平面应力：$\alpha = 2$
- 为此必须考虑到裂纹扩展过程中 α 是一变数

$$\alpha = 6/(1+2S)$$

式中：$s = (\Delta K - \Delta K_{th})/K_c$ 或 $s = [K_{max} - \Delta K_{th}/(1-R)]/K_c$

3. 结果与验证

（1）拉压过载：修正前后计算值与试验值的误差见表7。

表7 修正前后计算值与试验值的误差

过载模型	Willenborg		修正后 Willenborg	Maarse	修正后 Maarse
	$\alpha = 2$	$\alpha = 6$			
误差值	+27.98	−4.19	+3.99%	−10.25%	−2.06%
其中：误差 = $(N_{计算} - N_{试验})/N_{试验}$					

（2）变幅加载：两种变幅加载谱（变均值法见图 15（a）和双波法见图 15（b））。

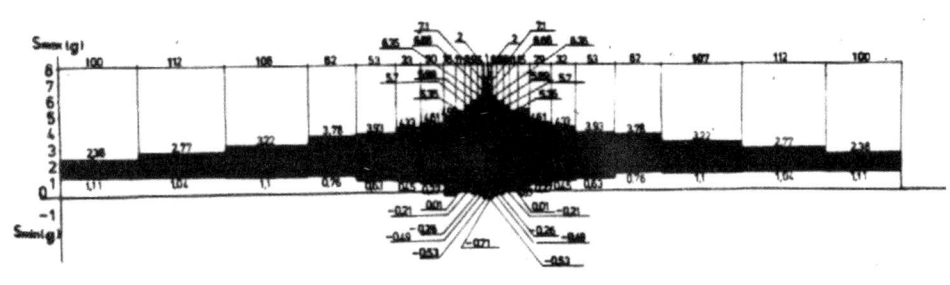

(a) 变平均值法

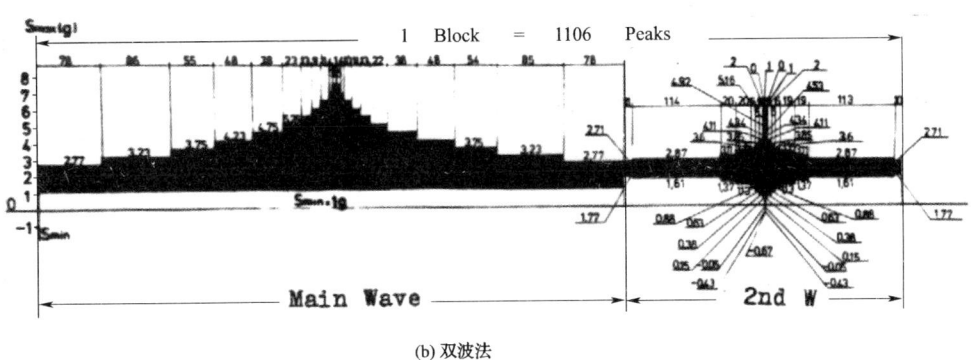

(b) 双波法

图 15　两种变幅加载谱

（3）当采用修正 α 后 Maarse 法的计算值与采用线性叠加法（L. A. M.）和 Matsuoka 法计算值的误差明显降低，见表 8。

表 8　采用修正 α 后 Maarse 法与采用线性叠加法（L. A. M.）和 Matsuoka 法计算值的误差

	S_{max}/MPa	$C_i - C_f$/mm	N_e/周	N_{cal}/周	误差/%	模型
变均值法	221	5.0 – 8.5	17475	12700	−27.33	L. A. M.[①]
				13823	−20.87	Matshoka
				18136	+4.13	Mod. Maarse

续表 8

	S_{max}/MPa	$C_i - C_f$/mm	N_e/周	N_{cal}/周	误差/%	模型
双波形法	238	4.8～8.0	15263	13353	-12.38	L. A. M.
				13679	-10.38	Matshoka
				16387	+7.36	Mod. Maarse

①L. A. M. ——线性叠加法。

通过上述"金属加工织构形成机制"、"金属疲劳门槛值（ΔK_{th}）的预测"、"晶体取向对定向合金性能的影响"和"过载模型修正及其应用"等实际案例的微观与宏观相结合的精辟分析，为如何开展材料的应用研究和应用基础研究提供了范例，说明了颜鸣皋在航空材料应用研究方面的三个"相结合"思想可有效解决具体实际问题。

（根据"颜鸣皋 2005 年度相关学术报告"整理。）

航空材料应用研究的地位和作用

颜鸣皋指出，应用研究在材料研究中具有重要的地位和作用，它是科学研究转化为生产力的中心环节，起着承前启后的桥梁作用，也是科学技术发展的重要基础。

颜鸣皋就应用研究与基础研究、发展研究的辩证关系，提出了材料基础研究、应用研究和发展研究是研究工作中的三个重要环节，三者是相互联系、相互促进和相互衔接的统一整体（见图16）。总结出了航空材料应用研究具有的"多学科、跨行业"交叉应用的基本内涵。其中，主要学科包括材料学（含材料物理、物理化学、高分子物理、连续与断裂力学等），材料加工工程（含铸、锻、焊、热处理、非金属成形等），理化测试（含物理、化学分析、无损检测），以及新兴学科（含计算机、微电子学、激光光导等）；主要行业包括产品设计、工业生产、使用维护等。

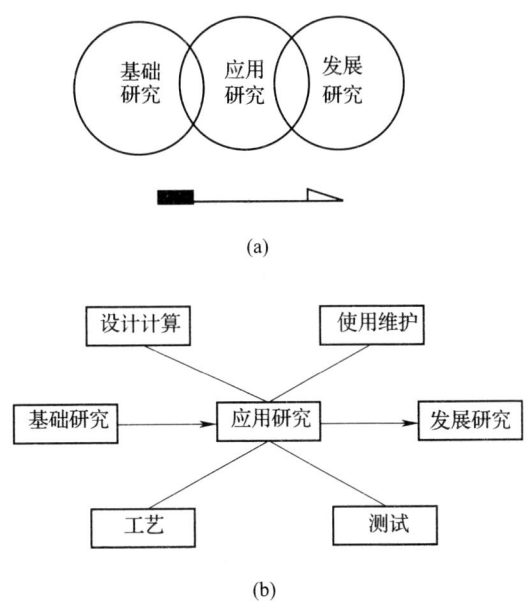

图16 材料应用研究的地位及其联系

颜鸣皋总结多年来航空材料研究与发展中正反两方面的经验教训，正确提出了材料应用研究的科学程序，将其归纳为"设计是主导、材料是基础、工艺是手段、测试是保证、使用是检验"，并阐明了其相互的辩证关系（见图17）。

设计是主导。材料应用研究是具有明确的实际目标，取得尽可能大的技术和经济效益的科研活动。因此，设计工作者首先根据产品在具体使用条件下应力、温度、寿命、环境条件的主要参数和选材的初步方案，以及对材料应用性能数据的要求，对于一些重要的结构件，通过理论分析和特殊对比试验加以验证。

材料是基础。根据设计部门的初步选材方案和对材料的要求，材料研制部门有必要对选材进一步论证和分类，哪些属于沿用现有的，哪些是仿制性的，哪些是新探索的。一般前者是大多数，是沿用现有材料，或对其成分、热处理制度作调整；或增加一些强化和防护措施，即满足要求。对于出现故障和不能完全符合设计要求的，要及时反馈给有关设计部门，使选材与设计参数更符合实际。材料研制中，有的还应提供一些断裂力学数据和在不同环境下与变载下的材料性能数据。

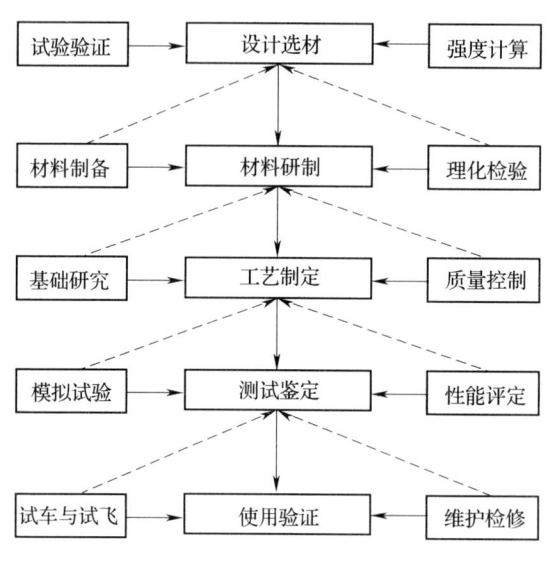

图 17 材料应用研究的主要内容

工艺是手段。要得到性能合格、质量稳定、使用安全的零部件,必须大力开展工艺研究,特别要加强热工艺的基础研究,解决工艺的配套问题。以铸造空心定向涡轮叶片为例:除进行合金的成分、性能和组织的研究外,要相互配套的课题还很多,在熔铸工艺上,要解决定向凝固工艺及其成分组织的质量控制问题;型芯、蜡模、涂料及其制造工艺问题;焊接与防护材料及其工艺问题;尺寸壁厚与缺陷检验技术及标准问题;叶片力学性能试验与模拟试验等问题。复合材料零部件对于"设计、生产、使用"和"材料、工艺、测试"相结合的要求更为紧密和突出。

测试是保证。为了保证选材及零部件工艺的性能合格,质量稳定,使用可靠,必须加强测试技术与鉴定工作,其中材料与工艺的质量控制和寿命确定是测试研究的两个主要任务。测试研究的范围很广,在质量控制任务中,包括理化分析、工艺性能、金相观察(含故障分析)、无损检测以及材料与工艺的标准及技术文件的制定等。在寿命确定任务中,包括断裂性能、疲劳性能、计算模型与方程、模拟试验以及计算规范的制定等。配合先进的安全寿命与损伤容限设计,还要提供大量的疲劳与断裂性能数据。这些数据还要经过严格的数据处理，提出不同置信度、存活率及标准误差，同时还要提供在使用条件下，如多向、变载与随机载荷，不同温度和介质条件下的寿命试验及其计算模型和力学方程。为此，必须采用先进的测试技术和先进的仪器、设备。

使用是检验。航空产品设计方案、选材和工艺选择要在实际使用中得到最终的检验。材料应用研究的最终目标是实际零件在飞行中使用安全可靠，又便于维护修理，一般要求通过部件试验、台架试车、领先飞行，然后到成批生产使用中加以考验。因此，应用研究的成果也只有在实际使用中才能转化为生产力，取得其技术、经济效益。还应指出，飞行器设计中为了减轻重量，提高推重比和考虑更换零件的难易程度，在应用研究中还必须考虑其检验周期，即在设计寿命期间，如何对裂纹的监控与检验，以避免在检验周期内突发灾难性事故。

颜鸣皋在总结航空材料应用研究特点及其规律的同时，始终没有忘记如何规划应用研究的可持续发展方向和坚持的原则，并在有关场合提出了自己的如下几点建议：

（1）制订一个"全面规划"：在科学发展观的指引下，根据型号需求牵引、技术发展推动的原则，对一些重点项目制订出探索研究、应用研究和发展研究的全面规划和实施计划，力争近期在一些重要航空材料的研究水平接近或达到世界先进水平。

（2）重视"三结合"原则：在制订和实施应用研究过程中，注意材料、工艺、测试，设计、生产、使用三结合。

（3）处理好"三个关系"：在结果和分析中，要认真处理好"继承和发展"、"宏观与微观"、"理论与实践"的关系。

（4）抓好"四个环节"：在应用研究中要抓好"资料分析"、"试验设计"、"结果分析"、"实践检验"，创造有自主创新性的成果。

（5）在开展材料应用研究中必须加强应用基础工作，包括材料的疲劳与断裂研究和失效分析工作，重视工艺过程的基础研究和质量控制研究，同时还必须切实做好材料的发展和工程化工作、技术队伍的建立与培养等。

（以上文章根据颜鸣皋的相关学术报告整理）

尾声　阅读颜鸣皋

在迈进 2011 年 1 月、喜迎中华民族的辛卯年春节之际，笔者完成了本书的修订。虽然工作告一段落，但兴奋与钦佩之情依然挥之不去，还有许多话没有说完。我觉得：

颜鸣皋就是一本书，他是一本胸怀大爱、满腔忠贞、无私奉献、勇于拼搏的科学家之书，需要我们用整个心灵来阅读。

读这本书，你可以感到很轻、很轻，因为它只是一位中国科学家真实而又纯朴的一生，弥漫着一股清纯之气在这复杂的人间袅袅升腾。

读这本书，你可以感到很重、很重，因为它是用稀有合金铸成的，是用特殊材料锻造的，内涵太深又太美，满是热血在奔流。

笔者在有限的时间内，听颜老讲他过去的故事，听颜老的同事们讲他们知道的故事，听颜老的学生讲他们亲身经历的故事，作为笔录者常因激动而痴迷，甚至忘了记录；常因感动而忘情，甚至逢人去炫耀。

更多的时候，我把激动与感动和北京航空材料研究院的同志们一起分享，向他们复述着听来的故事，也常惹得他们发出这样的感叹：

"咳！这老爷子，可从来没对人讲过。他就是这样，甘愿默默无闻地做事，再大的成就也不张扬。"

正因为他甘愿默默无闻地做事，再大的成就也不张扬，许多精彩、许多故事都无法收集到，因此仅靠本书也无法准确和全面地反映颜鸣皋的一生，这不能不让人感到深深的遗憾。

笔者刚当兵时，和千千万万个农村青年一样，对飞机这个庞然大物能够飞上天，感到非常的神秘和神奇，通过学习，我知道了气流、推力、升力等飞行原理，也略能在机务保障中检修一些飞机常见故障。

但是，对航空材料特别是钛合金等一些特殊材料知之甚少，检修飞机时也只局限于发现裂纹，而不懂什么金属疲劳和断裂，更闹不懂航空材料还有寿命，还有那么深奥的技术和原理。

认识颜鸣皋院士之后，我在研读他那充满智慧的一本本论著时，才略知了一二。

人们常引用一位领袖的话说，共产党人是特殊材料制成的。我感受最深的是，颜鸣皋就是一块经过千锤百炼的特殊材料，而且是一块飞翔在万里蓝天上的特殊合金。

了解颜鸣皋的人都说，他身上有一股正气、锐气和骨气。这气脉凝结聚合，形成了一股浩然之气，贯串了他一生的宁折不屈、刚正不阿的性格。

这气脉的凝结聚合，也使他的一生这本大书，呈现出奇妙的曲折性、无限的丰富性、独特的个性和让人过目难忘的美妙性。

与颜鸣皋一接触，你就会被他那强大的气场深深吸引，就非常渴望能够了解他、读懂他，就会急迫地进入书中的境界，领略他那厚实丰富的内容，激情澎湃的意绪，精准而深邃的哲思……

我看到，曲折和苦难盘桓在他漫漫求索的征途；我看到，风霜及忧患弥散在他拼搏奋斗的历程；我看到，光荣与自豪写满他无私奉献的一生……

在某些方面，特别是在一些特殊的年代期间，他貌似愚钝，但实质上，他对那些个复杂、多变的人性洞悉明察；他对那些个虚妄、荒诞的命运深谙彻悟；他对那些个丑陋、残缺的生活包容悲悯，非常坚定地守卫着自己毕生的追求和信仰。

阅读颜鸣皋，我仿佛打开了一座思想宝库，那些熠熠生辉的宝藏，取之不尽，用之不竭，在不同的历史阶段，如晨曦般照亮着我们这些后来者前进的方向……

阅读颜鸣皋，一页页翻过他人生的历史章节，我与主人公一起欣喜、兴奋

特殊材料铸人生——记中国科学院院士颜鸣皋

和自豪,也曾与主人公一起焦灼、躁动和震颤,力争用有限的笔墨描绘出一个真实的颜鸣皋,使自己的阅读和读者的阅读更具有阅读的意义……

阅读颜鸣皋,常常自觉不自觉地陷入深深的思考:当我们能够冷静地打量这个日新月异的、科学技术飞速发展的现代社会时,当我们能够冷静地探摸这个人类历史上物质生活最丰富、最多彩的时代时,那么,就让我们大胆地设想一下,如果历史可以重演,可以重新经历一番颜鸣皋所经历的一切,我们能否像颜鸣皋那样,胸间充溢着一种强烈的自信,掷地有声地说出"我不后悔",面对艰难困苦的磨炼、面对名利权色的诱惑而毫不动摇?恐怕有不少人说得不那么响亮,恐怕有不少人底气不那么足!我们应该承认差距是存在的,也是鲜明的,这就是现实!

可惜,历史不允许假设。

阅读颜鸣皋,我觉得还有一种特殊的指向,特别是在当今社会正处在转型期,人们的价值取向多元化,商业化浪潮叠起,正在悄然无声地侵吞有着五千年文明历史的思想高地之时,我们是否能从中领会到我党提出的构建中国特色社会主义核心价值体系的深刻意义?

阅读颜鸣皋,我更有一种独特的感悟和感受,觉得有一种比涡喷式发动机还要巨大的力量,在爆发中撞击着我的心扉,让我在感受激情和力量时,获取思想与精神的锤炼。

我在内心里承认,颜鸣皋就是一部经典,是一部读不尽、续不完的恢弘长卷!

我还要特别指出的是,这部传记是与中航工业北京航空材料研究院的同志们一起完成的,凝聚了许多同志的心血和汗水,并得到了院领导及有关部门的热情鼓励和帮助。

与颜鸣皋先生一起工作、生活过的一些老专家,不辞辛劳,逐字逐句地阅读书稿,并提出了许多建设性的宝贵意见。在此,作者向他们致以崇高的军礼并深表谢意!

本书还借鉴并引用了朱之茀、曹春晓、刘才穆、陶春虎、刘世兴、朱知寿、张坤等同志的回忆文章,在此表示诚挚感谢!

还要感谢北京航空材料研究院宣传文化部和钛合金研究室的同志,帮助收集资料、修改编辑书稿等,提供有力的支持。

正是由于组织上和同志们无私的帮助,才使这部传记得以顺利付梓。

2011 年 1 月初稿

2011 年 3 月定稿

附　　录

颜鸣皋主要经历

1920年6月12日，生于河北省定兴县北河店。

1926年7月—1931年2月。在慈城中城小学、石家庄扶轮小学、汉口心儒小学学习。

1931年2月—1938年7月。在武昌博文中学、北京汇文中学、通州潞河中学学习，1936年7月返武昌博文中学读高中，1938年7月高中毕业。

1938年9月—1942年7月。1938年7月通过国家统一考试考取重庆国立中央大学机械工程系，同年9月入校学习，于1942年7月毕业，获得工学士学位。

1942年7月—1945年4月。在前经济部中央工业试验所机械设计室和材料实验室任助理工程师。

1945年4月—1946年5月。1944年参加租借法案留美实习生考试，录取后于1945年3月经宜宾去印度候船并于1945年4月乘美国运输舰，经红海、地中海、大西洋抵达美国诺佛克港，并在华盛顿佐治亚大学等候分配。

1945年5月—1946年2月。在哈特福德普·惠发动机厂工具样板部实习，周末到耶鲁大学听课。

1946年2月—1947年7月。在耶鲁大学冶金系学习，从事金属塑性变形研究，1947年发表了《金属加工织构的研究》论文，于1947年7月获冶金科学硕士学位。

1947年9月—1949年7月。继续在耶鲁大学攻读博士学位，每周4天在切斯铜加工厂研究部工作，在校开展铝单晶横断弯曲试验研究取得一些突破性进展，提出一种新的变形机制——"显微弯曲假说"，当年7月获冶金工学博士学位并被破格选为"希格玛－塞"科学学会荣誉会员。

1949年7月—1950年10月。1949年7月毕业后到纽约大学工学院化工系工作，任副研究员，从事钛合金实验室的建立和钛合金相图与加工织构的研究工作。1949年7月参加在匹茨堡市召开的留美中国科学工作者协会（留美科协）成立大会，被选为协会监事、金属小组组长。

1950年10月—1951年2月。1950年10月回国前遭美国联邦调查局阻挠与迫害，经校方和友人协助并聘请律师起诉，于1951年2月胜诉后乘船回国。由旧金山乘船经檀香山、横滨抵达香港，于3月初由广州转至北京留学生招待所等候分配。

1951年3月—1956年5月。1951年3月应邀至北京理工大学（原华北大学工学院）冶金系任教授。1953年院系调整后改为国防专业、任第二机械系（弹药系）教授、系主任并兼任中国科学院应用物理所研究员，指导两名进修生从事铝、铜合金的加工织构研究。

1956年5月—1957年11月。1956年5月参加周恩来总理主持的我国12年科学技术发展规划的制订，钛合金被列为国家72个重点项目之一，开始以部分时间参加北京航空材料研究所的建立工作，于1957年1月到该所任钛合金实验室主任。

1957年11月—1958年12月。1957年11月正式调至北京航空材料研究所，正式成立我国航空钛合金实验室（1958年8月建立第18研究室），从自己动手建造熔铸设备和探索制备工艺做起，为开展钛合金研制创造条件。1958年秋参加中国科学院冶金代表团访问苏联科学院有关研究院所，此后随同魏祖冶所长至全苏航空材料研究院参观访问近一个月，重点考察了钛合金、高温合金的制备技术与应用研究。

1961年8月—1965年5月。调第四研究室（金属物理研究室）任主任，领导研究室进行高温合金、钛合金等新型材料的应用基础研究工作，包括合金结构分析、合金强化机理以及零部件无损检测技术的研究等。1961年6月划归部队建制后，于1962年4月调任所总工程师，主管全所科技工作，除领导与参加一些重点材料的研制工作外，主持与解决重大故障分析以及定寿与延寿工作。自1959年起至今先后担任北京航空航天大学、北京理工大学、南京理工大学、四川大学、福州大学、南昌航空大学等兼职教授或顾问教授。

1965年6月—1979年8月。在1966年"文化大革命"开始后较长一段时期，科研工作基本上陷于停顿。1975年划归航空工业部后，于1978年重新调整组合领导班子，被任命为技术副所长、总工程师，除继续领导与参加一些重点课题外，主管全所的学术活动和国际合作事宜。

1979年9月—1982年8月。先后参加航空代表团访问了德国宇航院（DLR）材料所、力学所，美国国家航空航天局（NASA）所属四个研究中心，瑞典航空研究院（FFA），分别进行了技术交流并签订了科技合作协议。

1982年9月1日，代表国务院直属机关出席党的十二大代表大会。

1985年5月，调任所科技委主任，所学位评定委员会副主任兼管研究生部工作。

1987年6月3日，主持第五届国际材料力学行为大会（ICM–5）并当选为1987—1991年理事会主席。先后访问了法国宇航院（ONERA）、日本京都大学、日本九州大学、加拿大多伦多大学宇航所等院所进行讲学和技术交流。

1988年至今，任北京航空材料研究所高级技术顾问，学位评定委员会主任，"先进复合材料国防科技重点实验室"学委会主席。

1991年5—11月。在庆祝航空工业成立40周年之际，作为"为航空工业做出杰出贡献者"被授予航空航天工业部最高奖励——航空金奖。1991年11月，当选为中国科学院技术科学部学部委员（院士）。

1993年10月—1994年12月。任新加坡国家科技局1993—1994年国际顾问组成员。1993年10月访问了韩国机械与材料研究院进行技术交流并签订了合作协议。1994年12月应邀访问了中国台湾新竹工业研究院的材料所和宇航中心，分别做了技术讲座和学术交流。

1999年6月，在第八届国际材料力学行为大会上被选为会议荣誉主席。同年，在北京召开的世界疲劳大会（IFC–99'）上被授予"国际疲劳大会终生荣誉会员奖"。

2001年9月20日，获何梁何利基金科学与技术进步奖。

2004年6—9月。2004年6月国务院侨务办、全国侨联授予"全国归侨侨眷先进个人"荣誉称号和奖章；2004年9月世界颜氏宗族联谊总会第八届世界颜氏大会评选为"当代颜氏子孙十大杰出人物"之一。

2006年5月，参加了庆祝北京航空材料研究院50周年"航空材料战略发展国际高层论坛"并做了有关《航空材料的近期发展及其展望》的报告，对国内外航空材料的科研成果，特别是近期发展与展望做了全面的综述。

2009年7月14日，被国务院侨务办、中华全国归国华侨联合会授予"侨界十杰"荣誉称号。

参 考 文 献

[1] 颜鸣皋. 金属加工织构的研究 [J]. 北京工业学院学报, 1956 (3).

[2] 颜鸣皋, 陈学印. 镍基合金的强化 [J]. 中国金属学报, 1956 (2).

[3] 颜鸣皋. 金属裂纹扩展过程及其微观机制// [C] 第一届断裂力学与断裂物理会议论文集. 1978.

[4] 颜鸣皋. 关于加强应用研究的几点意见. 新型材料科技会议专题报告. 1984, 7.

[5] 颜鸣皋. 结构材料疲劳裂纹扩展机制及其工程应用 [J]. 中国航空学报, 1985 (3).

[6] 蒋文虎. 航空材料专家颜鸣皋 [J]. 瞭望周刊, 1995.

[7] 雨露. 科技精华技术科技卷下册: 颜鸣皋与航空材料 [M]. 哈尔滨: 黑龙江教育出版社, 1994.

[8] 朱之栞. 航空人物志——颜鸣皋 (第5集) [M]. 北京: 科学出版社, 1994.

[9] 颜鸣皋. 当代中国精神卷2: 无悔人生, 情系蓝天 [M]. 北京: 中国和平出版社, 1998.

[10] 朱之栞. 院士思维: 设计是主导, 工艺是手段 [M]. 合肥: 安徽教育出版社, 1998.

[11] 颜鸣皋. 关于加强航空材料应用研究和促进产业化的几点体会 [J]. 世界科技, 1998, 20 (5).

[12] 颜鸣皋. 科学的道路: 翱翔在材料科学的天空 [M]. 上海: 上海教育出版社, 2000.

[13] 颜鸣皋. 院士展望21世纪. 航空材料技术的发展与趋势 [M]. 上海: 上海科学出版社, 2000.

[14] 一航材料院. 颜鸣皋院士论文选集 [M]. 北京: 科学出版社, 2000.

[15] 杭晓宁等. 精诚所至, 金石为开 [N]. 中国航空报, 2004-10-30.

[16] 颜鸣皋等. 航空材料发展现状与展望 [J]. 航空制造技术, 2004 (12).

[17] 佟京昊. 丹心报国志, 德高望重人 [J]. 一航材料院通讯, 2006.

[18] 慈城镇文联. 风流千古话慈城 [M]. 宁波: 宁波出版社, 2007.